"十三五"普通高等教育本科部委级规划教材

U0734243

服装品质管理 （第3版）

GARMENT QUALITY CONTROL
（3th EDITION）

宋惠景　万志琴　张小良　│　编著

国家一级出版社　中国纺织出版社　全国百佳图书出版单位

内 容 提 要

本书从保证服装产品品质的需求出发，从服装生产的全过程来介绍品质管理的基本理论、方法与应用，突出阐述服装生产过程的品质管理及其建立质量管理体系的重要性，强调服装生产过程品质的管理与控制。全书共八章，包括服装品质管理概述、服装品质管理常用技术、服装生产过程的品质控制、常用成衣品质检查、ISO 9000系列标准、服装企业质量管理体系的建立与实施、全面质量管理、服装品质成本管理。为便于深入理解教材的内容并检查学习效果，每章附有思考题和部分服装企业案例。

本书可作为服装高等院校服装专业教材，也可作为服装专科教育及成人教育的服装专业教材，同时还可供服装制造业、服装销售服务行业管理部门等各类人员参考。

图书在版编目(CIP)数据

服装品质管理/宋惠景，万志琴，张小良编著. --3版. --北京：中国纺织出版社，2019.3
"十三五"普通高等教育本科部委级规划教材
ISBN 978-7-5180-5552-4

I. ①服⋯　II. ①宋⋯ ②万⋯ ③张⋯　III. ①服装工业—质量管理—高等学校—教材　IV. ① F407.866.3

中国版本图书馆 CIP 数据核字（2018）第 250453 号

策划编辑：李春奕　责任编辑：谢婉津　责任校对：楼旭红
责任设计：何　建　责任印制：王艳丽

中国纺织出版社出版发行
地址：北京朝阳区百子湾东里A407号楼　邮政编码：100124
邮购电话：010—67004461　传真：010—87155801
http://www.c-textilep.com
E-mail:faxing@c-textilep.com
北京玺诚印务有限公司印刷　各地新华书店经销
2001年2月第1版　2009年6月第2版
2019年3月第3版第10次印刷
开本：787×1092　1/6　印张：17.75
字数：342千字　定价：49.80元（附数字资源）

第3版前言

现今，世界已全面进入知识经济时代，知识经济的实质是可持续发展的经济，是全面讲求质量的经济。高水平的产品质量和企业经营管理质量将成为企业生存和成长的关键要素，高质量的社会经济增长也将成为社会经济发展和进步的原动力。美国著名质量管理专家约瑟夫·M.朱兰博士(Joseph M.Juran)曾说过："20世纪是生产力世纪，21世纪是质量世纪。"另一位美国质量管理专家米切尔·费根堡姆（Armand Villin Feigenbaum）认为："质量在全球经济中处于领导地位。"随着知识经济时代的来临，朱兰和费根堡姆的观点正在成为全世界的共识。质量作为一种文化和理念正渗透到社会生活的各个方面，它影响到人们赖以生存的环境质量和社会生活中精神要求的满足程度等。因而，质量管理概念也在逐步社会化，它正从狭义的企业质量管理演化成为全社会范围的质量管理。

本书是"十三五"普通高等教育本科部委级规划教材之一，就是为适应服装工业发展和服装高等教育发展需要，为满足教学的需要，在《服装品质管理（第2版）》的基础上修订而成，力争内容新、知识涵盖面宽，有利于学生品质管理能力的培养。本书凝聚了几位教师在服装品质管理方面多年来的教学、研究和服装企业咨询实践的成功经验。在此次修订中，继承第2版的写作思路，紧紧围绕服装产品质量这条主线，展开相关内容及其管理理论和方法的讨论。从理论与实践上系统地阐述了有关服装品质管理的基本理论、管理方法和管理工具，同时又结合服装企业与市场的紧密联系，增加了近年来品质管理的新观念、新理论、新方法等前沿学科知识，更加适应当今社会的需求。力求做到深入浅出，图文并茂，以体现服装高等教育的特点。

本书还有以下特点：

1.每章前面配有重要知识点，每章后附小结和思考题。

2.内容穿插一些企业典型的案例。

3.还配有课程设置、建议的学时安排及内容重点。

本教材内容共八章，第一章、第二章、第三章、第四章、第八章由惠州学院旭日广东服装学院宋惠景和万志琴共同编写，第五章、第六章、第七章由惠州学院旭日广东服装学院宋惠景、万志琴和张小良共同编写。全书由宋惠景担任主编并负责统稿。

在编写过程中广泛参考了国内外同类教材、著作和有关参考文献，同时也得到了中国纺织出版社的大力支持与帮助，在此，一并表示衷心感谢。

本书由于编者水平和实践经验有限，虽然作了极大努力，但难免有不足和错漏之处，敬请读者批评指正，并提出宝贵意见。

编著者

2018年8月

第2版前言

21世纪的企业产品和服务质量的好坏，是企业参与国内外市场竞争的重要因素，产品和服务质量对企业的竞争力和持续发展能力具有极其重要的影响。随着我国服装制造业和服务业的蓬勃发展，服装工业新技术、新设备、新工艺层出不穷，企业生产管理水平也有了较大幅度的提高，品质的理念也在不断地发展、变化。人们逐渐认识到，品质不仅要符合耐用性标准，而且要包括可靠性、安全性、维修性等内容，要满足和超越顾客的需要。

本书是"十一五"部委级高职高专服装专业教材之一。该教材是为适应服装工业发展和服装高等教育发展需要，在第1版《服装品质管理》基础上重新编写的，力争使教材的内容新，知识涵盖面宽，有利于学生品质管理能力的培养。本教材凝聚了几位教师在服装品质管理方面多年来的教学、研究和服装企业咨询实践的成功经验。这次的编写继承了第1版的写作思路，紧紧围绕服装产品品质这条主线，展开相关内容及其管理理论和方法的讨论，从理论与实践上系统地阐述了有关服装品质管理的基本理论、管理方法和管理工具，同时又结合服装企业与市场的紧密联系，增加了近年来品质管理的新观念、新理论、新方法等，使教材更加适应当今社会的需求。本书力求做到深入浅出，图文并茂，以体现服装高等教育的特点。

本书还有以下特点：

每章前面配有重点知识点和学习目标，每章后附小结和思考练习题，可以引导学生复习和总结。

本书还配有课程设置、建议学时安排及内容重点。

本教材内容共八章，第一章、第二章、第八章由广东惠州学院服装系万志琴编写，第三章由广东惠州学院服装系宋惠景和万志琴共同编写，第四章由宋惠景编写，第五章由惠州学院服装系万志琴和张小良共同编写，第六章、第七章由张小良编写。全书由万志琴负责统稿。

本教材在编写过程中广泛参考并引用了国内外同类教材、著作和有关参考文献，同时也得到了中国纺织出版社的大力支持与帮助，在此，一并表示衷心感谢。

由于编者水平和实践经验有限，虽然作了极大努力，但书中难免有不足和错漏之处，敬请读者批评指正，并提出宝贵意见。

编著者
2009年6月

第1版前言

质量代表了一个国家的科学技术水平、生产水平、管理水平和文化水平，产品质量的提高，意味着经济效益的提高。当今世界经济的发展正经历着由数量型增长向质量型增长的转变，市场竞争也由价格竞争转向质量竞争。因而，全面质量管理的发展无论在观念、实物质量还是在管理水平方面，其趋势越来越强，质量在经济发展中的地位已是举世公认。

"九五"期间，国家加大改革力度，对国有企业进行调整，我国的服装企业已处在结构调整、产业升级的第二次创业转型时期，服装生产由人工密集的技艺型向高科技逐步过渡，要求企业加强科学管理，最大限度地提高经济效益。"以质取胜"是当前企业的一项重要任务，也是企业立于不败之地的法宝。针对这一实际需要，编著者在总结十几年教学和科研的基础上，根据内部使用教材《服装品质检验》以及近几年在刊物上发表的论文编写成本书，从理论和实践上系统地阐述了质量管理的基本知识和方法及其在服装生产管理中的应用。本书编写注重务实，力求通俗易懂，具有一定的理论和指导实际应用价值。

全书共分八章，第一章、第二章、第五章、第八章由西纺广东服装学院万志琴编写；第二章、第四章由该校宋惠景编写；第六章、第七章由该校张小良编写。全书由万志琴统稿，西北纺织工学院朱松文教授审稿。

由于编写时间仓促，编著者水平有限，书中难免有不足和错误之处，欢迎批评指正。同时，对西纺广东服装学院领导和中国纺织出版社的同志对本书出版的大力支持和帮助表示衷心感谢！

编著者
2000年8月

《服装品质管理》教学内容及课时安排

章/课时	课程性质	节	课程内容
第一章 （4课时）	基本理论		• 服装品质管理概述
		一	品质和品质管理的基本概念
		二	品质管理的基本原理
		三	质量的法律法规、质量监督和质量标准化
		四	服装企业品质管理的特点和意义
第二章 （6课时）	品质管理技术		• 服装品质管理常用技术
		一	产品质量波动与统计数据
		二	常用的因素分析方法
		三	品质分布和相关分析法
		四	控制图法
		五	抽样检验法
		六	品质管理的新工具简介
第三章 （10课时）	品质管理实践		• 服装生产过程的品质控制
		一	服装品质控制的职责与方法
		二	服装生产作业标准与品质控制标准
		三	服装物料采购与供应商质量控制
		四	服装生产中常用的品质检验和控制方式
		五	服装主要生产过程中的品质控制
第四章 （8课时）	品质操作实践		• 常用成衣品质检验
		一	常用的成衣品质检验程序与要求
		二	男西装品质检验
		三	夹克衫品质检验
		四	衬衫品质检验
		五	牛仔裤品质检验
		六	针织成衣品质检验

章/课时	课程性质	节	课程内容
第五章 （6课时）	服装品质 保障体系		• ISO 9000系列标准
		一	ISO 9000系列标准的产生和发展
		二	七项质量管理原则的理解
		三	ISO 9001：2015质量管理体系的主要内容
		四	其他有关的国际标准简介
第六章 （6课时）			• 服装企业质量管理体系的建立与实施
		一	服装企业的组织和生产
		二	服装企业质量管理体系及其成文信息
		三	服装企业管理手册的编制
		四	ISO 9000质量管理体系的实施
		五	质量管理体系认证
第七章 （4课时）			• 全面质量管理
		一	全面质量管理的基本内容
		二	全面质量管理的组织与实施
		三	全面质量管理调查分析与改进
		四	服装生产企业的全面质量改进案例分析
第八章 （4课时）	服装品质的 保证和维护		• 服装品质成本管理
		一	品质与品质成本的关系
		二	品质成本的基本概念
		三	服装品质成本管理职能与程序
		四	品质成本核算
		五	品质成本分析和报告
		六	品质成本的计划与控制

注　共48课时，各院校可根据自身的教学特色和教学计划对课程时数进行调整。

目录

基本理论 ·· 1

第一章　服装品质管理概述 ·· 2

第一节　品质和品质管理的基本概念 ··· 2

第二节　品质管理的基本原理 ··· 11

第三节　质量的法律法规、质量监督和质量标准化 ···················· 18

第四节　服装企业品质管理的特点和意义 ·································· 23

小结 ·· 27

思考题 ··· 28

品质管理技术 ·· 29

第二章　服装品质管理常用技术 ·· 30

第一节　产品质量波动与统计数据 ·· 30

第二节　常用的因素分析方法 ··· 32

第三节　品质分布和相关分析法 ··· 39

第四节　控制图法 ··· 44

第五节　抽样检验法 ··· 51

第六节　品质管理的新工具简介 ··· 59

小结 ·· 65

思考题 ··· 65

品质管理实践 ·· 67

第三章　服装生产过程的品质控制 ······································ 68

第一节　服装品质控制的职责与方法 ······································· 68

第二节　服装生产作业标准与品质控制标准 ······························ 73

第三节　服装物料采购与供应商质量控制 ································· 76

第四节　服装生产中常用的品质检验和控制方式 ······················ 84

第五节　服装主要生产过程中的品质控制 ································· 95

小结 ·· 120

思考题 ··· 120

品质操作实践 ································ 121

第四章　常用成衣品质检验 ············· 122

第一节　常用的成衣品质检验程序与要求 ········ 122

第二节　男西装品质检验 ························ 126

第三节　夹克衫品质检验 ························ 130

第四节　衬衫品质检验 ·························· 134

第五节　牛仔裤品质检验 ························ 138

第六节　针织成衣品质检验 ······················ 141

小结 ·· 145

思考题 ··· 145

服装品质保障体系 ························ 147

第五章　ISO 9000 系列标准 ············ 148

第一节　ISO 9000 系列标准的产生和发展 ········ 148

第二节　七项质量管理原则的理解 ················ 159

第三节　ISO 9001:2015 质量管理体系的主要内容 ···· 163

第四节　其他有关的国际标准简介 ················ 175

小结 ·· 182

思考题 ··· 183

服装品质保障体系 ························ 185

第六章　服装企业质量管理体系的建立与实施 ···· 186

第一节　服装企业的组织和生产 ·················· 186

第二节　服装企业质量管理体系及其成文信息 ······ 189

第三节 服装企业管理手册的编制 ·· 194

第四节 ISO 9000 质量管理体系的实施 ································· 202

第五节 质量管理体系认证 ··· 206

小结 ··· 208

思考题 ··· 208

服装品质保障体系 ··· **211**

第七章 全面质量管理 ··· **212**

第一节 全面质量管理的基本内容 ··· 212

第二节 全面质量管理的组织与实施 ······································ 219

第三节 全面质量管理调查分析与改进 ··································· 230

第四节 服装生产企业的全面质量改进案例分析 ······················ 232

小结 ··· 243

思考题 ··· 243

服装品质的保证和维护 ·· **245**

第八章 服装品质成本管理 ··· **246**

第一节 品质与品质成本的关系 ·· 246

第二节 品质成本的基本概念 ··· 248

第三节 服装品质成本管理职能与程序 ··································· 253

第四节 品质成本核算 ··· 256

第五节 品质成本分析和报告 ··· 258

第六节 品质成本的计划与控制 ·· 262

小结 ··· 267

思考题 ··· 267

参考文献 ··· **271**

基本理论——

服装品质管理概述

课程名称: 服装品质管理概述

课程内容: 品质和品质管理的基本概念

品质管理的基本原理

质量的法律法规、质量监督和质量标准化

服装企业品质管理的特点和意义

课程时间: 4 课时

教学目的: 让学生掌握品质与品质管理的基本概念和服装品质管理的基本原理、方法及其发展过程与趋势,掌握服装生产制造质量与服务质量的内涵,描述产品质量产生、形成的客观规律,使之在今后的品质管理实践中能与实际情况相结合。

教学方式: 以教师课堂讲述为主,学生课堂讨论为辅,并查阅相关品质管理发展情况的资料。

教学要求: 1. 掌握品质与服装品质的内涵。

2. 熟悉服装生产制造与服装品质管理的含义。

3. 明确服装品质管理的基本原理和方法。

4. 了解品质管理的发展过程。

第一章　服装品质管理概述

品质是企业在市场竞争中的重要因素,是企业持续发展不变的主题,也是当今社会各个方面普遍关心的问题,已成为经济发展中的战略问题。产品质量对于管理者、生产者和消费者都是至关重要的,它关系到生产者的市场信誉、企业生存、管理者的市场秩序、消费者的合法权益等一系列重大问题。产品质量不是生产企业单方面的行为,而是全社会都参与的大事。因此,了解有关品质和品质管理的基本概念和基本理论,具有十分重要意义。

第一节　品质和品质管理的基本概念

一、品质及相关概念

产品的质量简称为品质(Quality),即产品属性和特征满足给定要求的程度。

对"品质"这个术语亦有多种解释。美国质量管理专家朱兰说:"品质就是产品的适用性";日本株式会社小松制作所则认为:"品质不仅是产品的质量,而且包括产量、交货期、成本和一切工作的品质";国际标准 ISO 9000:2015 质量管理体系 基础和术语定义其为"客体的一组固有特性满足要求的程度"。品质的定义在不同的角度有不同的表述形式,如工作质量、过程质量、工序质量、服务质量等。由此可见,"品质"是一个广义的概念。

1. 产品质量(Quality of Product)

产品即过程的结果。产品质量总体来说,就是产品的使用价值,它反映了对人们需要的满足程度。ISO 9000:2000 则将其定义为"反映产品满足明确和隐含需要的能力的特性总和"。可根据产品所具备的自然属性能否满足人们的需要及其满足的程度来衡量产品质量的好、差和优、劣。产品质量的好与差,反映的是该产品符合既定标准(规定)的程度。

产品不仅指有形产品,如服装、鞋、包等,而且包括无形产品,如服务、概念、知识等,即产品包括硬件、流程性材料、软件和服务四种通用产品类型或这四种类型的任意组合。不论是哪种类型的产品质量,都应当用产品的质量特性来反映或描述。产品质量特性也依产品特点而异,表现的参数和指标也多种多样,归纳起来有以下方面:

(1)性能(Function):指产品符合标准、满足一定使用要求所具备的功能等技术性质,即产品的使用价值,如服装面料的手感、鞋的舒适性等。

（2）使用寿命（Life）：指产品在规定的使用条件下，完成规定功能的工作总时间，即产品正常发挥功能的持续时间。如服装穿用的时间、服装设备工作的年限、服装的色牢度等。用户对产品寿命要求依产品而定。

（3）可靠性（Reliability）：指产品在规定的条件下和规定的期限内能够无故障地工作的能力。它反映着产品性能的持久性、耐用性、稳定性等，是在使用过程中逐渐表现出来的时间质量特性。

（4）安全性（Safety）：指将伤害或损坏的风险限制在可接受的范围内，即产品在制造、运行和使用过程中保证人身安全与环境免遭危害的程度，如服装的甲醛含量、pH、禁止使用的染料含量等。

（5）适应性（Adaptability）：指产品适应外界环境变化的能力。外界环境包括自然环境和社会环境，前者如振动和噪声、灰尘和油污、高温与高湿等自然条件；后者指产品适应不同国家、不同地区、不同顾客的要求能力等。

（6）经济性（Economy）：指产品寿命周期内总费用的多少，一般由价格与使用费用构成。如果两种产品价格相同、性能相同，产品使用费则是决定用户购买倾向的决定性因素。

对于供方或生产厂家来说，为了保证质量，往往把产品质量分成不同层次，设定出不同要求，即目标质量、设计质量、标准质量、制造质量以及售后服务质量等。在顾客的购买力不断提高、需求不断变化和品位日益成熟的条件下，从宏观上说，产品质量很难完全满足顾客要求，这就需要企业不断适应市场的新情况，对产品质量进行不断探索、不断提高。

以上六个方面的品质特性属于产品的内在特性，体现其使用价值。随着社会经济的发展以及消费者的消费观和消费水平的变化，人们不仅要求产品有使用价值，而且要求它们满足人们的精神需要，如服装的款式、面料手感、色彩、包装等，这些特性称为"美学质量"，美学方面的质量对提高服装产品的市场竞争力有极大的影响。

2. 服务质量

指服务行业各项活动或产品的销售、售后服务活动满足规定或潜在需要的特性总和。服务业指交通运输、邮电、商业、金融、旅游、医疗、文化娱乐等行业，这些行业的业务主要表现为向顾客提供服务性劳务，它们产出的是无形产品。服务的过程是在服务员与顾客的直接接触中进行，因此，服务的质量主要取决于服务的技能、服务态度和服务的及时性等。

软件类产品的质量特性可归纳为：性能、安全性、可靠性、保密性、专用性和经济性等方面。

由于服务业的生产与消费的不可分离性、产品的无形性、服务对象的差异性及其不可存储性等，服务质量的特性主要表现在以下方面：

（1）功能性（Function）：指某项服务所发挥的效能和作用。如商店的功能是让顾客买到所需的商品；工业产品的销售和售后服务功能是使用户满意地得到产品。功能性是服务质量中最基本的特性。

（2）经济性：指顾客为了得到不同的服务所需费用的合理程度。经济性是相对于所得到的服务满足不同等级需要而言,它是每个被服务者在接受服务时都要考虑的质量特性。

(3)安全可靠性(Safety Reliability):指在服务过程中,用户感到准确、安全无危险,这是为了保证在服务过程中,被服务者生命不受到危害,健康和精神不受到伤害,货物不受到损失等,用户主观上感到可信、无差错、安全。

(4)时间性(Time Service):指服务在时间上能够满足被服务者需求的能力。它包括及时、准时和省时三个方面。

(5)舒适性(Comfortability):指满足了功能性、经济性、安全性和时间性等方面的质量特性情况下服务过程的舒适程度,包括服务设施的适用、方便和舒服,环境的整洁、美观和有秩序。

(6)文明性(Civility):指顾客在接受服务过程中满足精神需求的程度。顾客期望得到一个自由、亲切、友好、自然及谅解的气氛,有一个和谐的人际关系。文明性展示了服务质量的特色。

3. 过程质量

可理解为过程中的一组固有特性满足要求的程度。从品质形成全过程来考虑,产品的过程质量可分为开发设计过程质量、制造过程质量、使用过程质量与服务过程质量等。

(1)开发设计过程质量,是指从市场调研开始,经过产品构思到完成产品设计为止的质量,是产品固有质量形成的决定性因素。如服装的款式设计。

(2)制造过程质量,是指通过制造所形成的产品实体符合设计质量要求的程度。由于制造过程质量取决于制造过程中一系列工序的质量,所以又可称为工序质量。在生产过程中,人、原材料、设备、制造方法、环境、检测六大因素在生产过程中同时对产品质量起控制作用,过程质量的好坏决定着产品质量的好坏。所以,其品质管理的重点是在制造过程中及时预防和控制出现的不合格产品。

(3)使用过程质量,是指产品在使用过程中其固有质量的发挥程度。它取决于使用环境与使用条件的合理性、使用的规范性、使用者的操作水平及日常的维护保养状况。

(4)服务过程质量,是指产品进入使用过程后,生产企业对用户服务要求的满足程度。提高服务过程质量是保证产品固有质量充分发挥的重要环节,也是生产企业维护与提高其信誉以及收集质量信息的重要手段。在当今国际国内市场中,服务质量已成为决定市场竞争胜负的重要因素之一。

4. 工作质量

工作质量一般指企业生产经营中各项工作对过程、产品和服务等质量的保证程度。工作质量涉及企业的各个部门和各级、各类人员,它决定了产品和服务质量。工作质量主要取决于人员的素质,包括质量意识、责任心、业务水平等。其中,高层管理者的工作质量起主导作用,一般管理层和执行层的工作质量起保证和落实作用。

(1)工作质量的特点:工作质量能反映企业的组织、管理和技术等工作的水平。其显著特点是,它不像产品和服务质量可直观地表现在人们面前,而是体现在生产、技术和经营活动中,通过工作效率和工作成果,最终通过产品质量和经济效益表现出来。

(2)工作质量的表现:工作质量无法像产品质量那样用质量特性值直观地定量表现出来,但可以通过产品和服务质量、工作效率、报废率等指标间接地反映出来。对于服务和管理类工作岗位的工作质量可以通过综合评分的方式来量化度量。

5. 服装品质的内涵

服装的质量不仅仅是指服装做工的好坏,它其实是个系统,是产品自创造至消费体现其品质的全过程,它包括以下四大内涵。

(1)艺术内涵:即服装的设计是否体现"以人为本",是否符合功能与时尚并符合文化品位。

(2)技术内涵:即材料、配件的性能是否符合品质标准;对人的形体自然状态和运动状态尺度变化的把握手段、制作水平、保型能力等。

(3)时效内涵:指对服装流行的号召力、流行的寿命、应时的保证等。

(4)服务内涵:即为携带、馈赠、穿着、洗涤、保管等提供的便利条件。

现代服装的品质不仅包含产品的制造质量,也包括服务质量,是制造质量与服务质量的融合。

二、品质的意义

产品质量对于管理者、生产者和消费者都是至关重要的,它关系到生产者的市场信誉、企业生存、管理者的市场秩序、消费者的合法权益等一系列重大问题。因此,产品质量不是生产企业单方面的行为,而是全社会都参与的大事。

1. 提高产品质量是社会和国家进步的要求

(1)提高产品质量是人类生产实践活动的一个基本内容和要求。人们要进行生产,首先遇到的问题就是生产什么品种、什么质量的产品。从来没有脱离一定品种、质量的生产,产量就是指一定质量的数量而言。

(2)提高产品质量是社会主义生产的内在要求。社会主义生产的目的是为了满足全体社会成员日益增长的物质和文化生活需要,这种需要既有数量上的,又包括质量方面的。随着科学技术的进步,产品的技术和文化含量将越来越高,产品将越来越复杂,人们对产品的要求也将越来越高,这些主要体现在产品的质量上。高质量的社会物质和文化生活是社会主义社会生产的内在要求之所在。

(3)提高产品质量有利于增强我国产品的竞争实力和我国的经济实力。随着经济活动国际化趋势的增强,国际市场对各国经济发展的促进作用和重要性明显提高,不参加国际竞争有可能被排斥在世界经济体系之外,这导致各国市场日益对外开放。我国实行对外开放政策顺应了世界的潮流,给我国经济的腾飞带来了机会,也带来了挑战。当前,世界经济的发展正经历着由数量型增长向质量型增长的转变,市场竞争已由价格竞争为主转向质量竞争为主,质量代表了一个国家的科学技术水平、管理水平和文化水平。

2. 产品质量是企业信誉之本

产品质量是企业素质高低的综合体现。产品质量好坏、服务质量高低体现的是企业员工素质与企业形象的优劣。产品质量好,服务质量高,不仅满足了用户对产品质量的要求,而且使用户在心理上对企业形象及产品质量形成良好的印象,所以说,信誉是企业之本,信誉来自于质量。企业通过产品质量及销售过程中的技术服务质量塑造其自身的形象与信誉,从而形成提高质量—获得信誉—提高市场占有率—扩大经济效益—强化品质管理、提高质量—提高信誉的良性循环。

(1)提高产品质量是企业生存的前提和发展的保证。企业是从事各种经济活动的组织,在社会主义市场经济的条件下,企业已成为自主经营、自负盈亏、自我发展、自我约束的商品生产者和市场竞争主体。企业必须通过销售自己的产品和服务的收入来抵偿支出,取得盈利或至少盈亏平衡,再生产才能继续进行下去,企业才能得以生存。产品质量是企业在市场竞争中获取胜利的关键因素,企业通过高的产品质量这个通行证就可以开发新的市场、寻求新的机会,为企业的进一步发展提供广阔的前景。

(2)提高产品质量的过程也是全面提高企业管理素质的过程。产品质量是企业生产经营活动的综合性成果和综合性反映。质量管理不仅要管产品质量,而且要管工作质量,从一定意义上说,就是要通过改进企业各个部门和每个人的工作质量来保证、提高企业的产品质量。我国企业的实践经验表明,通过开展以质量为中心的企业管理,即全面质量管理活动,建立健全质量体系,企业的产品质量才可以得到维持和持续的改进。由此,也促进了企业的计划管理、生产管理、劳动管理、物资管理、设备管理、财务管理等各方面专项管理工作的改进,这样,就能从根本上增强企业管理的素质,提高企业管理的水平。

3. 品牌战略是品质保证体系的重要内容

"实施国产品牌发展战略,振兴民族经济"是我国目前各行业的奋斗目标,实施品牌战略也是品质保证体系的重要内容。市场竞争是产品竞争,产品竞争是质量竞争,而质量竞争则是品牌竞争,只有发展到品牌竞争的市场,才是比较发达完善的市场。因此,在市场经济的条件下,一定要升华到品牌意识的高度,企业必须通过自身的形象设计与宣传,创造出新颖的、高品质的产品,并随品牌效应赢得市场。

4. 产品质量是消费者权益的基本保障

(1)提高产品质量是提高人们生活水平的一条途径。

(2)提高产品质量,可为人们的生活提供一种无形的、相当可观的实际利益。

三、品质管理的概念与任务

1. 概念

品质管理是企业为了保证和提高产品和服务质量而开展的各项管理活动的总称。国际标准 ISO 9000:2015 质量管理体系 基础和术语 对品质管理的定义:"品质管理是关于质量的管理。品质管理可包括制定品质方针和品质目标,以及通过品质策划、品质保证、品质控制和品质改进实现这些质量目标的过程。"该定义指出了品质管理的广义性,所以品质管理是各级管理者的职责,并且需由一个组织的最高管理者来推动,由全体成员来参加。

品质管理是企业管理的重要组成部分,其结果对企业的产品和服务质量具有决定性的影响。要用最小的消耗生产出适合用户要求的产品,在保证与提高产品质量方面开展一系列活动。因此,品质管理包括以下含义。

(1)为用户提供满意的产品和服务是品质管理的出发点。这就是说,为了达到用户对产品质量的期望目标才进行品质管理。所以,品质管理必须以用户的要求作为考虑问题与处理问题的出发点,这样才能使品质管理起到应有的作用。

(2)用户要求的品质应与成本相适应。企业在确定品质标准时不能忽视成本,保证产品质量,要在不断降低成本的前提下进行,不能因品质的提高导致成本大幅度提高,这样会给企业造成损失。所以,品质要与成本相适应,只有这样才能为用户提供物美价廉的产品。

(3)品质管理有一套科学方法。品质管理使用的方法主要有:运用科学方法进行试验,运用检测手段测量产品质量特性,运用统计分析方法控制产品的质量。

(4)品质与组织内的每一个成员相关,他们的工作直接或间接地影响着产品或服务质量。为了获得较高的质量水平,必须要求组织内的所有成员都参加,并承担相应的义务和责任。

综上所述,品质管理不是简单的事后检测,而是以满足用户要求为出发点,以不断降低成本为前提,用科学方法进行分析的一系列控制活动。

与品质管理相联系的还有"全面质量管理"概念。所谓"全面质量管理"是指"组织开展以质量为中心、全员参与为基础的一种管理方法,其目标是通过使顾客满意、使本单位成员和社会受益而达到长期成功"。

2.品质管理的任务

一个企业的管理是由各个方面的管理组成的,有经营管理、品质管理、生产管理、技术管理、财务管理、行政管理等。品质管理是其中的一个重要方面。对一个企业来说,品质管理具有以下三项基本任务。

(1)制订品质方针及其实施规划:通过品质方针目标和规划来指导和组织各部门、各岗位的工作,激发全体员工为实现预期的品质目标而不断作出努力。其具体内容表现在以下方面:

①形成企业的品质宗旨和品质方向;

②向企业内部颁布品质方针;

③组织企业内部各级人员理解品质方针;

④向企业外部有关方面宣传表述品质方针;

⑤根据企业需要对品质方针进行评审;

⑥根据企业发展情况,必要时修改品质方针。

(2)实施品质方针和品质保证:所制订的品质方针只有通过实施才能促进企业的稳步发

展,而品质保证是为保证品质方针的实施,为使企业员工确信企业能满足质量要求而开展的并按需要进行证实的、有计划和有系统的活动。一方面是向用户证实企业有能力保证质量并对其产品服务到底的一系列活动;另一方面是对企业内部各部门的工作加强管理,使各项工作经常处于受控状态,从而确保企业具备满足品质要求的一系列活动。其具体内容有下面几项:

①确定品质目标;

②建立和实施适合、需要的质量体系;

③进行品质策划,包括针对某产品、项目或合同制订专门的品质计划;

④采取品质控制、品质保证、品质改进措施;

⑤进行质量体系审核和评审;

⑥必要时修改质量体系,保持其持续性、适用性、有效性。

(3)实施品质控制:品质控制是企业最基本和最经常的品质管理活动,是企业用来保证产品与服务质量的重要手段,是对品质形成的过程进行监督、检测并排除生产过程中影响品质的各种因素,以达到品质要求所采取的作业技术活动。具体内容有下面几项:

①确定品质控制计划与标准;

②实施品质计划与标准;

③发现品质问题并分析造成品质问题的原因;

④采取纠正措施,使生产过程处于正常状态。

四、品质管理的发展历程

自从 20 世纪 20 年代提出品质管理的概念以来,品质管理理论伴随着企业管理的发展而不断地发展和完善,到现在已成为一门独立的学科。它随着整个社会的发展而发展,同时,它同科学技术的进步、科学管理的发展也密切相关。现代品质管理大体经历了以下发展阶段。

1. 品质检验阶段

第一次世界大战之后,由于大规模的现代工业生产的形成,在生产流程中大量使用技术和机器设备,使原来的工头和领班没有足够的精力和知识进行有效的品质控制。20 世纪初,科学管理的奠基人泰罗(Frederick Winslow Taylor)提出了在生产中应该将计划与执行、生产与检验分工的主张,于是在一些工厂中设立了专职的检验部门,对产品进行质量检测,把废品挑出来,让合格品入库或出厂,从而改变了过去生产和检验都由操作工人掌握做法,开始了品质管理的"品质检验阶段"。

品质检验对手工业生产来说,是一个很大的进步,因为它有利于提高生产效率,有利于分工的发展。但从品质管理的角度来看,品质检验的效能较差,只是按照标准的规定对成品进行检验,即从成品中挑出不合格品,这种品质管理的任务只是"把关",即严禁不合格品出厂,而不能预防废品产生。

1924 年,美国贝尔电话研究所的统计学家休哈特博士(Walter A. Shewhart)提出了"预防缺陷”的概念,认为除了检验外,还应做到预防,他提出采用控制图的办法达到预防目的。同时,同属贝尔电话研究所的道奇(Dodge)和罗米格(Romig)共同提出在破坏性检验的场合采用“抽样检验法”,并设计了第一个抽样检验方案。也有其他学者提出其他统计方法,但由于当时的社会经济条件,对产品质量要求不可能太高,所以,数理统计方法进行品质管理未被普遍接受。因此,品质检验阶段一直延续到20世纪40年代。

2. 统计质量管理阶段

尽管品质检验阶段的品质管理有了进步,但仍存在着“事后检验”和全数检验增加成本等不足。随着第二次世界大战后大型现代化生产格局的形成,生产线开始普及,品质检验部门成了生产中最薄弱的环节,因而休哈特的“预防缺陷”、道奇和罗米格的“抽样检验法”被重新重视起来,数理统计在工业生产中得到广泛应用,品质管理出现了两次飞跃,即运用统计原理和抽样技术、控制图表等从“事后检验”发展到“事先控制”“预防废品”,从“事先把关”变为“预先控制、预防为主、防检结合”。

这一阶段在方式上是由专职检验人员转变而成的专业品质控制工程师和技术人员承担。这标志着将事后检验的观念转变为预防质量事故的发生并事先加以预防的观念,使品质管理工作前进了一大步。然而,这些方法片面过分强调数理统计方法,忽视了组织管理工作和生产者的能动作用以及许多其他因素,使人们误认为“品质管理就是数理统计方法”“品质管理是少数数学家和学者的事情”,因而对统计的品质管理产生了一种高不可攀、望而生畏的感觉,从而阻碍了数理统计方法的推广。

3. 全面质量控制阶段

由于科学技术的迅速发展,工业生产技术手段越来越现代化,工业产品更新换代也越来越频繁,特别是出现了许多大型产品和复杂的系统工程,对品质的要求大大提高了,尤其对安全性、可靠性的要求越来越高。这就要求从系统的观点出发,全面控制产品质量形成的各个环节、各个阶段,单纯依靠统计控制质量已无法满足要求。20世纪60年代初,美国的费根堡姆和朱兰提出了全面质量控制的科学概念,提出产品的质量有一个产生、形成的过程;企业品质管理必须对质量、价格、交货期和服务进行综合考虑,且产品质量必须同成本联系起来,所以品质管理是一个全过程的管理。全面质量控制正是用统计图表来发现问题,对每一个质量问题进行认真分析和检查,直到找到真正的原因并加以克服为止。全面质量控制大大地提高了产品的质量和顾客的满意程度。

日本在引进美国的全面质量控制的基础上,进一步发展和形成了一整套的全面质量管理理论和丰富的实践经验,即全公司(集团)质量管理。它是从企业高层领导到每个工人的整个企业范围内的质量投入。在日本工业界,全公司质量管理不论大小企业几乎都普遍进行普及,形成了具有日本特色的品质管理。

全面质量管理是全面质量控制在组织上的延伸和发展,它将现代企业管理、全面质量控制和不断改进融合统一于各个部门。在全面质量管理的要求下,新产品的设计和发展与顾客的要求、新技术的应用结合起来;顾客的满意程度被不断地衡量和监督,成为企业不断改进的动力;职工的积极性被发挥用于参与质量改进活动;信息技术被运用于收集和分析质量数据,进行质量追踪;定期质量检查和培训成为企业的日常活动。全面质量管理是一个有机完善的整体系统,它包括了企业管理系统、全面质量控制系统和不断改进的功能。

4. 标准化品质管理阶段

1987 年之前,尽管开始人们从系统的角度看质量问题,但更多的还是从产品角度关注质量,即产品质量,对系统的品质控制缺少一套标准化的运作模式。事实上,产品质量的形成与企业生产经营的方方面面都有关系,只有把与质量相关的各个环节严格控制起来,才能从根本上确保每一件产品的质量。为此,需要从标准化的角度,利用标准化的技术去建立企业的质量管理体系,规划企业生产经营的各个环节,并通过专门的机构去监控质量管理体系的运行有效性。于是,国际标准化组织(International Organization for Standardization,简称 ISO)于 1987 年正式发布了 ISO 9000 系列质量标准,使品质管理进入了标准化阶段。1994 年又发布了 ISO 9000:1994 版,在世界范围内掀起一股实施 ISO 9000 质量管理标准的热潮。为了提高其适用性,国际标准化组织不断地完善标准,对 ISO 9000 标准进行了修订,并先后发布了 ISO 9000:2000 版质量管理体系标准、ISO 9000:2008 版质量管理体系标准、ISO 9000:2015 版质量管理体系标准。目前,建立 ISO 9000 质量管理体系并通过认证仍然是企业实施质量管理的核心内容。

除全面质量管理和 ISO 9000 质量管理体系外,自 20 世纪 60 年代起,还出现了一些影响较大的质量管理理论,如"零缺陷"质量管理、"六西格码"质量管理等,这些理论在提高产品质量、减少质量损失方面发挥了巨大作用。

我国的品质管理也经过了不断探索与发展的过程。中华人民共和国成立后至 20 世纪 70 年代末,我国品质管理基本处于品质检验阶段,沿用的是苏联的百分比抽样方法。直到 20 世纪 80 年代,我国计数抽样检查标准贯彻后,逐步跨入统计质量管理阶段。1985 年,原国家经委颁布了《工业企业全面质量管理办法》,全面质量管理在全国被普及推广。质量管理的一些概念和方法也先后被制定为国家标准。为了参与国际竞争,与国际惯例接轨,1992 年,原国家技术监督局颁布了 GB/T 19000—ISO 9000 系列标准,等同采用了质量管理和质量保证国际标准;随着国际标准化组织对 ISO 9000 质量标准的改版,国家质量技术监督局先后在 2000 年、2008 年、2016 年颁布了新版 GB/T 19000—ISO 9000 系列标准,等同采用了国际系列标准。目前,我国正处于市场经济体制逐步完善过程中,为了保证消费者利益,政府陆续出台了一系列质量管理法律和法规,如《产品质量法》《消费者权益保护法》《标准化法》等,使我国的产品质量管理走上了法制的轨道。企业质量认证认可制度也在完善过程中,统一规范的质量认证体系逐步建立。

第二节　品质管理的基本原理

　　进行品质管理,首先必须掌握品质管理的基本原理和方法,必须熟悉产品质量的形成过程和形成规律,才能开展全面的、全过程的品质管理。

一、品质管理的基本观点

　　品质管理作为一门独立的学科,在其发展过程中,无数研究品质管理规律的专家及其实践者作出了不同的贡献,他们的观点与实践直接改变了人们对品质的认识,对品质管理的发展产生了深远的影响,这些观点至今仍然在各个领域发挥作用。

1. 朱兰螺旋曲线及朱兰三部曲

　　朱兰螺旋曲线是美国质量管理专家朱兰率先采用的用来表达产品质量产生、形成和发展的客观规律的一条螺旋上升的曲线(图1-1),对质量管理具有重要的指导作用。朱兰认为,产品质量有一个产生、形成和实现的过程。这个过程是从市场调研开始,经过产品设计、制造、销售,直到为用户服务为止。

　　质量的本质内涵是"适用性"。朱兰强调传统品质计划是由某个特定领域的专家完成,但是通常他们缺少进行质量计划的方法、技巧和工具,而且是在不了解全局情况的条件下制订的计划,这种计划往往会与顾客的需要脱节。而现代质量计划是由多部门同时进行的计划过程,包括所有最终与生产和服务相关的人员,这样他们就

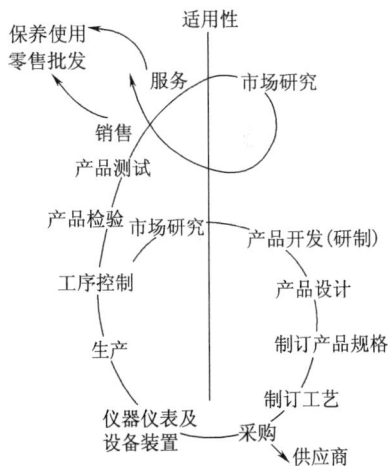

图1-1　朱兰螺旋曲线

能在计划过程中提供相应的成本信息,还能对可能出现的问题提出早期警告。因此,朱兰提出的质量计划,实际上立足于整个公司各层组织的整体"适应性"。

　　(1)从螺旋曲线可以看到以下内容:

　　①产品的质量形成过程包括市场研究,产品开发、设计,制订产品规格、工艺,采购,仪器仪表及设备装置,生产,工序控制,产品检验、测试,销售及服务等共13个环节。各个环节之间相互依存,相互联系,相互促进。

　　②产品质量形成的过程是一个不断上升、不断提高的过程。为了满足人们不断发展的需要,产品质量要不断改进,不断提高。

　　③要完成产品质量形成的全过程,就必须将上述各个环节的品质管理活动落实到各个部门以及有关的人员,要对产品质量进行全过程的管理。

④品质管理是一个社会系统工程,不仅涉及企业内各部门及员工,还涉及企业外的供应商、零售商、批发商、用户等单位及个人。

⑤品质管理是以人为主体的管理。朱兰螺旋曲线所揭示的各个环节的品质活动,都要依靠人去完成。人的因素在产品质量形成过程中起着十分重要的作用,品质管理应该提倡以人为主体的管理。此外,要使"循环"顺着螺旋曲线上升,必须依靠人力的推动,其中领导是关键,企业领导者要做好计划、组织、控制、协调等工作,形成强大的合力去推动质量循环不断前进,不断上升,不断提高。

(2)从产品质量形成的过程而言,品质管理要贯穿于设计、制造、销售、服务全过程。从管理的角度看,要搞好品质管理,必须抓住三个主要环节,即品质计划、品质控制和品质改进,一般称为朱兰三部曲。

①品质计划。指为达到品质目标而进行筹划的过程。企业所编制的品质计划是一种质量文件。企业的品质计划各种各样,如企业的品质战略规划、年度品质计划、各有关部门的品质计划等。品质计划应规定如下内容:

a. 应达到的品质目标;

b. 该项目各阶段的责任和权限分配;

c. 应采用的特定程序、方法和作业指导书;

d. 有关阶段(设计、开发等)的试验、检验和审核大纲;

e. 随项目的进展而修改和完善品质计划的方法;

f. 为达到品质目标必须采取的其他措施。

②品质控制。朱兰强调,品质控制并不是优化一个过程,而是对计划的执行。因此,品质计划制订之后,要付诸实现就必须进行控制。实行品质控制可以使品质计划沿着预定的轨道向目标推进,也能够保证产品质量符合要求,满足用户的需要。控制也必须采取科学的手段和工具。

③品质改进。要满足用户对产品质量不断提出的更高的要求,产品质量需要不断提高。所以,品质管理不能仅仅满足于将产品质量控制在正常波动范围内,还要不断改进。品质改进是指产品性能超越过去任何一个时期而达到新的水平。

朱兰质量三部曲为企业质量问题的解决提供了方向,尤其是在质量改进环节方面。朱兰博士也尖锐地提出了质量责任的权重比例问题,即80/20原则问题。他依据大量的实际调查和统计分析认为,企业产品和服务质量问题,追究其原因,只有20%来自基层操作人员,而有80%的质量问题是由领导责任引起的。

2. 质量循环

"质量循环"是由瑞典的质量管理专家桑德霍姆(Lennart Sandholm)提出的,指从最初识别需求到最终满足要求和期望的各阶段中影响质量的相互作用活动的概念模式,如图1−2所示。这可以看成是朱兰螺旋曲线的俯视图。只是它从朱兰螺旋曲线的13个环节中选择了市场研究、产品研制、工艺准备、采购、生产、检验、销售、服务8个主要的环节来构图,这8个环节也称八大质量职能。按照质量循环图进行管理,就是全过程的品质管理。

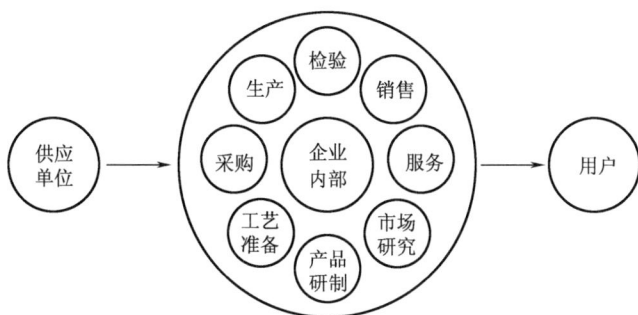

图 1-2 质量循环图

我国现行的国家标准 GB/T 19000—ISO 9000 系列对产品质量形成过程的"质量环"也有着明确的规定,如图 1-3 所示。图中列出了 11 个项目,前面 6 个环节同朱兰螺旋曲线及桑德霍姆质量循环大同小异,后面几个环节是产品生产后的销售和服务,划分得更加细致。

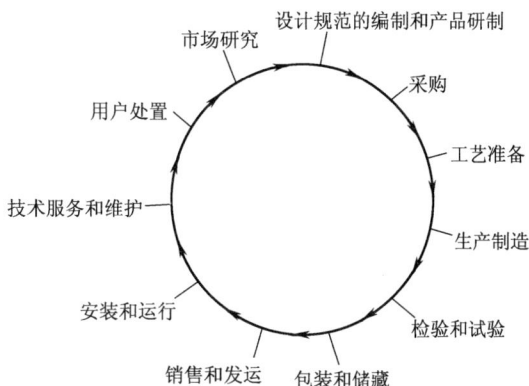

图 1-3 质量环

3. 戴明质量十四点

美国学者戴明(Deming)作为品质管理的先驱者,其学说简洁易懂,其主要观点"十四要点"成为 20 世纪全面质量管理的重要理论基础,对国际品质管理理论和方法始终产生着异常重要的影响。"戴明管理十四点"的全称是《领导职责的十四条》,其核心是:目标不变、持续改进和知识渊博,其内容如下。

(1)以创造产品与服务改善为恒久目的。管理者要为企业的品质管理制订长远的目标和计划,而不是一个月或一年,也就是把改进产品和服务作为企业发展的恒久目标,坚持经营。

(2)采纳新的哲学。绝不容忍粗劣的原料、不良的操作、有瑕疵的产品和低劣的服务;也绝不对自己的产品质量自鸣得意。

(3)停止依靠大批量的检验来达到质量标准的方式。检验的目的是为了改进流程并降低成本,要采用统计质量控制技术,产品质量通过改良生产过程来实现。

(4)要有一个最小成本的全面考虑。选择最好的供应商并与之建立长远的合作关系,减少供应商的数目并控制供应商及其产品的质量,不要只以价格高低来决定对象。

(5)坚定不移地改进生产及服务系统。查明问题究竟是局限于生产过程的某一部分,还是来源于整个过程本身。不断改进生产及服务系统,必须在每一项活动中降低浪费,提高质量。

（6）建立现代的岗位培训方法。培训必须是有计划的，且必须是建立在可接受的工作标准上。必须使用统计方法来衡量培训工作是否奏效。

（7）建立并贯彻领导方法。高层管理人员必须提高下属管理者的水平，下属人员要随时报告需要改善的地方，高层管理人员知道后必须采取改善行动。

（8）驱除恐惧心理。所有员工必须有胆量去提出问题或表达意见，消除恐惧，建立信任，营造创新的气氛。

（9）打破部门之间的围墙。鼓励各部门紧密地配合工作，跨部门的活动有助于改善品质，降低成本，激发团队、小组和员工之间的努力合作。

（10）取消对员工发出的计量化的目标。取消各种激发员工提高生产率的指标、口号和标语等，而只要求其永不停歇地改进。

（11）取消工作标准及数量化的定额。取消定额管理如计件工作制，因为量化的定额往往会鼓励生产疵品，应把工作焦点放在品质上，并以学习流程性能及持续改进来代替。

（12）消除妨碍基层员工工作顺畅的因素。任何导致员工失去工作尊严的因素都必须消除。消除障碍，使员工找回因工作而自豪的权利。

（13）建立严谨的教育及培训计划。教会员工掌握新方法，一切训练都应包括基本统计技巧的运用。鼓励教育员工的自我提高。

（14）创造一个能推动以上 13 项的管理组织。为实现各种转变采取行动。

戴明的其他观点包括："质量是一种以最经济的手段制造出市场上最有用的产品""品质就是顾客对所提供产品和服务感受到的优良程度""企业需要通过使用硬的（测量统计等工具和手段）和软的手段（良好的人际关系和协调技术）将质量概念变为现实"等。

4.“零缺陷”理论

美国质量管理学者克劳士比（Philip Crosby）于 20 世纪 60 年代提出了"零缺陷"口号，即"第一次就把事情做对"。即使微不足道的差错，也决不放过，一定要消除原因，避免其再次出现。要做到这一点，就要把工作的重心放在预防上，在每一个工作场所和每项工作任务中加以预防。

（1）质量即符合要求。质量要求必须清晰地表达给员工，并通过领导和培训营造一种合作的氛围来帮助员工达到要求。

（2）质量的系统是预防。预防发生在过程的设计阶段，包括沟通、计划、验证以及逐步消除出现不符合的时机，通过预防保证质量，要求资源的配置能保证工作正确完成，而不是把资源浪费在问题的查找和补救上。管理层必须下决心持续营造以预防为导向的工作环境。

（3）工作标准是零缺陷（第一次就把事情做对）。零缺陷工作标准意味着任何时候都要满足工作过程的全部要求，而不是"差不多就好"。必须改变管理层对质量的"错误是不可避免"的认知态度，不接受不符合要求的产品。

（4）质量的衡量标准是"不符合要求的代价"。"不符合要求的代价"是浪费、损失的代价，如返工、疵品的损失，花时间处理投诉和担保等问题的管理成本等，这些不符合要求引发的成本可以作为将来质量改进取得成效的见证。

克劳士比认为质量改进通过"变革管理的六个阶段"来实现,可用 6C 来表示,即:领悟(Comprehension)、承诺(Commitment)、能力(Competence)、沟通(Communication)、改正(Correction)、坚持(Continuance)。

5. 石川馨特性要因图图管理

石川馨是 QCC(Quality Control Circles,质量控制圈)之父,是 20 世纪 60 年代初期日本"质量圈"运动最著名的倡导者。"石川馨图"又叫因果图,也称为鱼刺图、特性要因图等。它是利用"头脑风暴法"集思广益,寻找影响质量、时间、成本等问题的潜在因素,然后用图形的形式来表示的一种十分有用的方法。它揭示的是质量特性波动与潜在原因的关系。其基本观点如下:

(1)质量始于教育,终于教育;

(2)了解顾客需求是质量改进的第一步;

(3)当质量监督检查不再是必需的生产环节时,质量控制才达到理想的状态;

(4)质量控制是企业所有员工的责任并贯穿于所有环节;

(5)质量优先并注重长期利润;

(6)高层管理者应明白质量问题的产生并不都是下属的责任;

(7)没有分布信息的数据是不可信的;

(8)企业中95%的质量问题通过简单的分析工具就可以解决;

(9)组织质量圈。在企业内部一个单独部门中由非监督人员和领导人组成团队,自发地去研究如何改进工作的有效性;

(10)治标更要治本;

(11)广义的质量概念就是全面质量的概念。质量反映顾客的满意程度,顾客的需要和要求是变化的,因此质量的定义也是不断变化的,高质量就是满足顾客不断变化的期望。

6. 费根堡姆全面质量管理

美国全面质量控制之父费根堡姆因于 1961 年在其著作《全面质量管理》中提出全面质量管理而闻名,他的质量管理观体现于以下三个方面。

(1)质量第一。管理层的注意力应该放在制订合适的质量计划上,而不应该仅仅放在对不合格项的处理纠正上。要对质量保持持续的关注并作出努力。

(2)现代质量管理技术。由于传统的质量部门只能解决系统中 10%～20% 的质量问题,为了满足消费者的需要,企业的所有员工应该协调一致地采用新的技术去改进系统。

(3)组织的承诺。企业的全体人员应得到持续的培训和激励,鼓励员工的士气和积极性,增强质量意识,并且认识到企业的每一项工作都影响着企业的最终产品质量。

7. 六西格码理论

美国摩托罗拉公司于 20 世纪 80 年代中期确立了以客户完全满意为目标的质量方针并实施"6σ"计划,这种提升客户忠诚度并持续降低经营成本的综合性管理体系、发展战略和管理方法,使公司取得了巨大成功。基于统计学上的原理,"6σ"代表着品质合格率达 99.9997% 以上,即每一百万件产品只有 3.4 件次品,非常接近"零缺陷"的要求。它不仅是一种质量目标,更是一种理念、文化和方法体系的集成,其含义是客户驱动下的品质的持续改进。

(1)"6σ"质量管理是通过对组织过程的持续改进、不断提高顾客的满意程度、降低经营成本来提升组织盈利能力和竞争力水平,以最高的品质、最快的速度和最低的价格向顾客或市场提供产品和服务。

(2)对顾客真正关注。在"6σ"管理中,以关注顾客最为重要。"6σ"的改进程度是用其对顾客满意程度所产生的影响来确定的,如果企业不是真正关注顾客,就无法推行"6σ"管理。

(3)基于事实的管理。"6σ"品质管理从识别影响经营业绩的关键指标开始,收集数据并分析关键变量,可以更有效地发现、分析和解决问题,使基于事实的管理更具可操作性。

(4)对流程的关注、管理和改进。无论是产品和服务的设计、效率和顾客满意度的提高,还是在业务的经营上,"6σ"管理都把业务流程作为成功的关键载体。

(5)无边界合作。推行"6σ"管理,需要组织内部横向和纵向的合作,并与供应商、顾客密切合作,达到共同为顾客创造价值的目的。这就要求组织打破部门的界限甚至组织间的合作,实现无边界合作,避免由于内部彼此间的隔阂和部门间的竞争而造成损失。

(6)追求完美,容忍失败。"6σ"管理不仅要求组织向更好的方向持续改进,也要求组织愿意接受并控制偶尔发生的挫折。在追求完美的过程中,难免有失败,这就要求组织有鼓励创新、容忍失败的氛围。

"6σ"管理是一个渐进的过程,从设立远景开始,逐步接近完美的产品和服务以及很高的顾客满意度的目标,它建立在许多最先进的管理理念和实践基础上,为 21 世纪的企业管理树立了典范。

二、品质管理的方法

要搞好产品的质量管理,还需要有一定的工作程序和管理方法。品质管理的方法是多样的、综合的。一般认为,品质管理必须依靠专业技术、管理技术、现代技术方法及思想政治工作等。

1. 品质管理的工作程序——PDCA 循环

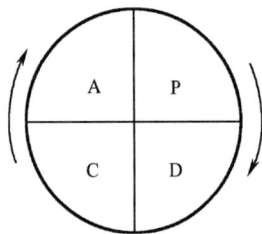

在品质管理中,常用的工作程序是 PDCA 循环,可用图 1-4 表示。图中 P 表示计划(Plan),D 表示执行(Do),C 表示检查(Check),A 表示处理(Action),即计划—执行—检查—处理。走完一圈完成一个循环,然后进入新的一次循环。

(1)品质管理的工作程序需把握以下四个阶段:

①P 阶段:这一阶段要制订品质目标、管理项目、技术经济指标以及达到目标的措施和方法。同时,通过市场调查进行产品设计和研制,力求满足用户的要求并使企业取得良好的经济效益。

图 1-4 PDCA 循环

②D 阶段:按照所制订的计划和措施去付诸实施。

③C 阶段:对照计划,检查计划执行的情况和效果,及时发现计划执行过程中的经验和问题。

④A 阶段:在检查的基础上,把成功的经验加以肯定,形成标准,便于今后重复执行,同时也汲取教训,以免重犯错误。

(2)PDCA 循环具有三个特点:

①大环套小环,相互衔接,互相促进。在一个企业中,既有全厂范畴的整体 PDCA 循环,又有各部门、各科室、各车间的小范围 PDCA 循环,这就形成大环套小环、相互衔接、相互联系的特点,如图1-5 所示。

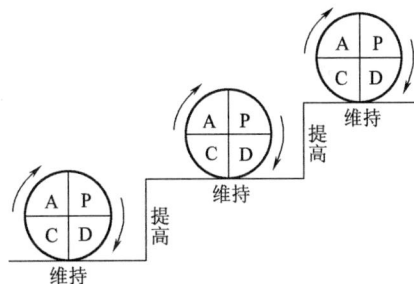

②不断上升的循环。PDCA 是周而复始的循环,如图1-6所示。而且,每循环一次就上升一次,在循环过程中解决一些问题,使质量水平有所提高,下一次的循环是在新的基础上进行,如此递进。循环的水平不断上升。

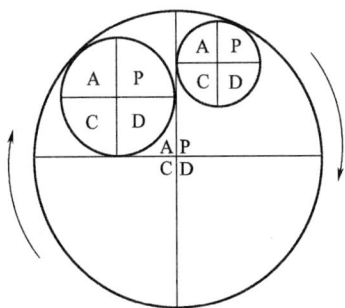

图1-5　大环套小环的 PDCA 循环　　　　　图1-6　不断上升的 PDCA 循环

③循环的关键环节在于 A 阶段。对于品质管理来说,经验和教训是宝贵的,总结经验教训,形成一定的标准、制度或规定,使工作做得更好,这样才能使品质水平不断提高。

2. 品质管理的实施过程

品质管理可划分为四个过程,即确定品质标准、评判作业效果、采取纠正措施和继续改进计划,使整个过程连续不停地循环运转。

3. 现代统计方法的应用

在企业中,产品质量由于某些原因的影响产生随机波动,要分析和掌握产品质量波动并控制质量波动,必须运用概率和数理统计的理论和方法。此外,品质管理中数据的收集、整理和分析也要采用统计方法,它是重要的控制手段。常用的几种统计方法是:分层法、调查表法、因果图法、排列图法、直方图法和相关图法等。

4. 定性与定量结合的管理方法以及计算机的应用

在品质管理中,强调用数据说话,但由于许多因素和现象不便用数据表达,必须采用定性的分析来表达,因此,品质管理方法应采用定量和定性分析相结合的方法,两者相辅相成,互相补充,构成一体。此外,计算机已被广泛地应用于现代化的品质管理工作中,因而管理的方法和手段也变得更快捷、更科学。

第三节 质量的法律法规、质量监督和质量标准化

一、质量的法律法规

产品质量法规是调整产品的生产者、销售者、消费者或用户及政府有关行政机关之间有关产品质量的权利、义务关系的法律规范的总称。它包括国家有关产品质量的一系列法律、行政法规、部门规章和地方性法律。建立相应的产品责任及相应的法律、法规,是保障市场有序竞争和发展的基础。我国现行的产品质量责任法律制度主要是围绕国家的质量监督体制和产品质量问题而制定。我国涉及产品的法律法规主要包括四个方面。

1. 产品质量的基本法

即《产品质量法》,共分6章51条,包括两个方面的内容,即对产品质量的监督管理和产品质量责任。该法于1993年9月实施后,先后于2004年、2009年又进行了修订。它是我国第一部产品质量法。

2. 涉及产品质量的专门法律

如《中华人民共和国食品卫生法》《中华人民共和国药品管理法》《中华人民共和国标准化法》《中华人民共和国计量法》《中华人民共和国质量认证管理条例》《中华人民共和国进出口商品检验法》等。

3. 有关产品质量的综合性法律

如《中华人民共和国民法通则》《中华人民共和国经济合同法》《中华人民共和国消费者权益保护法》《中华人民共和国广告法》《中华人民共和国商标法》《中华人民共和国反不正当竞争法》《工业产品质量责任》等。

4. 有关服装产品标准的法规

如《国家纺织品基本安全技术规范》(GB 18401—2010)等。

二、质量监督

在市场竞争的环境下,特别是在不完全的市场经济条件下,作为买卖双方争议和行为的评判,质量监督随之产生和发展起来。在20世纪,许多发达国家基本都经历了产生、发展并逐步完善质量监督的过程。

1. 质量监督的概念

质量监督是对社会生产、流通和消费各过程的产品、服务质量的监督和督导。在国际标准

ISO 8402:1994 中,质量监督的定义是:为确保满足规定要求,对实体的状况进行连续的监督和验证,并对记录进行分析。

2.质量监督的内容

主要包括以下四个方面内容:

(1)进行定期和不定期的产品质量抽查,监督产品标准的贯彻执行情况;

(2)处理产品质量申诉,进行产品质量仲裁检验、产品质量鉴定;

(3)打击生产、销售假冒伪劣产品的违法行为;对产品质量认证工作进行监督管理,对获得认证的产品质量及产品认证标志的使用过程进行监督检查;

(4)参与对免检产品、名牌产品的审定,当获得免检产品、名牌产品称号和标志的产品发生质量问题时,进行产品监督检查。

3.产品质量监督的依据

对产品质量监督检查的依据主要有以下四个方面:

(1)应以产品所执行的标准为判断依据。未制订标准的,以国家有关规定或要求为判断依据。对可能危及人体健康和人身、财产安全的工业产品,必须符合强制性的国家标准、行业标准,未制定强制性国家标准、行业标准的,必须符合保障人体健康、人身、财产安全和卫生指标的要求。

(2)产品必须具备应当有的使用性能,但对产品存在的使用性能瑕疵作出说明的除外。监督检查时,要把假冒伪劣产品和只有一般质量问题的产品(仍有一定使用价值的处理品、疵品)严格区分开来,做到处理适当,避免随意性。这是法定的默示担保条件。

(3)在无标准、无有关规定或要求的情况下,以产品说明书、质量保证书、实物样品、产品标识表明的质量指标和质量状况作为监督检查时判断的依据,这是法定的明示担保条件,是生产者、销售者对产品质量作出的保证和承诺。

(4)监督检查优质产品时,判断产品质量的依据是获奖时所采用的标准或技术规范。

三、产品质量的责任

1.产品质量责任的概念

产品质量责任是指生产者、销售者及其他相关主体违反国家有关产品质量法律法规的规定,不履行或不完全履行法定的产品质量义务,对其作为或不作为的行为应当依法承担的法律后果。我国的《产品质量法》是质量行政管理和产品质量责任合一的法律,其规定的产品质量责任是一种综合责任,包括依法承担的民事责任、行政责任和刑事责任。

2.生产者的产品质量责任

为了保障用户、消费者的合法权益,我国《产品质量法》对生产者规定了明确的产品质量责任和义务。主要有以下几个方面:

(1)产品质量本身。生产者应当对其生产的产品质量负责,生产的产品应当符合三项要求,即产品无缺陷、具有适应性和符合性。产品的适应性指产品应当具备的使用性能能满足预期的使用目的;产品的符合性则指产品质量符合在产品或其包装上注明采用的产品标准,符合以产品说明、实物样品等方式表明的质量状况。产品符合以上要求的,即为《产品质量法》规定的合格产品,否则即为不合格产品。

(2)产品或其包装上的标识。产品或其包装上的标识应当符合以下要求:

①有产品质量检验合格证明;

②有中文标明的产品名称、生产厂名和厂址;

③根据产品的特点和使用要求,需要标明产品的规格、等级、所含主要成分的名称和含量的,相应予以标明;

④期限使用的产品,标明生产日期和安全试用期或者失效期;

⑤若使用不当容易造成产品本身损害或者可能危及人身、财产安全的产品,应有警示标志或者中文警示说明。

(3)对假冒伪劣产品。为了从源头杜绝假冒伪劣产品,我国的《产品质量法》规定了生产者的禁止行为,包括:

①不得生产国家明令淘汰的产品;

②不得伪造产地,不得伪造或冒用他人的厂名、厂址;

③不得伪造或冒用认证标志、名优标志等质量标准;

④不得掺杂、掺假,不得以假充真,以次充好,不得以不合格产品冒充合格产品。

3. 销售者的产品质量责任

销售者的产品质量责任和义务包括以下几个方面:

(1)关于进货检验。我国《产品质量法》规定,"销售者应当执行进货检查验收制度,验明产品合格证明和其他标识"。产品进货检验主要是检验产品自身是否符合默示担保条件和明示担保条件,即是否是合格产品。同时,也应检验产品和其包装上的标识是否符合规定要求。

(2)关于产品质量的保持。销售者对于进货检验时确认合格的产品,有义务采取各种必要措施,保持产品原有质量,以防损害、变质。

(3)关于销售产品的标识。销售者对所销售的产品,应当具备与生产者所规定的产品或与其包装上的标识完全一致的标识要求。

(4)关于假冒伪劣产品。我国的《产品质量法》对销售者也规定了有关假冒伪劣产品的禁止行为,包括:

①不得伪造产地,不得伪造或冒用他人的厂名、厂址;

②不得伪造或冒用认证标志、名优标志等质量标准;

③不得掺杂、掺假,不得以假充真,以次充好,不得以不合格产品冒充合格产品。

四、质量的标准化

1. 标准与标准化的概念

我国 GB/T 20000.1—2014 标准化工作指南 第 1 部分：标准化和相关活动的通用词汇 指出：标准是指"为了在一定范围内获得最佳秩序，经协商一致制定并由公认机构批准，为各种活动或其结果提供规则、指南或特性，供共同使用和重复使用的一种文件"。标准是企业各项生产活动和管理活动的重要依据，也是衡量产品质量和工作质量的重要尺度，是保证和提高产品质量的重要手段，没有标准就没有质量，产品标准决定了产品质量。

标准化是指"在经济、技术、科学及管理等社会实践中，对重复性事物和概念通过制定、发布和实施标准，达到统一，以获得最佳秩序和社会效益"。标准化是为了在一定范围内获得最佳秩序，对现实问题或潜在问题制定共同使用和重复使用的条款的活动。标准化工程由三个关联的环节组成，即制定、发布和实施标准。《中华人民共和国标准化法》的条文中第三条规定："标准化工作的任务是制定标准、组织实施标准和对标准的实施监督。"这是对标准化定义内涵的全面清晰的概括。

2. 技术标准概念

这类标准是企业进行生产活动和确认产品质量水平的技术尺度，是直接用以衡量产品质量的依据，如产品标准、零部件标准、工艺标准等。其中最重要的是产品的技术标准，它是对产品结构、性能、规格、质量和检验方法所作的统一的技术规定，是组织生产、检验产品质量、进行质量管理的主要依据。企业的技术标准主要是对国家标准和专业标准的具体化，但为了确保竞争优势，有些企业的标准水平高于国家标准和专业标准的水平，也有企业直接采用国际标准。

3. 技术标准种类

标准按其作用不同，可分为基础、产品、工艺、工艺装备、零部件及原材料毛坯等六种标准，服装企业常用的主要是前三项标准。基础标准是指具有最一般共性和广泛指导意义的标准，如服装号型系列、服装专用术语名称、服装裁剪制图等标准，它们是制定其他标准的前提；产品标准是指国家及有关部门对某一大类产品或特定产品的造型款式、规格尺寸、技术要求、质量规定、产品检验、包装、储运等方面所作的统一规定；工艺标准是指产品质量要求，即把产品加工工艺过程、特点、要素及有关工艺文件，结合企业具体情况及客户要求加以统一而形成的标准，此类标准多为企业标准，数量很多，变化频繁。

4. 技术标准适用范围

技术标准按其适用范围不同，一般又可分四个层次：国际、国家、专业及企业标准。

（1）国际标准：国际标准化组织机构（ISO）中有一个"服装规格系统及其技术委员会"（简称"133 技术委员会"，ISO/TC 133），专门制定有关服装技术的国际标准。国际标准可在全世界范围内参考使用并在相关会员国内必须执行。

（2）国家标准：是由各个国家根据各国的实际情况制定的标准，如英国的国家标准是

"BSI",美国的国家标准是"ASTM",日本的国家标准是"JIS"。我国标准代号为"GB",是指在我国范围内都必须贯彻执行的技术标准。

（3）专业标准：我国代号为"ZB"或"FZ",也称部或行业标准,是指在有关工业部门范围内必须贯彻执行的技术标准,亦可是国家标准的预备标准。

（4）企业标准：我国代号为"QB",是指仅限于本企业范围内适用的技术标准,由企业自行规定,也可由客户提出要求。不同的客户有不同的需要,采用的标准也就不同。企业酌情制定,亦可成为专业标准的预选标准。

5.服装技术标准的基本内容

服装标准通常由以下几个部分组成：

（1）标准名称：标准名称应简明,能准确地反应标准核心内容并与其他标准相区别。

（2）适用范围：规定本标准适用或不适用的领域,若服装产品款式、色泽相同,规格一样,但材料不同,则其有关规定均应相应调整,有的差别还很大。因此,应说明适用范围。

（3）规格系列：通常包括以下内容：号型设置方面,国内销售服装应以 GB 1335—2000 为依据。成品主要部位规格方面,一般上衣至少应给出衣长、胸围、领围、袖长和肩宽五个部位,下装应有腰围、臀围、裤长或裙长三个部位。此外还可据生产实际情况及客户所提来选定成品规格尺寸。成品规格测量方法及公差范围应规范统一、明确具体,必要时可附图说明,公差范围应按要求确定上下限范围,量化单位也应统一一致。技术标准中要注明材料的各项要求,特别是面料、里料、衬垫料、缝纫线等均应注明,并在工艺色卡上用小样标示,对材料用量、使用部位、辅料及装饰材料的使用均应详细指明。

（4）技术要求：服装产品技术要求,是为满足使用要求而必须具备的技术决策指标和外观质量要求,常包括以下内容：材料丝缕方向规定,即明确不同服装产品、不同部位衣片允许倾斜及其范围的规定；面料衣片缝合时,布面花纹图案、条格对正及允许偏差程度；面料正反面及倒顺方向规定；色差规定,即不同服装不同部位色差程度规定；外观疵点名称及各部位允许存在的不同程度规定,必要时应附图说明；衣片允许拼接部位及范围的规定；缝制技术质量要求,如针码密度、缝迹要求等；成衣外观质量要求平整,对称、圆顺、整洁。

（5）等级划分规定：说明产品计数单位（件或套）和成品质量评等划级细则,主要根据成衣规格尺寸、缝制质量、外观形象等不同因素综合评定。

（6）检验规则：包括检验项目、内容及类别、检验所用工具及方法、抽样或取样方法、检验结果评定等。

（7）包装、标志、储存要求：对包装容器、材料、规格、方法提出要求,内外标志应明显清晰、正确、齐全,储存及搬运应连续、集中、经济,要保证产品在送达消费者之前一切完好无损。

（8）其他及附加说明。

纺织服装品有很多相关技术要求与规范。常用标准如服装号型标准（GB/T 1335.1—2008 服装号型 男子 、GB/T 1335.2—2008 服装号型 女子和 GB/T 1335.3—2009 服装号型 童装）、衬衫规格 GB/T 2667—2017、单服、套装规格 GB/T 2668—2017、消费品使用说明 纺织品和服装使用说明 GB 5296.4—2012、纺织品 维护标签规范 符号法 GB/T 8685—2008、纺织纤维中有毒有害物质的限量 GB/T 22282—2008、纺织品 纤维含量的标识 FZ/T 01053—2007、毛呢套装规格 GB/T 14304—2008、专业运动服装和防护用品通用技术规范 GB/T 21980—2017、服装标志、包装、运输和储存 FZ/T 80002—2016、服装成品出厂检验规则 FZ/T 80004—2014、衬衫 GB/T 2660—2017、棉服装 GB/T 2662—2017、男西服、大衣 GB/T 2664—2017、女西服、大衣 GB/T 2665—2017、西裤 GB/T 2666—2017、羽绒服装 GB/T 14272—2011、丝绸服装 GB/T 18132—2016 等。

6. 管理标准

这类标准是为了保证企业各项经营管理业务活动的正常化和规范化以及确保产品质量而制订的各种基本规定和各项业务准则,如工作程序、生产流程、操作规程、职责条例、考核标准等,管理标准是衡量工作质量的主要依据。国际标准化组织制定的 ISO 9000 系列质量管理体系标准、ISO 14000 系列环境质量标准等,正是由于反映了管理标准而在全世界得到广泛推广应用。

企业在标准的实施过程中,要严格执行,加强检查,通过各种反馈信息总结经验和教训,为标准的修订积累资料,为质量管理工作的 PDCA 循环提供条件。

第四节 服装企业品质管理的特点和意义

一、服装制造企业中的品质管理及其特点

服装企业虽有其自身的特点,但也与其他行业一样,要想拥有市场,就要遵循品质管理的基本规律,重视品质管理工作,广泛开展全面品质管理。随着市场经济的日益繁荣,面对国内外市场的竞争,我国的服装产品正在从数量优势向质量优势转化,生产管理向科学化、规范化方向迈进,尤其是目前我国纺织服装行业正处于转型时期,开展全面质量管理工作对争创国产品牌具有极大的推动作用。

1. 服装产品质量的形成过程

工业化生产的服装称为"成衣化"服装生产,它是解决人们穿衣的主要手段。成衣化服装生产产量大,品种较多,适应不同的市场需求,其生产过程大致由服装设计、生产准备、裁剪、缝制、熨烫定型、成品品质控制、成衣后整理、生产技术文件的制订、生产流水线设计、生产控制等环节构成。

成衣产品的质量与其他行业产品一样,也有一个从产生、形成到实现的过程,上述过程的每一个环节都直接或间接地影响产品的质量,在整个产品的寿命周期中,应实施全过程的质量控制。

成衣生产企业的品质管理以产品的一致性为基础,特别是规格的一致性。成衣生产企业作为传统的制造产业,已建立起成熟的质量管理体系。根据产品质量形成的过程,将生产系统中

关键的环节逐个分解,研究品质在每一个环节中的关注焦点,可有效地提供进行品质管理的各种信息。

(1)服装营销和市场调研:与以往相比,今天的服装营销人员要承担更多的质量责任,他们不仅要努力宣传销售自己的产品,收集和分析消费者的需求与期望、及时了解顾客期望的产品以及价格也是他们的职责。如果企业产品不符合顾客的要求,销售人员应通过收集顾客反馈来使设计和技术人员意识到这些问题。这些信息有助于企业在其内部资金和技术的约束条件下,对顾客要求作出决策,以保证顾客满意。

(2)服装设计与开发:这一环节的主要职能是为设计服装款式和服装的生产过程开发技术规格与参数,以满足顾客的需要。如果服装设计和开发与市场的实际需求有所偏离,那么即使生产过程完全能满足技术上的符合性要求,但对顾客来说,过于简陋或过于奢华精致的服装因超出了消费者的范围,都是不能让消费者满意的。由于设计环节中出现的问题导致企业失败的案例屡见不鲜,由此说明设计环节在服装生产中的重要性。良好的设计环节将有助于预防制造环节中的缺陷,降低生产系统对不产生附加值的检验环节的需求。

(3)面辅料采购和验收:采购品质合格的面辅料以及保证及时交付,对服装生产企业来说是相当关键的。采购部门要承担相当重要的质量职责,选择可靠的供应商,确保采购合同符合设计开发部门确定的面辅料质量要求。

2.服装制造业的品质管理特性

服装生产是一种技术和艺术结合的半手工生产形式,产品品种多、时尚性强、生产周期短,在品质管理方面呈现出以下特性。

(1)品质管理的波动性:由于成衣服装产品是以手工操作为主的流水作业,手工操作多,故生产波动性大,品质管理难于控制,常处于波动状态。

(2)生产工人的可塑性:由于近二十年来我国服装业发展较快,与其他行业相比,其总体管理水平仍较低,职工总体素质较低,可塑性大,难以适应新形势的需要。因此,有待于努力提高全行业职工队伍的品质意识,提高从业人员的整体素质。

随着国际经济一体化进程的加快,国内外市场竞争日益激烈,国际对服装工业也加快了调整、改造的步伐。新型服装市场体系要求以科学技术为先导,以科学管理为基本,进一步推行全行业的技术进步,提高行业的总体水平。我国服装工业正处在结构调整、产业升级的第二次创业转型时期,要不断提高产品质量,加强科学管理,不断开发新产品,最大限度地提高生产效益。

二、服装服务业中的品质管理及其特点

服装生产企业的品质管理经过长期的研究和实践,通过控制生产流程和标准化作业,已经形成了较为成熟的控制体系。随着经济水平的提高,消费者对服装服务业即服装销售的要求越来越严格。迫于竞争和生存的需要,服装服务业要适应不断变化的市场环境和顾客需求,必须不断提高服务水平,把服务质量的管理作为企业经营的核心和重点。但由于服务和服务质量的

一些特殊性,服务质量的控制相对产品质量的控制要困难得多。

1.服务和服务质量的特征

(1)服务的特征:在 ISO 9000:2015 标准中,服务的定义为:"在组织和顾客之间需要完成至少一项活动的组织的输出。"根据该定义,服务的特征如下:

①无形性:服务和组成服务的要素中,很多具有无形的性质。不仅服务本身是无形的,有时消费者获得的利益也可能很难觉察到或仅能进行抽象表达。

②生产与消费的不可分离性:在成衣生产中,从服装的设计、开发到加工、运输和销售,产品的生产和销售之间存在着明显的中间环节。而在服务行业,服务的生产和消费是同时进行的。服务人员直接与顾客相接触,在服务人员提供服务给顾客的同时,也是顾客消费服务的过程。

③销售服务也是一系列的活动或过程:一般来说,服务不是有形的产品,顾客在消费、购买服装产品时,尽管最终的满意是重要的,但中间的一系列过程或活动,如销售人员的产品介绍、产品试穿、收款等同样是重要的。

④差异性:服装销售是以人为主体的行业,包括服务决策者、服务人员和消费者。一方面,由于服务提供人员自身因素的影响,即使同一服务人员在不同环境下也可能产生不同的服务水平,而不同的服务人员在同一环境下,提供同一服务的服务质量也有一定差别;另一方面,由于顾客直接参与服务的生产与消费过程,不同的顾客自身条件的客观差异也会直接影响服务的质量和效果。

⑤不可存储性:由于服务的无形性以及服务的生产和消费的同时性,服务不具备有形产品那样的存储性。

(2)服务质量的特征:服务业中的质量和生产制造业中的质量相比较,服务质量最重要的特性是:

①时间:指服务提供的时间长短。

②时效性:指需要时能否迅速提供服务。

③完整性:指订单中的所有项目是否都包含在了服务过程中。

④礼节性:指服务人员对顾客的服务态度。

⑤一致性:指每次向不同顾客提供同等的服务情况。

⑥可达与便利程度:指服务易于获得的情况。

⑦准确性:指服务提供的准确性。

⑧响应性:指服务人员对出现的问题快速反应并迅速解决的能力。

2.与生产制造业相比,服务业质量管理的特点

(1)顾客的需求与服务标准难于界定和测量:由于在服务业中,服务产品的合格标准是由顾客决定的,而每个顾客的标准又是各不相同的。很明显,不同的顾客在服务属性上的感知程度是不可能完全一致的,这就造成了对服务产品的合格与否进行度量的困难。

(2)个性化的服务:生产制造业除了顾客专门的定制要求外,其制造产品一般来说都是完全相同的,而顾客对服务产品的定制化要求明显高得多。对待不同的顾客,必须采取不同的服务方式,提供个性化的服务产品。用统一的技术参数来衡量这些服务是不恰当的。

（3）无形的服务产品:制造企业制造的产品可以依据设计参数来进行评估,而服务产品由于是无形的,其评估只能依据过去的经验和顾客需求来进行。消费者对购买的制造产品是"看得见摸得着",而服务产品留给顾客的可能只是一段回忆。

（4）质量事前控制的重要性:生产制造的产品在交付顾客之前可以进行质量检验与控制,防止不合格品流入消费者手中。而服务行业的产品是生产与消费是同时进行的,一旦服务质量出现问题,对顾客造成的损害是无法挽回的。因此,对服务产品的质量控制,更应集中于事前的控制,应加强对服务人员的培训和服务设施的改进等。

（5）人际交往的重要性:服务行业明显是劳动力密集型的,人际交往关系极大地影响着服务产品质量。顾客与服务人员之间互动的关系决定着交易的走向。服务人员的行为与魅力是服务质量的关键。

（6）出错概率更大:由于消费者个体的差异和需求的不同,许多服务组织每天必须处理数目庞大的、需求不同的顾客事项,因此,与生产制造业每天程序化的生产方式相比,服务企业出现问题的风险更大。

尽管服务业产品与制造业有明显不同的质量特性,但在生产制造业应用的品质管理的很多理论同样适用于服务业。服务业同样要重视自己的服务质量。服务产品同制造产品一样,也必须"符合与超过消费者的需求",也要进行消费者需求的调查研究,也需要将顾客期望转化为服务产品的标准。

3.服务业品质的关键因素

通过以上对生产制造业与服务业品质管理的特点比较,可以发现,两个要素对于服务产品的质量起着关键作用,即员工和信息技术,对服务业来说,它们有着更为特殊的意义。

（1）员工:维持制造生产企业与服务企业继续生存的都是顾客。服务业中顾客与员工有着大量的直接接触。服务人员与顾客良好的交往,是服务业保留顾客的重要条件。要想获得高质量的服务员工,管理者需要对服务人员进行恰当的激励,有效地识别顾客满意度与服务人员努力之间的关系并适当分权,使他们有更多的职权和更大的责任感为顾客服务。培训也是重要的,必须使服务人员有足够的能力和技巧来与顾客进行有效沟通,处理好顾客事务。

（2）信息技术:包括数据的收集、计算、处理及其他将数据转化为有效信息的手段。服务速度是顾客对服务水平感知的另一个重要来源。当快捷的信息处理技术可以为顾客提供更快和更准确的服务时,信息技术就成为服务企业获得竞争优势的一种手段。这些技术的应用也可降低服务出错的概率。

4.服装制造生产与服装服务质量的融合

顾客满意度、保持度和忠诚度都与服装产品和服务的质量紧密相关,质量成为制造业、服务业成功的决定性因素。全球竞争和服务经济的不断增长以及制造业与服务业的融合,使服务业、制造业越来越关注服务质量,特别是顾客服务质量。

三、服装企业进行品质管理的意义

随着我国商品市场的繁荣,产品竞争日益激烈。在贸易往来过程中,成衣的质量是服装市场竞争的关键。生产企业要想在市场竞争中获胜,必须加强企业内部品质管理,实施品质控制,这是企业生产管理活动中最重要的一环。

1. 加强品质管理可使企业生产资源发挥最大效用

实施品质管理可以按标准规范加工程序和操作方法,能经济地利用设备,使人力、物力发挥最大效用。

2. 有效控制服装面料、辅料和配件的质量

服装生产所需的面料、辅料、配件等材料的采购都要有一定的质量标准,以便减少浪费,保证成衣质量。

3. 节省检验费,降低成本

使用标准的服装面料、辅料等原材料并在质量标准控制下加工成衣,可以节省检验费用,从而降低成衣生产的间接成本。

4. 减少不合格品

品质管理最直接的结果是降低次品率。生产中出现一个次品或废品需耗费掉与正品一样的材料、技术、人力等资源。次品、废品与正品的混淆不仅给顾客造成损失,而且使企业的信誉降低。因此,提高产品的合格率,就等于降低了生产成本,使生产经济化。

5. 防止和控制品质变异

严格的品质管理可以预防成品的质量变异,即使不能完全避免,也可以及早发现而采取适当的纠正措施,将产品质量的变异控制在最低限度。

6. 提高服装产品的附加值

我国服装产品的附加值较低,很重要的原因是服装产品的总体质量不高,因此要有创品牌的意识,提高产品的信誉,增加产品的附加值。

小结

1. 品质是一组固有特性满足要求的程度。与品质概念相关的还有产品质量、工作质量、过程质量等基本概念。

2. 品质管理的基本原理有朱兰的产品质量螺旋曲线理论、产品质量环、戴明管理十四点、特性要因图管理和全面质量管理等。质量管理在发展过程中经历了检验质量管理、统计质量管理、全面质量管理和标准化质量管理四个阶段。

3. 质量管理的主要方法是 PDCA 循环。

4. 质量管理的重要依据是标准。标准有技术标准和管理标准,从标准范围来说有国际标准、国家标准和企业(专业)标准等。企业、消费者、政府共同协商制定质量标准并进行标准化,同时依据质量的法律法规对产品质量承担相应的责任并进行质量监督。

5. 成衣生产制造业与服务业的品质特征及其在管理上存在明显的差异。应根据作业的不同特点有针对性地采用相应的质量管理方法。

思考题

1. 什么是品质?应如何理解品质的概念?思考当前企业、消费者、政府对品质的看法分别是什么?

2. 产品质量包括哪些特性?服装产品的品质内涵包括哪些内容?

3. 品质管理经过了哪几个阶段?每个阶段有什么特点?

4. 朱兰质量理论包括哪些内容?

5. 简述戴明质量管理十四点的主要内容,并说明如何在服装企业加以应用。

6. 阐述克劳士比的质量哲学与戴明、朱兰质量管理观念有何不同?

7. 什么是 PDCA 循环?它有何特点?

8. 解释服装生产制造业与销售服务业的区别以及他们各自的质量含义?

9. 举例分析影响服装销售服务质量的因素有哪些?

10. 我国服装行业中,有关服装产品的标准有哪些?

品质管理技术——

服装品质管理常用技术

课程名称: 服装品质管理常用技术

课程内容: 产生质量波动与统计数据

常用的因素分析方法

品质分布和相关分析法

控制图法

抽样检验法

品质管理的新工具简介

课程时间: 6 课时

教学目的: 让学生掌握服装品质管理常用工具和方法的基本原理与应用范围,使之在今后的品质管理实践中根据服装生产或销售等实际情况灵活运用。

教学方式: 以教师课堂讲述为主,学生课堂讨论为辅,并查阅相关的资料。

教学要求: 1. 理解服装生产过程产生变异的概念及其原因。

2. 了解服装企业品质管理的几个常用工具。

3. 掌握控制图法、抽样检验法的应用。

4. 了解相关分析法的基本原理与应用。

第二章　服装品质管理常用技术

在品质管理中,经常需采用一些方法和工具对产品质量进行分析,即对已完工的产品或零部件的质量状况进行分析,如果出现不合格品,则应查找出其中主要缺陷,再针对这些缺陷详细查找原因,以采取相应的改进措施。同时,也可以依据对产品或半成品质量状况的分析,来推测未来加工中可能出现的问题。目前较常用的有七种工具,用于因素分析的有分层法、调查表法、排列图法、因果分析图法、相关分析法;用于工序控制的有直方图法和控制图法。

第一节　产品质量波动与统计数据

一、质量波动及其原因

在质量控制中,产品实际达到的质量特性值与规定的质量特性值之间发生的变异称为质量变异或质量波动。例如,在服装生产中采用同样的工艺方法,用同样的设备加工同一批材料所得到的产品的质量特性并不完全相同,这种情况就是生产过程中的变异导致的质量波动。变异在任何生产过程中都是存在的,通常情况下,变异较小的生产过程生产出来的产品质量的波动性小,产品质量比较稳定;反之,变异大的生产过程生产出来的产品质量波动性也就较大。

1. 质量变异和波动原因

产品质量波动主要有六个方面的原因:

(1)人(Man):人之间有质量意识、技术水平、熟练程度、正确操作与身体素质的差别。

(2)机械设备(Machine):服装加工机器,如裁剪机、缝纫机、蒸烫机以及各种服装加工用辅助器具等,其精度和维护保养状态不同。

(3)材料(Material):面、辅料的物理性能、配伍性、加工的难易等不同。

(4)加工方法(Method):生产工艺、质量标准、检验标准、工时定额、操作规程以及工艺装备选择有差别。

(5)测量(Measurement):测量方法有差别。

(6)环境(Environment):温度、湿度、照明、噪声、清洁条件有差别。

通常把以上六个因素称为造成产品质量变异的六大因素,简称"5M1E"因素。

2. 质量变异规律

既然质量变异是客观存在的,就应该尽量减少生产过程中的变异,使其控制在限制范围内。质量变异可分为正常变异和异常变异两大类。

(1)正常变异:又称随机性变异,由偶然原因引起,会使产品的质量特征值发生微小的变化,这种变化是无法避免的。造成这种变异的原因可能是材料之间的微小差异、测量设备误差、环节的微小变化等,这种波动是可预测但不可消除的。

(2)异常变异:又称为系统性变异,是由于生产过程出现异常引起的,通常会使产品质量发生周期性或规律性的变化。造成异常波动的原因可能是工人违反操作规程、面辅料规格变化、设备过度磨损等。这种变异对产品的质量影响较大,容易克服和消除,因此必须予以消除。这是质量控制的主要对象。

二、数据的分类

在质量管理的过程中经常要碰到和处理各种类型的数据。通过收集数据来发现影响产品质量的因素,便于分析原因,采取措施,从而能改善生产管理,保证和提高产品质量。这些数据中,有的是可以直接测量出来的,如衬衫的衣长、熨烫的温度等;有的可以直接数出来,如服装生产中次品的件数等;有的既不能测量也不能直接数出来,但可以通过评分的办法来评价,如服装的外观质量、颜色等。质量管理中的这些数据按其性质和使用目的不同可以分成两大类,即计量值数据和计数值数据。

1. 计量值数据

是指可以用仪器测量、可连续性取值的数据,如服装的长度、车缝时间、熨烫温度等。如对于长度,在 10 ~ 20cm,就可以连续测出 10.1cm 和 10.2cm 等值。

2. 计数值数据

是指不能连续取值,只能用自然数表示的数据,这些数据一般不用测量仪就可"数"出来,具有离散性,如不合格数、服装件数等。计数数据还可分为计件值数据和计点值数据。

(1)计件值数据:是按产品个数计数的数据,如不合格品数等。

(2)计点值数据:是按点计数的数据,如是否满足顾客要求;检验服装面料时根据疵点长度或面积的大小,分别计 4 分、3 分、2 分等。这类缺陷数据就是计点值数据。

三、数据的收集

1. 收集数据的目的

(1)掌握和了解生产现状,如调查服装生产零部件质量特征的波动,推断生产状态;

(2)分析质量问题,找出产生问题的原因,以便找到问题的症结所在;

(3)对生产工序进行分析、调查,判断其是否稳定,以便采取措施;

(4)调整、调节生产,如测量服装熨烫的温度、压力等,然后使之达到规定的标准状态;

（5）对一批产品的质量进行评价和验收。

2. 收集数据的方法

运用现代管理的方法开展服装品质管理，需要认真收集数据。在收集数据时，应当如实记录，根据不同的数据，选用合适的收集方法。在服装品质管理中，主要通过"抽样法"或"试验法"获得数据。

（1）抽样法：收集数据一般采用的是抽样法，即先从一批产品（总本）中抽取一定数量的样品，然后经过测量或判断，作出品质检验结果的数据记录。

收集的数据应能客观地反映被调查对象的真实情况。因此，对抽样总的要求是随机抽取，不挑不拣，使一批产品里每一件产品都有相等的机会被抽到。具体的抽样方案可见本章第五节。

（2）试验法：这是用设计的试验方案分析试验结果的一种科学方法。这种方法能在考察范围内以最少的试验次数和最合理的试验条件，取得最佳的试验结果，并根据试验所获得的数据，对产品或某一质量指标进行估计。

第二节　常用的因素分析方法

当产品的质量发生问题时，应该分析原因，寻找解决办法。利用分层法、排列图法和因果分析图法等，可以有效地查找造成质量事故的原因。

一、分层法

1. 分层法的概念

分层法是把收集来的原始质量数据，按照一定的目的和要求加以分类整理，以便分析质量问题及其影响因素的一种方法，即在解决产品质量问题时，将总体问题进行分层研究的方法，主要用于研究由杂乱无章的数据和错综复杂的原因交织在一起而引起的较为复杂的品质问题。

2. 分层法分类项目

对影响品质的因素进行分层时，可以按不同目的、性质、来源等予以分类。其分类项目如下：

（1）按不同的操作者分层：如按新、老工人，男、女工人，操作技术水平高低等进行分层。

（2）按不同的时间分层：如按不同的班次、不同的日期进行分层。

（3）按使用的设备分层：如按不同型号、新旧程度进行分层。

（4）按操作方法分层：如按不同的温度、压力等工作条件进行分层。

（5）按原料分层：如按原料不同的供应单位、批号、材料等级、进料时间、生产环境等进行分层。

（6）按工艺分层：如按缝制、熨烫、套结等工艺分层。

（7）按不同检验手段分层：如按不同的检验工具、仪器检测、人工测量等分层。

（8）按产品产生废品的缺陷项目分层：如服装按缝纫缺陷、熨烫缺陷、布料缺陷等分层。

（9）其他分层：如按不同的工厂、使用单位、使用条件分层。

综上所述，分层方法多种多样，可以根据分析研究问题的目的来决定采用某一种分层方法，以便分析问题，找出原因。

3. 分层法的应用

分层法可以与品质管理中常用的其他方法联合使用，既可以用表格表示，也可以绘制分层排列图、分层直方图、分层因果图来表示。用这些图表可以对品质问题进行更有针对性的分析。

如某服装厂甲、乙、丙三个车间某月份共生产 6000 件服装，其中不合格品甲车间为 56 件，乙车间为 58 件，丙车间为 55 件，共计 169 件。仅这个数据，无法对质量问题进行分析。如果对不合格品产生原因进行分类，则可看出甲车间产生不合格品的主要原因是"尺寸偏差大"，乙车间是"烫破"，丙车间是"串带襻歪斜"，如表 2 - 1 所示。这样就可针对各车间产生不合格品的原因采取相应的措施。

表 2 - 1　某服装厂某月份不合格品分类　　　　　　　　单位：件

不合格品数 / 缺陷项目	车　　　间			合　　计
	甲	乙	丙	
尺寸偏差大	30	20	15	65
烫破	10	23	10	43
串带襻歪斜	5	10	20	35
线迹不平	8	4	8	20
其他	3	1	2	6
合　计	56	58	55	169

二、排列图法

1. 排列图的概念

排列图又称主次因素分析图或帕累托（Pareto）图，是美国质量管理专家朱兰博士根据意大利经济学家帕累托的统计图加以延伸创造出来的。它是用来找出影响产品质量主要因素的一种有效工具。

通常认为，出现不合格品、返修品的原因是多方面的，但实际上对产品影响较大的是其中几个主要原因。所谓排列图就是把产生不合格品的原因或现象进行分类整理，按影响程度，从大到小依次排列。

2.排列图的绘制方法

排列图的绘制方法如下:

(1)确定选取统计资料的时间:通常选取过去一段时间的原始记录作为绘制排列图的依据。

(2)确定分类项目(即分层):在绘制排列图之前应对影响产品质量的因素按一定分类标志进行分类统计,填入数据统计表中,如表 2-2 所示。

表 2-2 不合格品统计   单位:件

缺陷项目	甲	乙	合　计
布面疵点	17	20	37
线迹不良	10	14	24
破洞	4	5	9
色斑	2	1	3
袋位高低	1	1	2
其他	2	1	3
合　计	36	42	78

(3)计算各类项目的频数、累计频率,并在纵坐标上表示出来。

(4)排列:按各类影响因素的程度大小,将其从左至右顺序排列,并依次在横坐标上画出直方块,其高度表示该项目的频数,写在直方块上方。

(5)作图:按右纵坐标的比例找出各项目的累计百分点,依次将百分比逐一标注在图中相应位置上,从原点开始用直线连接各点,即得帕累托曲线。

表 2-3 是根据表 2-2 的统计数据按分类项目分别计算的累计百分数等内容。根据表 2-3 中所列数据,即可绘制出图 2-1 所示的排列图。

表 2-3 绘制帕累托曲线用表

缺陷项目	数量/件	百分数/%	累计百分数/%
布面疵点	37	47.4	47.4
线迹不良	24	30.8	78.2
破洞	9	11.5	89.7
色斑	3	3.8	93.5
袋位高低	2	2.6	96.1
其他	3	3.8	$99.9 \approx 100$
合　计	78	$99.9 \approx 100$	

绘制排列图的主要目的是为了找出影响某项目产品质量的主要因素,为此通常把影响因素分为三类:A类因素,即累计百分数在80%以下的诸因素,它是影响产品质量的主要因素;B类因素,即累计百分数在80%~90%范围内的因素,这类因素是次要因素;C类因素,即累计百分数在90%~100%范围内的一般因素。重点解决影响产品质量的A类因素,就可以使该产品质量提高。

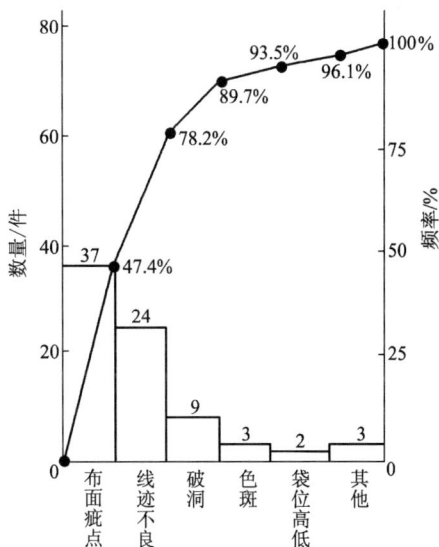

图2-1 不合格品主次因素排列

3.作排列图的注意事项

为了使所绘制的排列图在分析影响质量的因素时起作用,应注意下列事项:

(1)分类方法应该正确:绘制排列图时,"其他"项目必须排列在最右端,如果"其他"项目的频数与影响程度最大的因素大致相同,就不能使重点问题十分突出,这说明分类方法有问题,需要重新分类。

(2)按不合格的原因分类:多品种小批量的服装生产企业多按不合格现象分类统计产品质量状况。在这种情况下,应将按不合格现象分类的排列图转换成按不合格原因分类的排列图。将不合格项目按发生的原因进行分类统计,有助于查找品质下降的原因,便于提出改进措施。

(3)做好因素的分层:绘制排列图不仅要找出影响品质的主要问题,而且要具体地找出影响产品质量的根本原因及主要矛盾间的相互关系。

(4)主要因素不要过多:一般以找出一两项主要因素为宜。当采取措施解决了这些主要因素之后,原先的次要因素将上升为主要因素,这时再通过作排列图来分析处理,这样不断深入改进,可使产品质量不断提高。

(5)数据要充分:为了找到影响产品质量因素变化的规律,必须收集足够的数据,以便从大量数据中找出统计规律。收集数据的时间不宜太长,以1~3个月为好。

(6)合理选择计量单位:对于同一项质量问题,由于计量单位不同,主次因素的排列顺序会有所不同。要看哪一种计量单位能更好地反映产品质量问题的实质,便采取哪一种。

4.排列图的应用

在品质管理工作中,排列图应用得当,对品质管理工作有许多益处。排列图主要应用于以下方面:

(1)用来查找影响品质的重点问题。用排列图可以一目了然地掌握造成不良产品的各项原因,分清哪些是主要原因,哪些是次要原因。如排列图中的A类因素,便是影响品质的关键问题。

(2)用来验证改善品质的效果。对同一产品质量改善前后的排列图进行分析,可以比较改善品质的效果。

（3）分析造成经济损失的主次因素。

（4）分析产生不合格品的关键工序。

（5）明确需解决的质量问题，权衡各不良原因的轻重缓急，从而及时采取适当的措施。

在生产过程中，造成产品不良结果的原因是很多的，要想同时消除这些原因或采用同等的人力、物力和时间处理它们既不可能，也不科学。因此，应用排列图分清原因的主次，集中主要力量解决和消除影响产品质量的少数关键问题，可收到事半功倍之效。

三、调查表法

1. 调查表概念

调查表又称为检查表，是掌握生产现状常用的方法。为了少出不合格品，少发生退货及返修事件并提高产品的均一性，首先应掌握第一手资料。为此，应根据以往的调查表和返修票据等，把出现的质量问题分类进行统计、整理，对导致质量问题的结果、缺陷、事故等进行审核。同时将收集的信息按照事故（不合格）项目、时间、工序、班组、场所等进行分析，将产生不合格产品的状况或与之有关的项目之间的关系分析清楚。

2. 调查表的种类和用途

利用调查表易于对质量问题发生的部位和分布状况进行研究，它是一种便于对问题进行整理分析的有效方法。

调查表的种类很多，格式多种多样，可根据调查的不同目的使用不同的调查表。常用的调查表有下列几种形式。

（1）不良项目调查表：为了调查生产中出现的各种不合格品及其比率，以便在技术上或管理上采取改进措施并加以控制，可采用不良项目调查表，如表2-4所示。

表2-4　不良项目调查

款式品名：五袋款牛仔裤		制单号：T—J—167
工序：最终检查		部门：缝纫车间
检查总数/件：2530		检查者：ZR
备注：全数检查		合同号：73—2571
缺陷项目	检查结果	小　计
布面疵点	正正正正正丁	32
后中线线迹不匀、起皱	正正正正正正正下	48
表袋裥线过长	正正正正下	23
商标上下不居中	正	4
裤襻不对称	正丁	7
其他	正下	8
合　计		122

（2）缺陷位置调查表：这种调查表是调查产品各部位的缺陷情况，可将发生缺陷的位置标记在产品示意图或展开图上。不同缺陷采用不同的符号或颜色标出，有时可用照片或直接在实物上标出，附上调查表，可清楚掌握缺陷发生的部位。

（3）不良原因调查表：要弄清各种不良品发生的原因，就需要按设备、操作者、时间等进行分层调查，填写不良原因调查表。

（4）工序分布调查表：为了掌握产品的尺寸、重量等计量值数据的工序的产品质量状况，可用这种调查表。

四、因果分析图法

1.因果分析图的概念

因果分析图也称树枝图或鱼刺图。它以结果为特性，以原因作为因素，在它们之间用箭头联系起来，是表示因果关系的一种图形，如图 2-2 所示。在因果分析图中有主干和原因，主干指向被分析对象的质量特性；原因主要分为人、设备、材料、工具、工艺、检测与环境七大方面。大原因又包括中原因、小原因、更小原因，一直到最终原因，即质量分析要追究的根本原因。

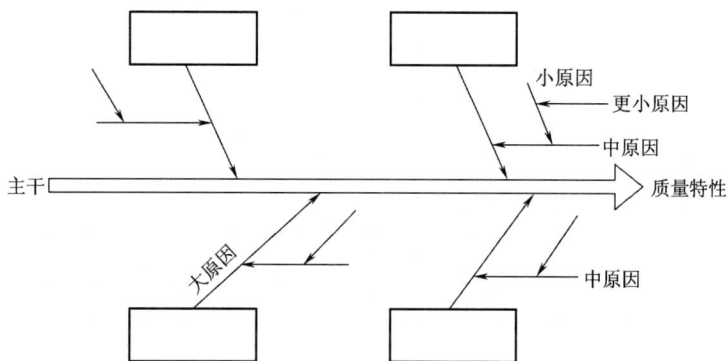

图 2-2　因果分析图基本型

因果分析图法是从产生问题的结果出发，首先找出影响问题的大原因，然后从大原因中找出中原因，再进一步找出影响中原因质量的小原因，依此类推，一直到能够采取改进措施为止。原因的分析要尽量详细、准确，因为分析的目的在于明确因果关系，从而达到预防质量问题发生，提高产品合格率的目的。

2.因果分析图的作图步骤

因果分析图一般按下列顺序和方法绘制。

（1）确立要解决的质量问题（特性）。在绘制因果关系图之前，应首先确定关键的质量问题，把这一问题写在右边，由左至右画出主干线。

（2）确定原因。生产过程中影响质量的原因有很多，主要为上述七大方面，这七个方面又根据研究的具体问题不同，有不同的侧重。如研究作业差错这一问题时，就要侧重研究指导方法、环境条件、作业者、图纸管理、生产方式、人际关系等，如图 2-3 所示。

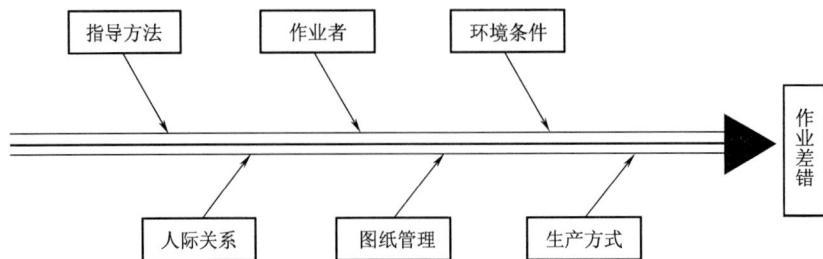

图2-3 造成作业差错的大原因

（3）逐级分析原因。确定大原因后，通过召开调查会的方式来集思广益，找出影响产品质量的中、小、更小的原因，绘出分叉线。

（4）重要原因标上记号。逐级分析原因，将分析结果绘制成如图2-4所示的因果图，并把对质量影响较大的原因作上记号。

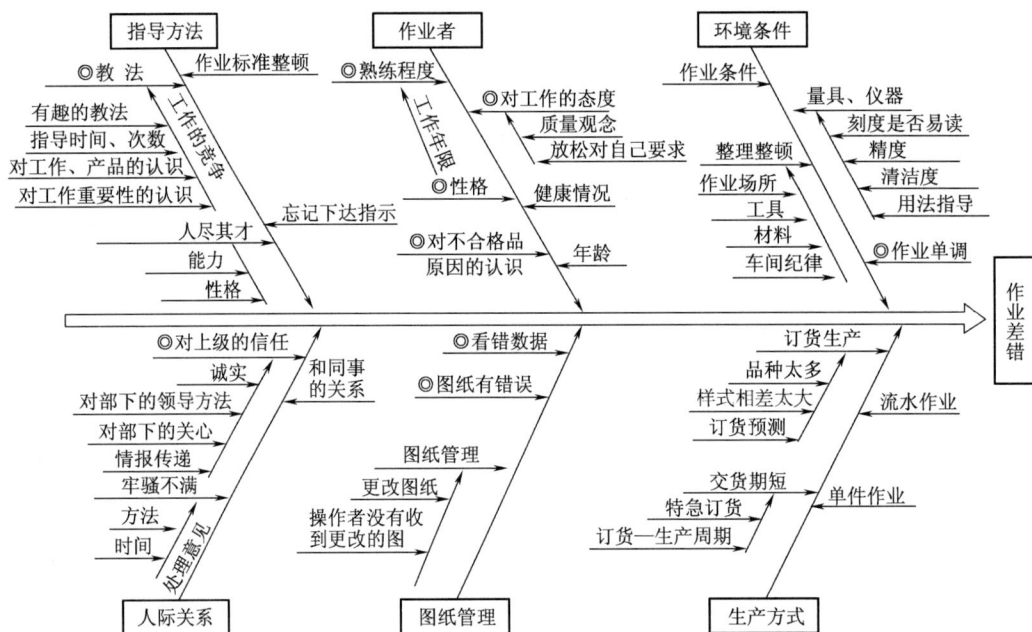

图2-4 作业差错因果

（5）对重要原因作详细说明。将带有记号的重要原因作进一步说明，可以使人们更清楚地了解影响产品质量的具体原因。

（6）注明事项、注明绘图者以及参加讨论分析人员、时间等可供参考事项。

3.绘制因果分析图应注意事项

（1）问题要明确，有针对性，尽量做到定量化。

（2）分析原因要准确，一般以召开各种质量分析会的形式，广泛吸收多数人的意见，充分发扬民主，共同分析，整理出因果分析图。

（3）分析各因素之间关系的过程即具体绘制因果分析图的过程,对一些没有把握的原因要进行核实。

（4）不能把原因和结果混淆。

（5）对关键因素采取措施后,再用排列图等方法来检验其效果。

（6）记入图内的原因是可以直接采取措施的项目。

4. 因果分析图的作用

（1）能全面、系统地表明问题原因。致使质量出现问题的原因在图中一目了然,通过分析可以找出解决问题的具体办法。

（2）有助于分析解决问题。例如,服装尺寸偏差大是不合格品的一种表现形态,但不能作为原因标在因果分析图上,解决尺寸偏差大是解决问题的目的,只有把原因分析透,才能找到解决问题的办法。

（3）指明解决问题的对策。找出影响质量的关键性原因不是目的,重要的要采取相应对策。

上述的分层法、排列图法、调查表法及因果分析图法都是用于分析和总结已发生的品质问题,查找造成质量事故的原因,进而采取措施,防止再次出现同样的品质事故。然而怎样根据已发生的问题去推测未来的品质状况,将在本章第三节中进一步研究。

第三节　品质分布和相关分析法

同一批产品的质量特性不可能完全一致,其中既有一定的分散性(又称波动性),又有某种程度的集中性。为了进一步掌握质量特性的分布规律,以便更直观地看出分布状态,需要对同一批产品进行随机抽样,通过对样品质量特性分布规律的研究,推测总体产品质量的分布规律。其主要方法有直方图法和相关图分析法。

一、直方图法

1. 直方图的概念

直方图是指从生产工序加工出来的产品中抽出一定的样品,经过检验取得一批数据,然后把这些数据加以系统整理,进行适当分组和计算,绘制成直方柱状图表。通过对图形的观察、分析,可判断和预测生产工序的精度、工序质量及其变化,并根据质量特性的分布情况进行适当的调查以得出结论,这种分析方法就叫直方图法,是一种常用的行之有效的统计方法。

2. 直方图的绘制方法

（1）收集数据。直方图是用来表示分组整理质量特性的计量值,所以只有收集足够的数据,才能使数据的波动呈现出一定的规律性。

（2）找出数据中的最大值与最小值。

（3）分组。把极差 R(最大值 L 与最小值 S 之差)分为 7~20 个相等的数据间隔,即划分为 7~20 个组,通常取组数 k 为 10。k 值可从表 2-5 选取。

表 2–5　n 与 k 的关系表

数据数量 n	50~100	100~250	250 以上
适当分组数	6~10	7~12	10~20
一般使用组数 k	10	10	10

（4）计算组距 h。组距即组与组之间的间隔,可用下式确定:

$$h = \frac{极差}{组数} = \frac{R}{k}$$

（5）确定分组上下限。先计算第一组的上、下限值,一般用以下公式确定:

$$S + \frac{h}{2} = 某组上限 \quad S - \frac{h}{2} = 某组下限$$

第一组的上限为第二组的下限,第二组上限是第二组下限加组距,第三组以后依此类推。

（6）计算组中值 x_i。所谓组中值即每组中间的数据,按下列公式计算:

$$x_i = \frac{某组上限值 + 某组下限值}{2}$$

（7）计算各组频数 f_i,整理成频数分布表。计算各组频数即计算落在各组的数据个数。

（8）计算各组的组中值及变换组中值 u_i,以频数 f_i 最大一栏的组中值为 x_0,用下式确定各组的 u_i 值:

$$u_i = \frac{各组组中值 x_i - x_0}{h}$$

（9）计算 $f_i u_i$、$\sum f_i u_i$。

（10）计算 $f_i u_i^2$、$\sum f_i u_i^2$。

（11）计算平均值 $\bar{x}$ 和标准偏差 $\bar{s}$。

（12）画直方图。用直方柱的高度表示各组的频数即为直方图。以纵坐标为频数,横坐标为组距,根据数据画出若干个直方形状就是直方图。图中每个直方形面积为数据落到这个范围内的个数（频数）,故所有直方形面积之和就是频数的总和。

下面举例说明直方图的绘制方法。

例:某款裤子 x 型号的腰围尺寸规格为 $65 + 0.35$cm,测定其裤腰尺寸误差（cm）值如下,画出直方图。

+0.23	+0.16	+0.14	+0.20	+0.27	+0.19	+0.14	+0.08	+0.19	+0.27
+0.19	+0.17	+0.17	+0.16	+0.17	+0.22	+0.21	+0	+0.09	+0.03
+0.26	+0.14	+0.09	+0.11	+0.14	+0.20	+0.14	+0.06	+0.11	+0.12
+0.11	+0.17	+0.13	+0.19	+0.17	+0.07	+0.20	+0.09	+0.13	+0.20

+0.20	+0.17	+0.20	+0.16	+0.16	+0.10	+0.16	+0.10	+0.19	+0.13
+0.11	+0.24	+0.21	+0.27	+0.05	+0.15	+0.15	+0.14	+0.13	+0.25
+0.17	+0.20	+0.08	+0.16	+0.17	+0.14	+0.09	+0.16	+0.08	+0.16
+0.16	+0.16	+0.14	+0.22	+0.13	+0.07	+0.08	+0.13	+0.05	+0.13
+0.14	+0.27	+0.19	+0.16	+0.20	+0.09	+0.16	+0.19	+0.14	+0.29
+0.16	+0.15	+0.09	+0.17	+0.08	+0.18	+0.14	+0.18	+0.13	+0.10

解：

（1）$L = 0.29, S = 0.00, n = 100$

（2）$R = L - S = 0.29 - 0.00 = 0.29$

（3）$n = 100$，分为 10 组，即 $k = 10$

（4）$h = \dfrac{0.29}{10} = 0.029 \approx 0.03$

（5）第一组上限 $= 0 + \dfrac{0.03}{2} = 0.015$，第一组下限 $= 0 - \dfrac{0.03}{2} = -0.015$

第二组上限 $= 0.015 + 0.03 = 0.045$，第二组下限 $= 0.015$

（6）其他数据计算填入表 2-6 中，其中 $x_0 = 0.15, \bar{x} = 0.15 + 0.03 \times \dfrac{11}{100} = 0.1533$

表 2-6 频数分布

组距 h	组中值 x_i	频数整理	频数 f_i	变换组中值 u_i	$f_i u_i$	$f_i u_i^2$
-0.015 0.015	0.00	一	1	-5	-5	25
0.015 0.045	0.03	一	1	-4	-4	16
0.045 0.075	0.06	正	5	-3	-15	45
0.075 0.105	0.09	正正正	14	-2	-28	56
0.105 0.135	0.12	正正下	13	-1	-13	13
0.135 0.165	0.15	正正正正正丁	27	0	0	0
0.165 0.195	0.18	正正正下	18	1	18	18
0.195 0.225	0.21	正正丁	12	2	24	48
0.225 0.255	0.24	下	3	3	9	27
0.255 0.285	0.27	正	5	4	20	80
0.285 0.315	0.30	一	1	5	5	25
总　计			100		11	353

由以上数据绘制的直方图如图 2-5 所示。

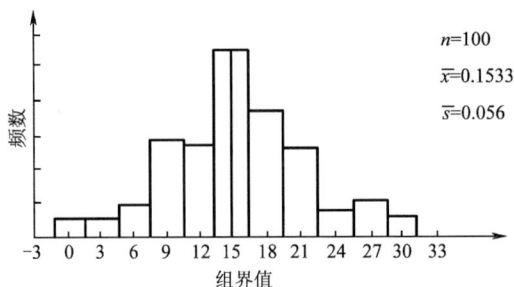

図 2 - 5　裤腰围尺寸直方

3. 直方图的分析、判断

直方图能比较形象、直观、清晰地反映产品质量的分布情况,其分析与判断方法如表 2 - 7 所示。将绘制好的直方图与标准进行对照,如表 2 - 8 所示,看是否有超差,从而就可以得出大致的结论。

表 2 - 7　直方图的分布状态

序号	类　型		分　析　判　断
1	正常型		以中间为峰,向左右对称分布,符合正常分布状态
2	偏向型(绝壁型)		产品经过全数检查,剔除不合格品以后,提高中心值的情况
3	双峰型		两台不同机器或两家工厂加工的产品所出现的情况
4	掉齿型		测定工具、测定方法或测定者出现差错,或分组不当
5	孤岛型		原材料发生变化,有不同性质的产品,或由于加工技术不熟练所出现的情况

表 2 - 8　同标准对比

序号	类　型	说　明
1		分散幅度比标准(公差)幅度小,分布中心与标准中心重合。这是正常的分散状态,能保证生产出合格品

续表

序号	类　型	说　　　　明
2		产品的分散幅度比标准幅度小,但分布中心偏离标准中心,有些则已超出上限标准,出现不合格品,应采取措施
3		分散程度太大,虽然分布中心没有偏离标准中心,但因上下标准都已超出而出现废品,工序能力严重不足。此时,应缩小分散程度,改善生产条件,放宽标准
4		分散幅度大,分布中心偏离标准中心。此时,应缩小分散程度,把分布中心移到中间

注　T_L 为下限,T_U 为上限。

4.直方图的用途

(1)报告质量情况。直方图反映了数据的分散状态及总体的质量变化规律。

(2)进行质量分析。将直方图与标准(公差)比较,可以掌握产品质量是否符合标准。

(3)便于生产现场进行工序控制。

(4)用以调查工序能力和设备能力。

(5)对总体质量进行推断,判断总体质量分布情况。

二、相关图分析法

产品的质量持性与质量因素之间常常有一定的依存关系,如加工中的各种加工工艺与质量特性之间有一定关系,这种关系不是严格的函数关系,如果一个变量发生变化,另一个有关联的变量也随之变化,这种变量之间的关系称为相关关系。在分析产品质量时,运用相关分析法可以发现影响质量的各因素之间是否相关及相关程度,这对提高产品质量有很大作用。

1.相关图的绘制方法

(1)选定目标:目标可以是质量特性值与因素之间的关系,也可以是质量特性值与质量特性值之间的关系,或因素与因素之间的关系。

(2)收集数据:一般需要收集 30 对以上的数据,同时要记录收集数据的日期、取样方法、测定方法等有关事项。

(3)画出横坐标 x 与纵坐标 y,填上特性值:一般横坐标表示原因特性,纵坐标表示结果特性。

(4)根据数据画出坐标点:按 x 与 y 的数据分别在横、纵坐标上取对应值,然后分别引出平

形于 y 轴与 x 轴的平行线,其交点即为所求的坐标点。

2. 相关图的判断与分析

相关图的种类很多,有正相关图、负相关图、混合相关图、不相关图等,其判断与分析如表 2-9 所示。

表 2-9　相关图类型

序号	类　型	判　断
1		正相关,相关性强,即某原因直接造成了某种结果
2	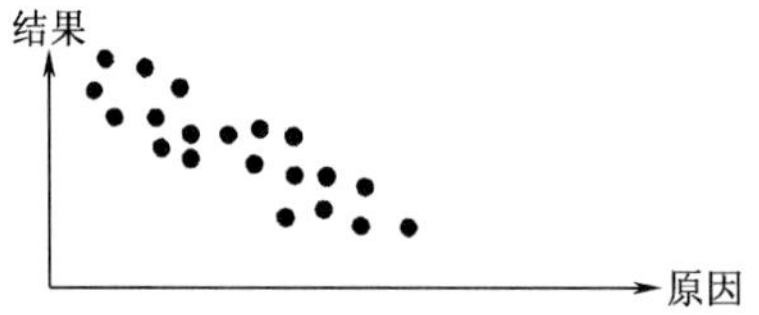	负相关,相关性强,即某原因与结果呈负相关关系
3		似乎有正相关,相关性弱
4		似乎有负相关,相关性弱
5	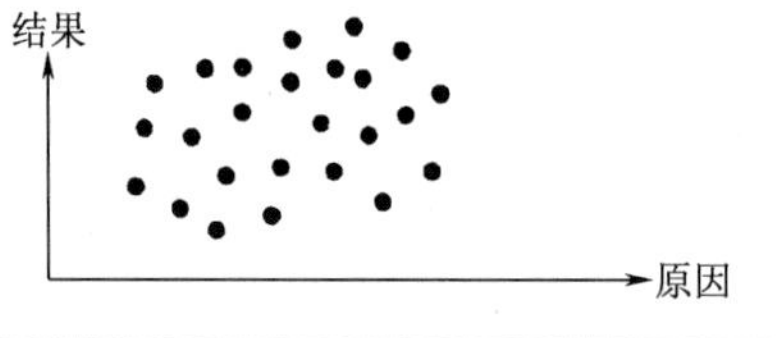	毫不相关,没有相关关系,即某原因不会造成某种结果

第四节　控制图法

前述所运用的质量分析方法只局限于观察和分析产品质量特性在某一时期的状况,不能用来研究产品质量特性随时间推移的变化规律。品质管理工作最重要的目的是制造合格产品。要防止不合格品的出现,也就是要防患于未然,就要求能观察和分析产品质量特性随时间推移而变化的趋势以及生产过程是否处于稳定状态。管理控制图就是品质管理中不可缺少的工具，利用控制图,可以依科学方法加以管理,研究判断导致生产过程变异的原因,以便适时采取措施加以控制。

一、控制图的基本概念

控制图是 1926 年由美国贝尔电话实验室的 W. A. 休哈特首先发明并应用的,它是工序质量控制统计方法的主要手段,是控制生产过程状况和保证产品加工质量的重要工具。应用控制图可以对加工工序过程状态进行分析、预测、判断、监控和改进。其基本型如图 2-6 所示。图中标出质量特性值的控制界限和中心线,对给定工序按一定时间间隔抽样、测试工序质量特性值并标在坐标图上。它运用数理统计学中的正态分布理论,以质量特性的平均值为控制图的中心,以正态分布曲线的正负 3 个标准偏差为差异的许可范围,凭以控制质量的变异分散程度。

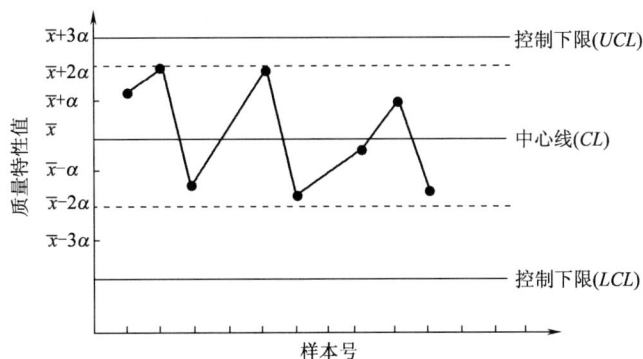

图 2-6 控制图的基本型

图中,纵轴表示产品质量特性值的大小,横轴表示抽样的时间序列或样本号。在生产加工中,生产工人每隔一定的时间从生产线上抽取一定数量的产品,测定其质量特性值,并根据不同控制图的要求进行计算,观察分析工序是否正常,产品质量是否发生变异,以便采取适当的调整和控制措施。

控制图根据工序质量特性的数据统计特征以及不同的控制目的,可分为计量值控制图和计数值控制图两大类。服装生产管理中常用计数值控制图来进行产品的质量控制。计数值控制图有不合格品数控制图、不合格品率控制图、缺陷控制图等。

二、不合格品数及不合格品率控制图

服装产品的质量特性值不能用计量值表示的,只能以"合格"或"不合格"来鉴定。对于这种无法以数值表示的质量特性,就只能用不合格品数控制图或不合格品率控制图来控制产品中不良品数或不良品率的增减变化。通常在样本大小 n 一定时,应用不合格品数控制图;在 n 的大小不一定时,应用不合格品率控制图。

1. 不合格品数控制图

一般来说,在生产过程相对稳定时,产品的不合格品率 P 有一个大致的数值。设用 $\overline{P}$ 来表示平均不合格品率,以 n 表示样本含量,nP 表示样本中不合格品数,则平均不合格品数为 $n\overline{P}$。

实践证明,在生产状况正常的情况下,产品样本中的合格品数与不合格品数的概率分布服从二项分布。根据二项式分布的理论,不合格品数控制图的中心线和控制界线的计算公式如下:

$$CL = nP \approx n\overline{P}$$

$$UCL \approx n\overline{P} + 3\sqrt{n\overline{P}(1-\overline{P})}$$

$$LCL \approx n\overline{P} - 3\sqrt{n\overline{P}(1-\overline{P})}$$

下面举例说明不合格品数控制图的画法。

例:某服装厂制造生产大批学生服,每小时随机抽取 200 件为样本进行检查,共抽取 20 组,其结果列于表 2 – 10 中。

表 2 – 10 不合格品数资料

样本数/件	$n = 200$				样本组数		$k = 20$			
样本号	1	2	3	4	5	6	7	8	9	10
不合格品数 d/件	13	7	12	8	11	9	7	13	10	12
样本号	11	12	13	14	15	16	17	18	19	20
不合格品数 d/件	9	6	8	11	15	7	9	5	8	10
合　计	样本总数:4000 件					不合格品数:190 件				

(1)根据资料可求出平均不合格品率,即:

$$\overline{P} = \frac{\sum d}{n \cdot k} = \frac{190}{200 \times 20} = 0.0475 = 4.75\%$$

(2)控制图的中心线及控制界限:

$$CL = n\overline{P} = 200 \times 0.0475 = 9.5$$

$$UCL = n\overline{P} + 3\sqrt{n\overline{P}(1-\overline{P})} = 9.5 + 3\sqrt{9.5 \times (1-0.0475)} = 18.5$$

$$LCL = n\overline{P} - 3\sqrt{n\overline{P}(1-\overline{P})} = 9.5 - 3\sqrt{9.5 \times (1-0.0475)} = 0.5$$

(3)画出控制图并打点。绘出的控制图如图 2 – 7 所示。

不合格品数控制图用于研究通过不合格品个数来控制工序质量的问题,它仅适用于样本大小固定的情况。

2. 不合格品率控制图

不合格品率是指不合格产品数与抽样检验的样品数目之比。当样本大小 n 无法固定时,用

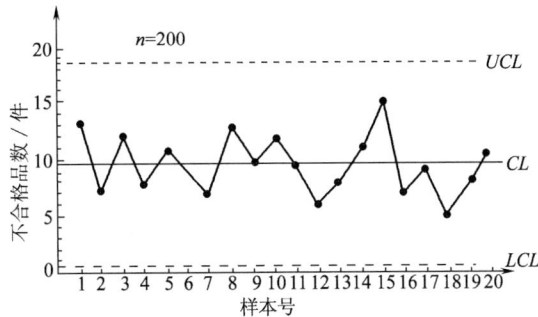

图 2-7 不合格品数控制

不合格率控制图比较方便。但事实上,产品的不合格品率不能事先预知,因此,通常是用过去的在品质长期比较稳定的情况下,凭经验或现场抽样检查得出的平均不合格品率,来计算控制图的中心线和控制界限。其计算公式如下:

$$CL = \overline{P}$$

$$UCL = \overline{P} + 3\sqrt{\frac{\overline{P}(1-\overline{P})}{n}}$$

$$LCL = \overline{P} - 3\sqrt{\frac{\overline{P}(1-\overline{P})}{n}}$$

由于每次抽样样本大小 n 的不同,因此,每组控制界限的值也不同。为了简化计算和作图方便,一般在计算控制界限时,不用每组样本数 n 计算,而用样本数的平均值 $\overline{n}$ 计算,即:

$$CL = \overline{P}$$

$$UCL = \overline{P} + 3\sqrt{\frac{\overline{P}(1-\overline{P})}{\overline{n}}}$$

$$LCL = \overline{P} - 3\sqrt{\frac{\overline{P}(1-\overline{P})}{\overline{n}}}$$

例:从某服装生产线上随机抽样的不合格品数和不合格品率资料如表 2-11 所示,试作不合格品率控制图。

表 2-11 不合格品率控制图数据

样本号	样本大小 n/件	不合格品数 d/件	不合格品率 P/%	样本号	样本大小 n/件	不合格品数 d/件	不合格品率 P/%
1	42	4	9.5	6	34	2	5.9
2	38	3	7.9	7	38	2	5.3
3	50	4	8.0	8	44	3	6.8
4	46	2	4.3	9	32	3	9.4
5	40	3	7.5	10	40	4	10.0

样本号	样本大小 n/件	不合格品数 d/件	不合格品率 P/%	样本号	样本大小 n/件	不合格品数 d/件	不合格品率 P/%
11	46	4	8.7	16	44	5	11.4
12	42	4	9.5	17	34	4	11.8
13	48	3	6.3	18	46	4	8.7
14	36	4	11.1	19	40	3	7.5
15	42	3	7.1	20	38	4	10.5

$$\sum \bar{n} = 820, \sum d = 68, \bar{n} = 41, \bar{P} = 8.3\%$$

$$\bar{P} = \frac{\sum d}{\sum n} = \frac{68}{820} = 0.083 = 8.3\%$$

$$\bar{n} = \frac{\sum n}{k} = \frac{820}{20} = 41$$

$$CL = \bar{P} = 0.083 = 8.3\%$$

$$UCL = 0.083 + 3\sqrt{\frac{0.083 \times (1 - 0.083)}{41}} = 0.212 = 21.2\%$$

$$LCL = 0.083 - 3\sqrt{\frac{0.083 \times (1 - 0.083)}{41}} = 0.083 - 0.129 = -0.046(负值无意义)$$

根据上面计算的控制图中心线和控制界限以及不合格品率统计资料,即可绘制如图 2-8 所示的不合格品率控制图。

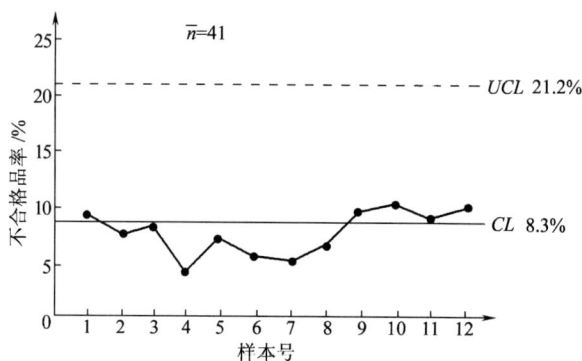

图 2-8　不合格品率控制

如果按每个样本 n 计算控制界限并作图,是比较复杂的,为此,用样本大小的平均数 $\bar{n}$ 为代表值,即可将控制界限画成直线。

对于不合格品数控制图和不合格品率控制图来说,中心线表示不合格数或不合格品率的平均水平,图中点的位置如果越出控制上限,则表明质量有了显著变异,需查明原因;反之,点数越出控制下限,则表明生产过程更加稳定,加工准确性进一步提高。因此,这两种控制图实际上起控制作用的是控制上限。

不合格品数控制图与不合格品率控制图各有其特点,当检验个数一定时,采用不合格品数控制图便于计算,因而生产现场多用不合格品数控制图。但管理人员将各种不良状况运用控制图进行对比时,则多采用便于比较的不合格品率控制图。

3. 不合格品数控制图与不合格品率控制图样本大小的确定

不合格品数控制图与不合格品率控制图的效用与样本数目的大小有密切关系,若样本数目太少,则影响样本的可靠性;若样本数目太多,则增加检验费用。因此,应用上述两控制图时,需先确定样本数,以求得可靠信息,并尽量降低检验成本。

由于产品的不合格品数和不合格品率不是负值,所以,不合格品数或不合格品率控制图下限大于或等于0才有意义,即:

$$n\overline{P} - 3\sqrt{n\overline{P}(1-\overline{P})} \geq 0$$

$$n \geq \frac{9(1-\overline{P})}{\overline{P}}$$

三、缺陷数控制图

以上介绍的是以产品的不合格品数或不合格品率来决定产品的质量,并加以适当控制。但是,每个不合格产品可能具有不同的缺陷,而不同性质的缺陷又需分别加以研究。同时,有些产品虽然有缺陷,但并不因此成为废品,这就必须以缺陷的轻重或多少来区分产品质量的优劣。这类以缺陷的数量,如服装产品中的破洞、污渍、布面上的疵点等计点值表示的产品质量特性,就需用计点值控制图来加以控制。计点值控制图有缺陷数控制图和单位缺陷数控制图两种,这里主要介绍缺陷数控制图。

实践证明,产品缺陷数一般服从泊松分布,根据泊松分布的性质,若以 C 表示总体缺陷数,则分布的平均值为 C;如果总体缺陷数为未知,则以抽样检验的平均缺陷数 $\overline{C}$ 表示,故缺陷数控制图中心线和控制界限的计算公式为:

$$CL = C \approx \overline{C}$$

$$UCL = \overline{C} + 3\sqrt{\overline{C}}$$

$$LCL = \overline{C} - 3\sqrt{\overline{C}}$$

例:某服装生产厂对其生产的每批产品抽样检验,成品的斑点或污点统计资料如表2-12所示,画出缺陷数控制图。

表 2-12　缺陷数统计

样本号	1	2	3	4	5	6	7	8	9	10	11	12	13	14	15	16	17	18	19	20
缺陷数 C	2	5	4	7	3	5	2	6	3	6	4	2	3	5	7	2	6	3	4	1
合　计									$\sum C = 80$											

产品名称:男式衬衫　　产品编号:T-9816C　　缺陷种类:前胸袋位高低　　检验人员:003

$$\overline{C} = \frac{\sum C}{20} = \frac{80}{20} = 4$$

$$CL = \overline{C} = 4$$

$$UCL = \overline{C} + 3\sqrt{\overline{C}} = 4 + 3\sqrt{4} = 10$$

$$LCL = \overline{C} - 3\sqrt{\overline{C}} = 4 - 3\sqrt{4} = -2(无意义)$$

根据以上计算值,作缺陷数控制图,如图 2-9 所示。

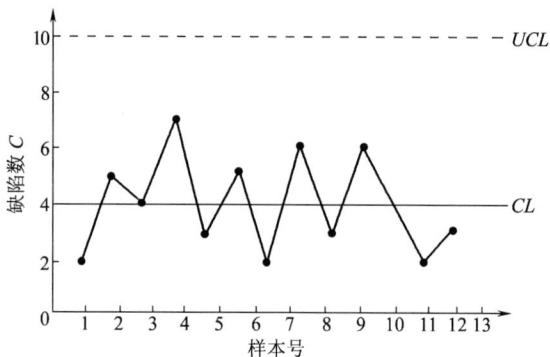

图 2-9　缺陷数控制

与不合格品数控制图一样,在缺陷控制图上,如果点线越出控制下限,说明生产过程非常稳定。因此,缺陷数控制图也可不画出控制下限。

四、控制图的分析

品质控制图可以反映产品质量特性的平均值、产品均匀一致程度及产品质量变异的分布状态,从而可以了解工序进行得是否正常、产品质量的稳定程度以及变异情况。因此,对于工序控制来说,重要的是要善于观察分析控制图,通过点的分布掌握工序状况,一旦发现生产过程有异常,就尽快查明原因,采取有效措施,使生产工序迅速恢复稳定的可控状态,这样才能真正发挥控制图的作用。

当工序处于控制状态时,控制图上的点应随机地分布在中心线的两侧附近,即点不越出控制界限,而且点的排列没有缺陷,就可认为生产过程是正常的。如果控制图上的点越出了控制界限之外,或者点虽然没有越出控制界限,但点的排列存在缺陷,就可以认为生产过程发生了异常,必须寻找原因,加以消除。

所谓点在控制界限内的排列缺陷,主要是指以下几种情况,如图 2 - 10 所示。

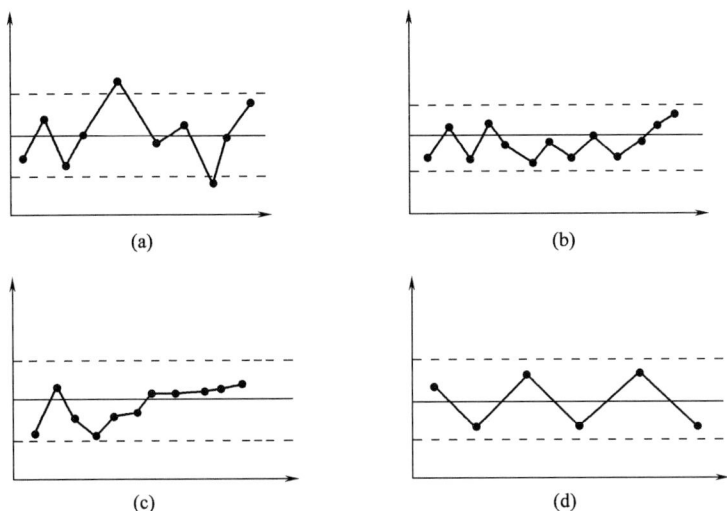

图 2 - 10　点排列缺陷

(1)点在控制界限附近出现或超出控制范围[图 2 - 10(a)]。

(2)连续有若干点出现在中心线的某一方(上方或下方)[图 2 - 10(b)]。

(3)点有连续上升或下降的趋势[图 2 - 10(c)]。

(4)点的分布呈现周期性波动[图 2 - 10(d)]。

因此在生产过程中,使用控制图随时对工序进行动态控制,就可以及早发现产生不合格品的因素,并采取措施加以消除。控制图就是通过分析—控制—分析—控制的反复循环来进行质量控制的,所以它成为品质管理中的一种重要工具而被广泛应用。

第五节　抽样检验法

无论是在企业内部还是在企业外部,供求双方对交付的产品如原材料、半成品、外协件等进行验收时,都要进行检验,以保证和确认产品质量。

一、检验方案的分类

按检验数量的多少来分类,检验有全数检验和抽样检验两种方式。

1. 全数检验

是对全部产品逐个进行检测,从而判定每个产品合格与否的检验。它又称全面检验、100%检验,其处理对象是每个产品,这是一种沿用已久的检验方法。相对而言,全数检验可以较好地保证产品质量,但检验费用高。

（1）全数检验适用的场合：

①不合格的产品会造成严重的不良后果，如影响人身安全、引起生产严重混乱或给企业在经济、信誉上造成无法弥补的损失等，这种情况必须进行全数检验。

②条件允许，能容易地进行质量检验时，如灯泡的亮度检验等，应进行全数检验。

③批量比较少，没有必要进行抽样检验。

④同检验费用相比，产品价值特别昂贵，应进行全数检验。

（2）全数检验的缺点：

①有些产品的检验具有破坏性，如寿命、拉力等。很显然，破坏性的检验就不能进行全数检验。

②有些产品的产量很大，如电子元件、手表、钻石等。对它们进行全数检验势必花费大量人力、物力，很不经济。

③在数量多、速度快、时间长等情况下，全数检验容易产生错检和漏检。

④从某种意义上说，全数检验是一种消极的检验方法。全数检验采取将检验出的不合格品剔除的办法来保证产品的质量，它不能引起生产者对产品质量的关心。

2. 抽样检验

就是从一批产品中随机抽取一部分进行检验，通过检验这少量产品来对这批产品的质量进行评估，并对这批产品做出是否合格、能否接收的结论。它是根据数理统计的原理，在对供货方和收货方的利益、要求以及双方承担的风险都作了考虑之后规定了产品的质量水平，并据此对批量、样本大小、判断标准等都作出适当的规定的一种检验方式。

与全数检验不同，实施抽样检验时，一旦一批产品判为不合格，成批产品要退还生产者，或要求生产者逐个挑选，这时，生产者不是对个别不合格品负责，而是对成批的产品负责，从而可增强生产者的质量责任感，促进生产者不断地提高质量水平。因此，对提高产品质量来说，抽样检验是一种积极的检验方式。

实施抽样检验需要事先确定抽样方案，按方案的要求，从一批产品中随机地抽取一部分进行检查，并通过检查结果与标准对比，对该批产品的质量状况进行估计和推断。

（1）抽样检验适用的场合：

①破坏性检验，如产品的可靠性试验、产品寿命试验、材料的疲劳试验、零件的强度检查等。

②产品数量很大，质量要求又不是很高，如螺钉、销钉、垫圈等。

③测量对象是连续体。如煤、矿石、铁液、重油的化学成分等，不能进行全数检验，而必须采取抽样检验。

④检验项目过多、周期长，进行全数检验有困难，采用抽样检验就能保证产品质量。

⑤希望节省检验费用的场合。

⑥督促供方改进质量的场合等。

（2）抽样检验的缺点：

①合格批内包含的不合格品数比全数检验多。因为抽样检验仅能剔除样本中的不合格品，

而全数检验基本剔除批中全部的不合格品。

②判断批产品是否合格时,存在弃真和存伪的错误。由于抽样的随机性,存在把优质批判断为不合格批和把劣质批判断为合格批的可能性。任何抽样检验都避免不了这两种错误产生的可能。

(3)抽样检验应注意的问题:

①抽样检验只能相对地反映产品的质量,不能把样品的不合格率与整批产品的不合格率等同起来。经过抽样检验合格的产品批只能保证其统计质量,不可能保证整批产品100%都是合格品。这是因为抽样检验存在一定的局限性,还要承担一定的风险。

②经过抽样检验被判定为合格的批,并不等于批中每个产品都合格;同样,经过抽样检验被判定为不合格的批,也不等于批中每个产品都不合格。

③ 并非任何抽样检验都能达到正确地判断整批产品质量的目的。所指的抽样检验是建立在概率论和数理统计基础上的科学的抽样方法,即抽样检验时应该使所抽取的样本容量达到一定水平,这样才能保证检验结果具有统计特征,如果样本容量太少,所得到的检验结果往往不能反映整批产品的质量特性。

综上所述,全数检验和抽样检验两种检验方式各有其利弊。近年来,由于自动化检测的发展,生产中应用全数检验有上升的趋势。

二、抽样检验的概念

抽样检验就是从交验的每批产品中随机地抽取预定样本数量,对照标准逐个检验样本的性能。如果样本中所含不合格品数不大于抽样方案预先最低规定数,则判定该批产品合格,予以接收;反之,则判定该批产品不合格,予以拒收。简言之,按规定的抽样方案随机地从一批或一个过程中抽取少量个体进行检验称为抽样检验。计数抽样检验方案是以数理统计原理为基础,适当兼顾了生产者和消费者双方风险损失的抽样方案,具有科学的依据,并提供一定的可靠保证。

三、抽样检验常用名词术语

1. 单位产品和样本大小

单位产品就是要进行检验的基本产品单位。单位产品的划分有随意性,根据具体情况而决定。样本是指从群体中随机抽取部分的单位体,样本大小用 n 表示。

2. 交验批和批量

交验批是提供检验的一批产品,交验批中所包含的单位产品数量称为批量,用 N 表示。

3. 合格判定数(Acceptance Number)

在抽样方案中,预先规定的判定批产品合格的样本中最大允许不合格数,通常记作 Ac,或 c。

4. 不合格判定数(Rejection Number)

抽样方案中预先规定判定批产品不合格的样本中最小不合格数,通常记为 Re。

5. 合格质量水平(Acceptable Qualtiy Level)

合格质量水平(用 AQL 表示)也称可接收质量水平,是在抽检中供需双方可接收的连续的交验批的平均不合格率的上限值,是供方能够保证稳定达到的实际质量水平指标,是用户所能接受的产品质量水平。

6. 缺点

产品的单位品质特性不符合契约所规定的规格或购买说明书的要求者,称为缺点,缺点一般可分为:

(1)致命缺点:有危害产品的使用者及携带者的生命或安全的缺点。

(2)重缺点:不能达到产品使用目的的缺点。

(3)轻缺点:不影响产品使用目的的缺点。

四、抽样方案的分类

1. 按照质量特性值的性质以及供求双方的需要分类

(1)计数抽验方案:即根据规定的要求,用计数方法衡量产品质量特性,把样品中的单位产品仅区分为合格品或不合格品(计件),或计算单位产品的缺陷数(计点),根据测定结果与判定标准比较,最后对其制定出接受或拒收的抽验方案。由于计数抽验仅仅把产品区分为合格与否,它具有手续简便、费用节省,且无需预先假定分布规律等优点。

例:从某 1000 个产品中随机抽样 20 个进行检验,并规定样本中的不合格数若小于或等于 2,即为批合格;若不合格数在 3 个及以上即为批不合格。用符号表示如下:

批量:$N = 1000$(个或件);

抽样样本:$n = 20$(个或件);

合格判定数:$Ac = 2$;

不合格判定数:$Re = 3$。

(2)计量抽验方案:即对样本中的单位产品质量特性进行直接定量计测,并用计量值作为批判定标准的抽验方案称为计量抽验方案。这类方案具有如下特点:计算检验提供的信息多,判定明确,一般更适用于质量特性较关键的产品检验。

对成批成品抽验,常采用计数抽验方法;对于那些需作破坏性检验以及检验费用极大的项目,一般采用计量抽验方法。

2. 按抽样次数分类

根据在检验批中最大限度地进行抽样作出批合格与否的判定这一准则,抽样方案可分成一次、二次与多次抽样等类型。

(1)一次抽样:即从批中只抽取一个样本的抽样方式,其操作原理示意图如图 2-11 所示。图中 n 为样本大小,d 为样本中测得的不合格品数,c 为合格判定数。

一次抽样具有以下优点:

$$(N, n, c)$$

随机抽取 n 件产品检验，检查出 d 件产品不合格品

若 $d \leqslant c$，判定该批产品合格

若 $d > c$，判定该批产品不合格

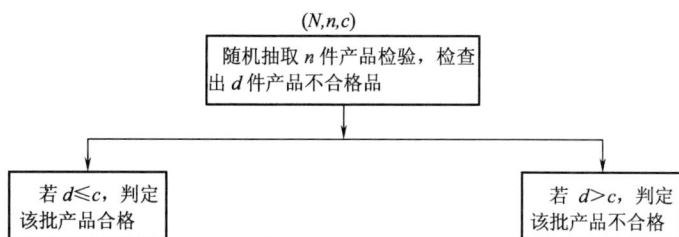

图 2 - 11　一次抽样检验示意

①方案设计、培训与管理比较简单。

②抽样量是常数。

③有关批质量的情报能最大限度地被利用。

其缺点是：抽样量比其他类型多，仅依据一次抽样结果就作判定使生产者在心理上难以接受。

（2）二次抽样：所谓二次抽样是指最多从批产品中抽取两个样本，最终对批产品作出接受与否判定的一种抽样方式。此类型需根据第一个样本提供的信息，决定是否抽取第二个样本，其示意图见图 2 - 12。二次抽样中，一般设定 $n_1 = n_2$。此类型具有平均抽样量少于一次抽样以及在心理易于接受的优点。但其抽样量不定，管理稍复杂，需对管理人员进行一定的培训。

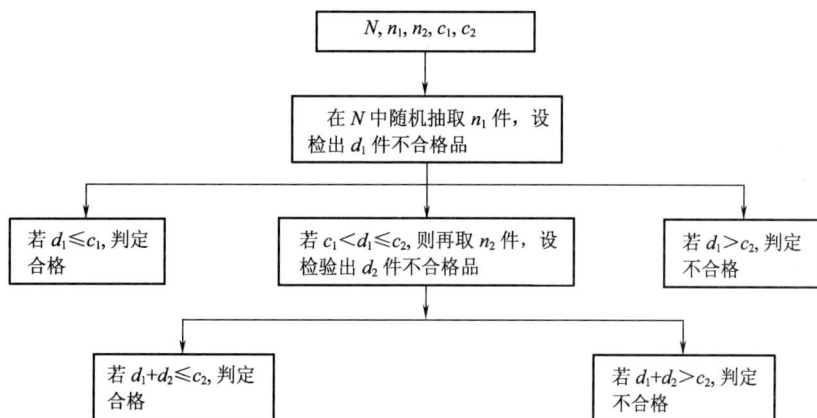

$$N, n_1, n_2, c_1, c_2$$

在 N 中随机抽取 n_1 件，设检出 d_1 件不合格品

若 $d_1 \leqslant c_1$，判定合格

若 $c_1 < d_1 \leqslant c_2$，则再取 n_2 件，设检验出 d_2 件不合格品

若 $d_1 > c_2$，判定不合格

若 $d_1 + d_2 \leqslant c_2$，判定合格

若 $d_1 + d_2 > c_2$，判定不合格

图 2 - 12　二次抽样检验示意

例：当 $N = 1000$，$n_1 = 36$，$n_2 = 59$，$c_1 = 0$，$c_2 = 3$，则这个方案可表示为（1000，36，59，0，3），其含义是指从批量为 1000 件的交验产品中，随机抽取第一个样本 $n_1 = 36$ 件进行检验，发现 n_1 中的不合格数为 d_1。

若 $d_1 \leqslant 0$（实际为零），则判定该批产品合格，予以接收；

若 $d_1 > 3$，则判定该批产品不合格，予以拒收；

若 $0 < d_1 \leqslant 3$ 即在 n_1 中发现的不合格数为 1 件，2 件或 3 件，则不对该产品合格与否作出判断，需要继续抽取第二个样本 n_2，即从同批产品中随机抽取 $n_2 = 59$ 件再进行检验，记录 n_2 中的

不合格数 d_2。

若 $d_1 + d_2 \leq 3$，则判定该批产品合格，予以接收；

若 $d_1 + d_2 > 3$，则判定该批产品不合格，予以拒收。

（3）多次抽样：多次抽样是一种允许抽取两个以上具有同等大小样本，最终才能对批产品作出接受与否判定的一种抽样方式。因此它可以取多达 $k(k \geq 3)$ 个样本，是否需抽取第 $i(i > k)$ 个样本，需由前 $(i-1)$ 个样本所提供的信息而定。多次抽样在心理是最感安全的，但操作复杂，需作专门训练。ISO 2859 中规定的多次抽样多达七次，我国 GB 2828—87 中规定的多次抽样达五次。由于操作比较复杂，这里不作介绍。

当然，在相同的检查参数条件下，不论采用何种抽样方案，其对批产品质量的判别能力基本上是相同的。

3. 按照产品特点和生产特点分类

分为逐批型抽样和连续型抽样。

（1）逐批型抽样是指对生产过程所产生的每一批产品逐批抽样检验，从而判断每批产品的合格与否。

（2）连续型抽样方案。连续型抽样是指对连续提交的在制品的检验，主要用于通过检验点并不成批交检的单位产品。它的主要特点是边抽样检查边评价样本，从而减少抽查的工作量与费用。通过全验与抽验的交替连续检查，保证流动批通过检验后的产品质量控制在规定的限值以下。CB 8052—87 即属此型。

4. 按照抽样方案能否调整分类

可以分为调整型抽样方案和非调整型抽样方案。非调整型抽样方案根据实际需要又可分为标准型抽样方案和选择型抽样方案。

（1）调整型抽样方案：方案设计时，首先考虑生产者的利益，一旦质量变化时，通过方案调整或进一步鼓励生产者提高质量以保护使用者的利益。它适用于连续多批且有多个供应者的检验类型，GB 2828—87 即属此型。下文将重点介绍计数调整型抽样方案。

（2）标准型抽样方案：它能同时满足生产方和使用方双方要求，适用于孤立批产品的检验。我国目前尚未颁布计数标准型抽样方案。

（3）选择型抽样方案：又称选剔型，允许对拒收的不合格批产品退回筛选，从中剔出不合格品将其调换或修复合格，然后再重新交验。根据质量保证形式不同，本方案又可分为分批质量保证与多批质量保证两种形式。本方案适用于连续多批固定供应者的检验。

五、计数调整型抽样方案

调整型抽样方案是对批量相同且质量要求一定的检验批进行连续接收检验时，可以根据检验批的历史资料和以往的检验结果按照预先规定的规则对方案进行调整的一种抽验方案。这种抽样方法可以进行动态调整，具有灵活、合理的优点，所以是目前国际上最为广泛采用的一种方案。

方案调整方式分为三种,即宽严程度的调整、检验水平的调整和检验方式的调整,其中第一种最为常用。

1. 合格质量水平(AQL)

设产品批可接受的水平值为 P,凡 $P \leq AQL$,使用方认为质量是可以接受的合格批,愿以小于 $1 - \alpha$ 的概率接受。在调整型方案中,AQL 共有如下 26 种值以备选用:0.010,0.015,0.025,0.040,0.065,0.10,0.15,0.25,0.40,0.65,1.0,1.5,2.5,4.0,6.5,10,15,25,40,65,100,150,250,400,650,1000。在选用时,AQL 并非无级自由值,需从上列 26 个值中选取。

(1)当 $AQL \leq 10$ 时,对计件、计点数据均适用。

(2)当 $AQL > 10$ 时,则只能适用于计点数据。

(3)在计件数据中,P 值以% 表示。如 $AQL = 0.10$,实为 0.10% ,即合格批的不合格品率上限值允许为 1‰。

2. 检验水平

检验水平是指 n 与 N 之间比值大小的分级水平,即提交检验批的批量与样本大小间的等级对应关系。

ISO 2859 和国家标准 GB 2828 都规定了七种检验水平,由低到高按 $S-1$,$S-2$,$S-3$,$S-4$,I,II,III排列。其中 $S-1$ 至 $S-4$ 为特殊水平,一般在确信品质较为稳定条件下才能使用。 I与 II 称为一般水平,其中 I 为低水平,II 为标准水平,III 为高水平,相应的样本比例为1:2.5:4。若无特殊规定,一般采用 II 。批量与检验水平对应的样本大小字码表见表 2-13 所示。一次正常检验抽样方案如表 2-14 所示。

表 2-13 样本大小字码

批量范围	特殊检验水平				一般检验水平		
	$S-1$	$S-2$	$S-3$	$S-4$	I	II	III
1 ~ 8	A	A	A	A	A	A	B
9 ~ 15	A	A	A	A	A	B	C
16 ~ 25	A	A	B	B	B	C	D
26 ~ 50	A	B	B	C	C	D	E
51 ~ 90	B	B	C	C	C	E	F
91 ~ 150	B	B	C	D	D	F	G
151 ~ 280	B	C	D	E	F	G	H
281 ~ 500	B	C	D	E	F	H	J
501 ~ 1200	C	C	E	F	G	J	K
1201 ~ 3200	C	D	E	G	H	K	L
3201 ~ 10000	C	D	F	G	J	L	M
10001 ~ 35000	C	D	F	H	K	M	N
35001 ~ 150000	D	E	G	J	L	N	P
150001 ~ 500000	D	E	G	J	M	P	Q
≥500001	D	E	H	K	N	Q	R

表2-14　一次正常检验抽样方案

合格质量水平（AQL）

样本大小字码	样本大小	0.010	0.015	0.025	0.040	0.065	0.10	0.15	0.25	0.40	0.65	1.0	1.5	2.5	4.0	6.5	10	15	25	40	65	100	150	250	400	650	1000
		Ac Re	Ac Re	Ac Re	Ac Re	Ac Re	Ac Re	Ac Re	Ac Re	Ac Re	Ac Re	Ac Re	Ac Re	Ac Re	Ac Re	Ac Re	Ac Re	Ac Re	Ac Re	Ac Re	Ac Re	Ac Re	Ac Re	Ac Re	Ac Re	Ac Re	Ac Re
A	2	↓	↓	↓	↓	↓	↓	↓	↓	↓	↓	↓	↓	↓	↓	↓	0 1	1 2	2 3	3 4	5 6	7 8	10 11	14 15	21 22	30 31	44 45
B	3	↓	↓	↓	↓	↓	↓	↓	↓	↓	↓	↓	↓	↓	↓	0 1	1 2	2 3	3 4	5 6	7 8	10 11	14 15	21 22	30 31	44 45	↑
C	5	↓	↓	↓	↓	↓	↓	↓	↓	↓	↓	↓	↓	↓	0 1	1 2	2 3	3 4	5 6	7 8	10 11	14 15	21 22	30 31	44 45	↑	↑
D	8	↓	↓	↓	↓	↓	↓	↓	↓	↓	↓	↓	↓	0 1	1 2	2 3	3 4	5 6	7 8	10 11	14 15	21 22	30 31	44 45	↑	↑	↑
E	13	↓	↓	↓	↓	↓	↓	↓	↓	↓	↓	↓	0 1	1 2	2 3	3 4	5 6	7 8	10 11	14 15	21 22	30 31	44 45	↑	↑	↑	↑
F	20	↓	↓	↓	↓	↓	↓	↓	↓	↓	↓	0 1	1 2	2 3	3 4	5 6	7 8	10 11	14 15	21 22	30 31	44 45	↑	↑	↑	↑	↑
G	32	↓	↓	↓	↓	↓	↓	↓	↓	↓	0 1	1 2	2 3	3 4	5 6	7 8	10 11	14 15	21 22	30 31	44 45	↑	↑	↑	↑	↑	↑
H	50	↓	↓	↓	↓	↓	↓	↓	↓	0 1	1 2	2 3	3 4	5 6	7 8	10 11	14 15	21 22	30 31	44 45	↑	↑	↑	↑	↑	↑	↑
J	80	↓	↓	↓	↓	↓	↓	↓	0 1	1 2	2 3	3 4	5 6	7 8	10 11	14 15	21 22	30 31	44 45	↑	↑	↑	↑	↑	↑	↑	↑
K	125	↓	↓	↓	↓	↓	↓	0 1	1 2	2 3	3 4	5 6	7 8	10 11	14 15	21 22	30 31	44 45	↑	↑	↑	↑	↑	↑	↑	↑	↑
L	200	↓	↓	↓	↓	↓	0 1	1 2	2 3	3 4	5 6	7 8	10 11	14 15	21 22	30 31	44 45	↑	↑	↑	↑	↑	↑	↑	↑	↑	↑
M	315	↓	↓	↓	↓	0 1	1 2	2 3	3 4	5 6	7 8	10 11	14 15	21 22	30 31	44 45	↑	↑	↑	↑	↑	↑	↑	↑	↑	↑	↑
N	500	↓	↓	↓	0 1	1 2	2 3	3 4	5 6	7 8	10 11	14 15	21 22	30 31	44 45	↑	↑	↑	↑	↑	↑	↑	↑	↑	↑	↑	↑
P	800	↓	↓	0 1	1 2	2 3	3 4	5 6	7 8	10 11	14 15	21 22	30 31	44 45	↑	↑	↑	↑	↑	↑	↑	↑	↑	↑	↑	↑	↑
Q	1250	↓	0 1	1 2	2 3	3 4	5 6	7 8	10 11	14 15	21 22	30 31	44 45	↑	↑	↑	↑	↑	↑	↑	↑	↑	↑	↑	↑	↑	↑
R	2000	0 1	1 2	2 3	3 4	5 6	7 8	10 11	14 15	21 22	30 31	44 45	↑	↑	↑	↑	↑	↑	↑	↑	↑	↑	↑	↑	↑	↑	↑

注　↓—使用箭头下面的第一个抽样方案，如果样本大小大于或等于批量时，整批进行百分之百检验；
　　↑—使用箭头上面的第一个抽样方案，如果样本大小大于或等于批量时，整批进行百分之百检验；
　　Ac—合格判定数；
　　Re—不合格判定数。

3. 抽样方案的确定

抽样方案的确定就是确定 n、Ac 和 Re,其实施程序为:

(1)规定产品的质量标准:区分合格与否以及不合格的等级。

(2)确定检验水平:检验水平的确定结合实际(参考本节前面所述)。

(3)规定合格质量水平 AQL:AQL 过小,会导致生产成本和检验工作量的增加,对供方不利;AQL 过大,需求方难以得到质量满意的产品。因此,合格质量水平 AQL 可以按顾客的质量要求、检验项目或生产者协商来确定。

(4)确定抽样方案的类型:一般指进行一次抽样还是二次抽样。

(5)确定样本字码:根据检验的批量和检验水平来确定样本字码,利用表 2 - 13 样本量字码表,找到批量 N 所在的行,检验水平所在的列,确定的行和列的交叉栏的文字即样本字码。样本字码从 A 到 R 共 16 个字母。

(6)确定抽样方案:由样本字码确定对应的样本大小 n,样本字码所在的行与 AQL 所在的列相交的格中有两个数,其中左边的为合格判定数 c,右边为不合格判定数 Re。如果交叉栏中是箭头,则按箭头指向查找 c 和 Re,直到找到为止。

第六节 品质管理的新工具简介

上节介绍了几种常用的品质管理工具,被称为品质管理的"老七种工具",主要是以数据和因果关系分析为主,以数理统计为支撑方法。20 世纪 70 年代,又推出了包括流程图法、关联图法、亲和图法等一些新的质量管理工具,这些新工具更重视文字资料的整理和分析,以思考方法作为技术手段,多角度地解决管理过程中出现的问题。

一、流程图法

1. 基本概念

是一种借助特定的符号展示过程步骤和决策点的图表。借助流程图可帮助团队成员对过程所涉及的内容有一个全面的了解,还可以指出缺失、冗余或者错误的步骤。常见的流程图包括工艺流程图、工序作业流程图、作业流程图、跨职能流程图等。流程图中常见的符号如图 2 - 13 所示。

2. 流程图绘制的步骤

(1)制订绘制的详细程度。

(2)观察流程。

(3)确定绘制方法。

(4)绘制草图。

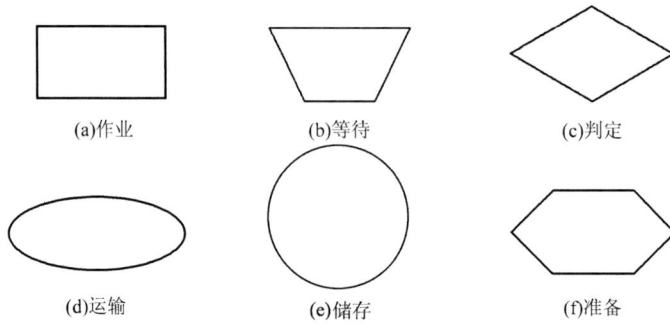

图 2-13　流程图中常见的符号

（5）修订草图。

（6）流程图文档化。

图 2-14 是某服装厂进行供应商评价和选择的流程。

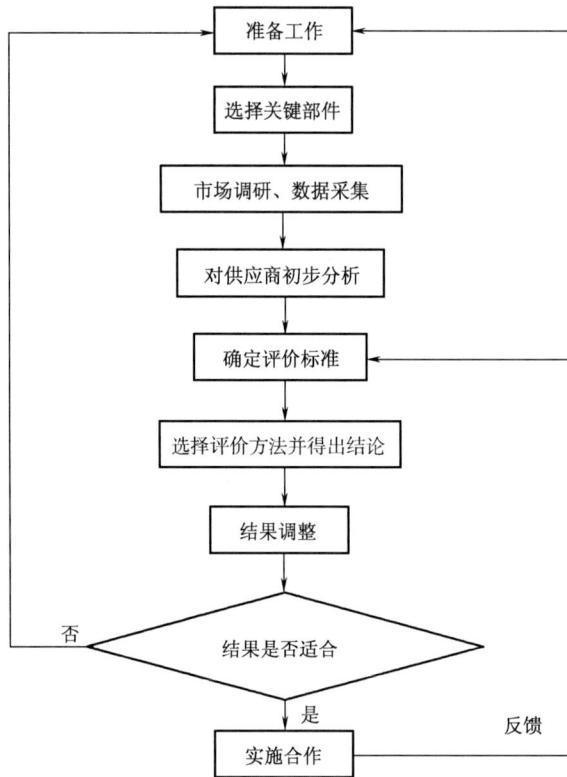

图 2-14　供应商评价和选择的流程

3. 流程图的应用

(1)现状流程分析:流程分析的一个重要目的是分析流程中是否存在无意义作业。为了作出正确的判断,应针对每一道工序或作业,采用5W2H方法进行分析。

(2)减少或消除无价值作业:在分析每道作业的基础上,要采取相应的措施减少或消除无价值的作业,常用的方法有以下几种:

①消除不必要的或冗余的作业。

②减少等待或储存的时间。

③找出更有效的作业方法。

④对作业采取防错设计。

⑤简化关键作业。

⑥对易出错的关键工序强化培训。

⑦提供明确的作业指导书或辅助物。

⑧使作业标准化。

二、关联图法

1. 基本概念

是一种根据原因、结果或目的、手段的关系系统地分析影响某一个或多个质量问题的关键因素的方法。一般采用带箭头的连线将事物的因果关系联系起来。如图2-15所示。

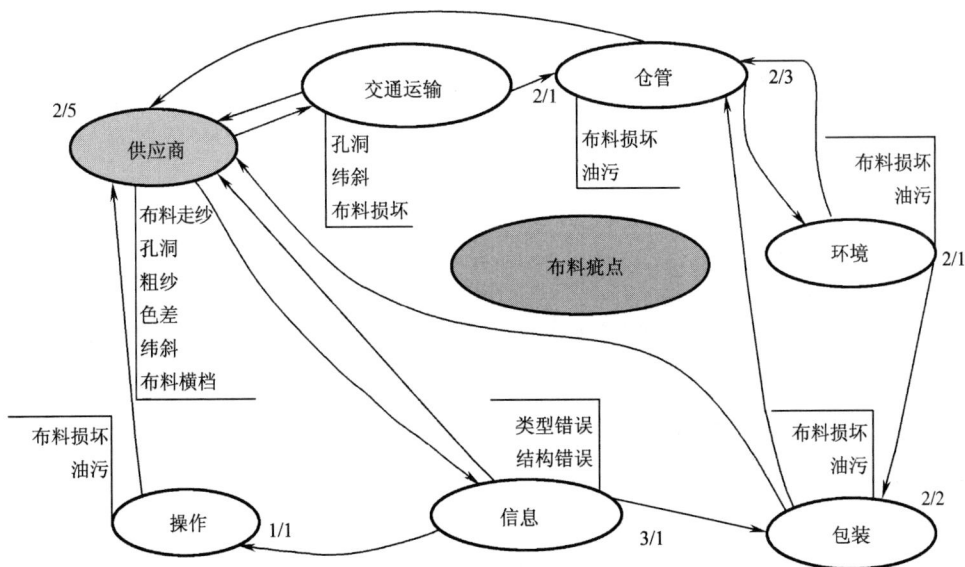

注 图中的"2/5"中,2表示"出",5表示"进",其他同理。

图2-15 服装产品质量差原因分析关联

2. 关联图法的特点和用途

(1)关联图法的特点:

①适用于多种因素交织在一起的复杂问题的整理;

②有益于发动群众,使参加者各抒己见,畅所欲言,相互启发,扩大思路,集思广益;

③有益于抓住主要矛盾,找到核心问题;

④方式灵活、直观,能把因果联系在一起,便于归纳、研究和分析问题;

⑤有利于各部门之间、各环节之间的协作关系,便于进行协调工作,促进整体工作的完成。

(2)关联图的主要用途:

①用于企业方针的制订与展开;

②用于制订质量管理的推进计划;

③用于制订质量改进的活动方案;

④用于改进和提高质量职能部门的工作质量;

⑤用于寻找解决工序管理上的多种问题。

3. 关联图法的应用步骤

(1)明确所分析的问题;

(2)组成小组:小组成员要对问题有统一的认识,并且对问题比较了解,小组规模不宜过大,一般 4~6 人为宜;

(3)整理出所有的问题要素(最好写在纸卡上);

(4)根据因果关系进行连接(只能使用单向箭头);

(5)对图形进行整理分析,对要素间的因果关系进行确认,小组成员达成一致意见后定稿;

(6)确定关键要素。

三、亲和图法

1. 基本概念

亲和图法是由日本川喜田二郎(Kawakita Jiro)创造的,因此简称为 KJ 图法。它是一种将杂乱无章的语言文字资料按照其内在的相互关系加以整理,从而理出思路的方法,团队可用此方法产生新思想或新方案,并对这些思想和方案进行系统整理。

2. KJ 图绘制的步骤

(1)将要讨论的问题清晰地表达出来;

(2)用头脑风暴法产生与讨论问题有关的事项(思想或方案),一般至少要产生 20 项,每一项写在一张卡片或不干胶便条上;

(3)将所有项目分类;

(4)将每一类的项目放在一起,并对每类项目命名(由卡片表明)。

3. KJ 图的应用范围

(1)用于归纳思想,提出新的构思;

(2)用于开发新产品、新工艺等;

(3)用于解决特定的质量问题;

(4)用于制订企业的质量计划或经营方针。

四、树图法

树图法可系统地找到达到目的的手段和方法。它将要达到的目的与所需的手段和方法按照层次系统地展开,逐步绘制出来表示目的和手段关系的一系列方块图。图 2-16 为减少牛仔服装水洗的缺陷系统图,它是一种常见的树图。

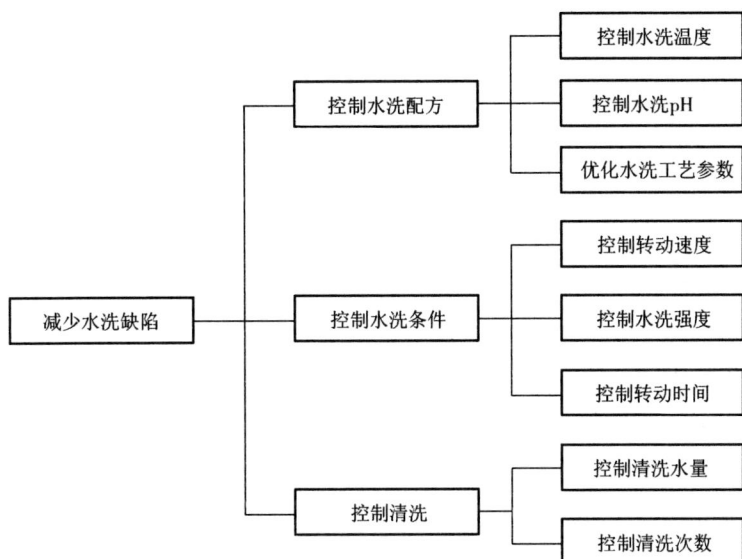

图 2-16 减少牛仔服装水洗的缺陷系统

1. 树图的应用步骤

(1)明确目的和目标;

(2)提出达到目的的手段;

(3)评价手段和措施;

(4)绘制手段卡片;

(5)根据目的和手段的联系,使手段实施系统化;

(6)反向确认目的和目标。

2. 树图的作用

(1)在新产品开发中设计质量目标的展开;

(2)质量计划中质量目标的展开;

(3)寻找解决质量问题的措施;

(4)可以与因果分析图结合使用,分析产生质量问题的原因;

(5)明确部门职能。

3. 树图法的主要用途

(1)用于制订和解决企业内的产品质量、成本、产量和交货期等问题的措施方案;

(2)用于企业质量方针目标的展开和管理;

(3)用于产品开发设计中的设计质量目标的展开;

(4)用于表示企业中的组织机构;

(5)可以作为因果分析方法使用而用于寻找影响质量问题的主要因素等。

五、矩阵图法

1. 基本概念

矩阵图法是一种借助矩阵的形式研究一类因素与另一类因素之间关系的方法,通过矩阵行列相交的点确定对应元素间的关系。最基本的矩阵图形式为 L 形,如图2-17所示。

	A1	A2	A3	A4			
B1		○	○				
B2	☆	△	○	☆			
B3		☆	△	○			
B4							

☆ 高度相关

○ 有相关

△ 关系不大

图 2-17 L 形矩阵

2. 矩阵图的应用步骤

(1)明确要分析的问题,确定与问题有关的因素;

(2)组成跨职能小组;

(3)选择适宜的矩阵图;

(4)明确因素间的关系。

3. 矩阵图法的应用范围

(1)用于新产品开发或老产品改造时,研究客户需求和产品质量特征以及产品质量特征和零部件质量特征、零部件质量特征与工艺特征间的关系;

(2)用于构建质量保证体系;

(3)用于分析产生缺陷的原因;

(4)用于产品质量的评价。

六、过程决策程序图法

1.基本概念

过程决策程序图法(PDPC 法,即 Process Decision Program Chart)是一种通过对事态发展过程中可能出现的各种情况拟定多种对策方案,并运用程序图来确定获得最佳结果的一种方法。在制订达到某一目标的计划时,要加以全面分析,估计可能出现的障碍和结果,设想和制定相应的措施和应变计划,以保证在计划实施遇到问题时,仍能有条不紊地按计划方案进行。为达到这个目的,生产过程中常用到过程决策程序图。

2. PDPC 法的应用范围

(1)用于制订质量计划及其执行方案;

(2)用于制订新产品开发计划;

(3)用于预测计划执行中的问题并制订解决方案;

(4)用于分析事故原因。

七、网络图法

网络图法是将一项任务的工作过程作为一个系统处理,将组成系统的各个任务细分为不同层次和不同阶段,按照任务的相互关系和先后顺序用网络图表示出来。网络图法主要可以用于确定关键工序、安排流程进度以及解决工程中的工期、费用、人员安排等的合理优化问题。

有关网络计划技术方面的内容在此不介绍了,可参考项目管理或运筹学方面的书籍。

小结

1.质量管理一个重要工作就是通过收集、整理数据以及对数据进行分析来找出造成质量波动的根本原因,因此,就要对数据进行分类。

2.在采取措施消除变异时,常常采用多种工具和方法,如分层法、调查表法、排列图法、因果分析图法、直方图法、相关分析法以及控制图法,通常称为品质管理的"老七种工具"。

3.随着社会环境和经济形势不断变化,为推动全面质量管理,又补充了一些方法,即所谓"新七种工具",它们是流程图法、关联图法、KJ 图法、树图法、矩阵图法、过程决策程序图法和网络图法等。这些工具在品质管理的各个环节都得到了广泛的应用。

思考题

1.产品质量波动产生的原因是什么?

2. 什么是直方图？它有何用途？如何用它进行分析判断？

3. 相关分析图的主要用途是什么？相关性的判断方法有哪些？

4. 分层法与调查表法的主要用途是什么？

5. 排列图和因果分析图如何制作？有何用途？

6. 试述全数检验和抽样检验的优缺点及其使用范围。

7. 在什么情况下可以根据抽样检验的结果来判断总体的质量水平？

8. 什么是计数调整型抽样方案？有何特点？

9. 关联图的主要用途及其类型有哪些？

10. 树图法与 KJ 图法的用途是什么？

品质管理实践——

服装生产过程的品质控制

课程名称: 服装生产过程的品质控制

课程内容: 服装品质控制的职责与方法

服装生产作业标准与品质控制标准

服装物料采购与供应商质量控制

服装生产中常用的品质检验和控制方式

服装主要生产过程中的品质控制

课程时间: 10 课时

教学目的: 让学生掌握服装品质检验和不合格品的控制方法与手段,熟悉服装主要生产过程的品质控制措施,使之在今后的品质管理实践中根据服装生产实际情况灵活运用。

教学方式: 以教师课堂讲述为主,学生课堂讨论为辅,并查阅相关的资料。

教学要求: 1. 了解服装品质管理部门管理职责与品质控制的主要内容。

2. 了解服装生产品质指标和控制指标。

3. 掌握服装品质检验种类及不合格品控制方法。

4. 熟悉服装物料采购与供应商质量控制措施。

5. 熟悉服装生产主要过程中的品质控制。

第三章　服装生产过程的品质控制

品质管理强调过程控制,而过程控制特别强调控制生产过程的每一个步骤、每一个环节,甚至是每一个员工。同时,过程控制更强调制度化的管理和标准化的生产,因为这样将会有效避免同一个错误的不断发生,以及预防可能发生的错误,尽可能将公司的损失降低到最低。品质管理应该是通过控制生产环节来降低次品率。品质结果是由生产过程导致的,控制了过程就是控制了品质结果。

第一节　服装品质控制的职责与方法

很多服装企业为了提高服装的加工质量,采取增加直接工资、加强检查或强调工作责任心等方法,但因为没有全面的品质控制计划及系统管理,往往徒劳无效。服装企业要真正使自己的产品质量稳定,必须在服装生产各环节有效地推行品质控制。

一、品质控制的概念与作用

1. 质量控制的概念

朱兰在《质量控制手册》中对质量控制的定义为:"质量控制是我们测量实际质量的结果与标准对比,并对差异采取措施的调节管理过程。" ISO 8402:1994 质量管理和质量保证 术语 对质量控制的定义为:"为达到质量要求所采取的作业技术和活动"。这个定义包含以下内容:

(1)质量控制的内容包括作业技术和各类活动,即产品质量控制和工作质量控制;

(2)它对作业技术和活动进行了限制,即仅指为达到质量要求所采取的作业技术和活动,不包括与其他管理活动有关的作业技术和活动;

(3)质量控制贯穿于产品质量形成的整个过程,即从产品开发设计开始直至产品销售的全过程。质量控制的范围包括生产和非生产的一切过程。参加质量控制的人员包括生产人员、管理人员、非生产部门人员等一切人员,也就是全员参与。质量控制是动态的,着眼于事前,预防未来。国际标准 ISO 9000:2015 基础和术语指出:"质量控制是质量管理的一部分,致力于满足质量要求。"

2. 在制造过程中实施品质控制的作用

(1)减少各生产单位的半制成品因不合标准而增加的检查费用；

(2)减少各操作者及管理人员因不统一的品质要求而造成人事上的争执和混乱等情形；

(3)减少因次品太多而增加的返工时间和多耗的工资；

(4)减少次品的存储费用和货值降低的损失；

(5)减少因小错误而招致的全面性品质损失；

(6)减少因改货而造成正常生产停滞以致影响交货期所支付的空运费及银行利息等费用；

(7)减少因次品太多所损耗的各种材料费用；

(8)减少客户退货所负担的运费及赔偿；

(9)减少生产上的错误,可使产量增加,并间接减少每单位所分摊的工厂管理费用。

3. 在销售中实施品质管理的作用

(1)增加企业的信誉:因生产正常,减少不必要的改货时间,使生产计划能顺利进行,从而保证产品能如期交货;而作为接单的营业人员,有信心向客户承诺准时交货,从而增加对外信誉。

(2)提高市场竞争能力:因为品质水平高,所以在价格上具有市场竞争性,以此获得合理利润,扩大产品在市场上的信誉,对日后开拓市场有很大的帮助。

4. 品质控制的其他作用

品质控制除了在制造过程和销售过程中具有上述的优点外,其主要的目的是促使生产达到一定的水平,按照客户的要求制造产品。如果品质控制推行良好,可作为产品的品质标准,并利用品质控制施行时的一系列品质记录作为追踪品质审核的依据,以便研究出一个高效率的生产方法,以促进管理和提高工作效率。

二、服装品质控制的职责

1. 品质控制与检查的区别

很多服装企业对品质控制与检查的认识和执行各有差异,有人把品质控制的推行与生产检查混为一谈。其实品质控制与生产检查在工作性质及推行效果上大不相同。如果要使生产出来的产品达到良好的品质标准,一定要将这两类工作分开执行,且不能缺少其中一项。这两类工作在四个方面的比较情况如表3-1所示,从中可以更加清楚地了解这两类工作的本质区别。

表3-1 品质控制与生产检查的比较

比较项目	品质控制	生产检查
工作性质	独立部门工作 直属厂长或经理领导 制订、执行及审核品质标准,并以其为控制目标,提供资料给生产部作改进研究	属于生产线或组内的工作单位 由生产组长管理 是生产进程的一个工序

续表

比较项目	品质控制	生产检查
工作目的	制订品质标准,抽查、分析比较、统计、报告	按标准在生产线或组内作100%的检查 发现次品退交其主管解决修改
组织	设立主管与抽查员 大型企业可设品质控制部经理、品质标准及研究科主管,下属则按需要设置工作岗位	除总检查部有组长及检查员外,其他检查员直属组长管理,与缝纫工一样 检查员的人数根据产品的操作流程而定
工作有效执行的条件	具备良好经验与常识的人才可设立,否则影响生产进度 所有生产单位的人员要与品质控制员合作才能收到良好的效果	是生产必须设立的操作程序 要有良好的品质标准作依据 要有良好责任心的检查员去执行

2. 企业各级管理者的质量职责

质量管理活动要求企业所有人员参与,尤其是企业的各级管理人员对质量负有重大的责任。各级管理者的管理职责有些是共同的,也有不同,其主要职责如下:

(1)上层管理者的质量职责:

①制订并实施企业的质量方针:最高管理者应根据国内外的经济形势、国家有关的方针政策研究和制订企业的质量方针,并使它与企业的总方针协调一致,且采取措施让企业内成员理解掌握和实施。

②制订并实施企业质量目标:为了贯彻企业的质量方针,企业最高管理者需制订质量目标、数量化的指标及指导,各级管理部门相应地制订符合企业质量方针的分解目标。

③主持建立质量体系:最高管理层对质量体系的建立负有责任,建立质量体系并使之运转是实现企业质量方针和目标的基础。

④建立并领导质量管理机构:最高管理层对全过程进行统一计划组织、协调和控制。

(2)中层管理者的质量职责:中层起到承上启下的作用,一方面要将企业的质量方针与目标分解落实成本部门的质量分目标,另一方面要对下层人员进行指导。

①制订本部门的质量分目标:结合企业总目标和本部门的质量职能制订本部门的分目标,并确保目标让本部门人员理解并有效地实施。

②配置本部门的岗位:根据本部门的质量目标与职能,合理配置岗位及人力与资源,保证人尽其才、物尽其用、时尽其效。

③制订程序文件:一方面,通过程序文件明确规定本部门活动的时间顺序,保证本部门质量活动的正常进行;另一方面,通过程序文件确保与各部门的协调、配合,保证各部门质量管理活动的一致性。

(3)基层管理者的质量职责:

①组织基本功训练,落实"三按"和"三分析"活动(即按图纸、按标准、按工序,分析质量问

题的危害性、分析产生质量问题的原因、分析应采取的措施)。

②落实质量控制点,控制点是保证产品质量的关键,也是基层管理的工作重点。

③组织开展质量管理小组活动,不断地解决问题点。质量管理小组是组织职工进行生产现场质量改进活动的有效形式。

三、服装品质控制部门的框架与工作目的

1.服装品质控制部门的职责

服装企业为保证其生产的服装质量,应设立品质控制部门专门负责产品质量管理和监控工作,品质控制部的主要工作是协助直接生产部门对品质加以控制,而并非代替其检查工作,所以在产品的核对、检查、审核三方面,以抽样检查方式进行,抽样的数量多少是由厂方按实际需要而定,而且人数多少也根据所需而设,其职责主要有以下内容:

(1)制订和实施企业品质制度;

(2)执行和推行品质活动;

(3)进料、在制品、成品品质规范的制订和执行;

(4)分析和改善品质控制能力;

(5)生产过程的品质检查和控制;

(6)客户投诉和退货的处理,包括对问题的调查、分析及改善措施;

(7)对企业品质出现异常的仲裁和处理;

(8)校正和控制检查仪器;

(9)参与产品的开发和试制;

(10)订立和执行对不合格品的预防措施;

(11)协助辅导企业的品质能力;

(12)评估企业品质控制绩效;

(13)制订、推行和执行品质培训计划;

(14)分析品质报告和品质成本;

(15)收集、传导和回复品质资讯;

(16)拟定品质保证方案。

2.品质控制部门组织框架图

品质控制部门组织框架的一般结构如图 3-1 所示。

3.品质控制部门的工作内容与目的

品质控制部门的工作目的是把产品从生产前到完成后的品质水平及情况客观地记录下来,提供意见给有关部门,使之作为减轻或加强各部门品质管理工作和改善工作的依据,促使各生产单位主管不因忙于完成任务而忽略了品质水平。同时把生产中的实际情况和改进建议向厂长及车间主任报告,由厂长及车间主任确定进一步改善产品品质的策略。

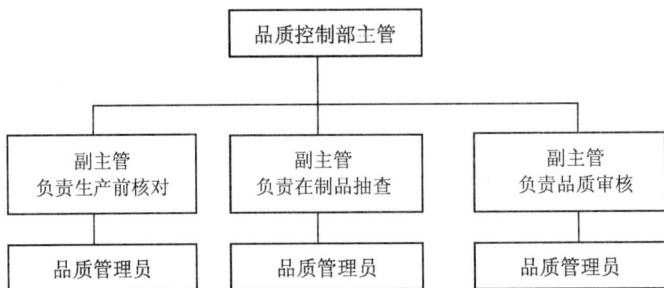

图 3-1 品质控制部组织框架

（1）品质控制的实施：品质控制的实施大致可从三方面进行。

①生产前核对以下几方面的内容：

a. 原料及零件抽核：包括面料、里布、配料、刀模、附件等，在收到供应商提供的物料时必须进行检查或抽查。抽查的数量可根据各企业的实际情况而定，抽查的内容是按照购买货品规格标准去核对，发现不合格品以报表形式呈报或退货。

b. 试样板核对：当每批产品生产前在车间试制三件至一打后，由品质控制部派人核对，检查其是否与原来样板或生产制造指示单的款式及规格相吻合，品质水平是否符合客户和厂方的要求。如果发现因设计上有错误或制造方法不当而影响产品品质的情况，应立即报告，使生产工程部或生产部重新研究改善。

c. 排料图检查：检查排料的用布量、条纹、格子及对花的排位，排料图上碎料的分配量和尺寸、缝口大小、布纹方向，如有不合格的，应以报表呈报有关部门。

②半成品抽查：范围包括从裁床拉布、铺料至成品的包装，抽查的内容有：

a. 裁片抽查：抽查布料裁剪后裁片的颜色、数量分配、尺寸大小及冲床冲压后裁片的上中下三层的尺寸是否与设计规格相吻合，并做好记录，对没能达到品质要求的裁片则进行妥善保管，采取矫正及改善措施。

b. 车间内半成品抽查：抽查各部门的半成品规格，包括物料和缝纫品质等，抽查的重点在各部件缝合前的部分，例如衬衫的肩线缝合前、上领前等，并将抽查情况记录于《半成品检查报告表》中。如发现品质问题需及时报告生产副厂长和相关生产部门，以求及早解决。

c. 熨衣及成品包装抽查：抽查熨衣的标准、折衣的尺寸式样、折叠方式及包装材料的规格是否正确。检查可分两个方面，一是抽查，二是复核。抽查是指品质管理员依照制造单的要求抽查每天生产的品质情况，并向有关主管报告，如发现有问题，则填写在报表上呈交部门主管，由其研究报表的事实是否合理，如所填报表是实情，则签注后呈交厂长及车间主任，责成有关部门改善。复核是对已发现的问题加以复查并考查其改善的情况。改善的成绩留做日后的参考资料。

③品质审核：这是指对每批货从包装到付货为止进行的品质审核，从而保证其达到一定的品质水平。审核的内容包括全件产品的规格和包装的色码分配，并记录每天审核的数量及情况，在每批货生产完成时加以统计，填写综合报告，呈交品质控制部主管签注后转呈厂长。

（2）品质控制制度的推行：设立品质控制部门，并不是代替各生产部门的检查，原则上各直接生产部门要对自己工作范围内的工作负责，自查工作，精益求精，达到标准所要求的水平。而品质控制部是以客观态度协助厂长及生产部门作品质评估，大力推行品质控制工作，因此其部门人员对人对事应有良好的态度，对服装生产基本知识要有全面的认识。最高管理层要在政策及行动上给予支持，使之顺利执行品质控制制度。而各生产部门应尽力协助提供资料并虚心接受品质控制部对产品品质的评价，不足之处加以研究并积极改进。

第二节　服装生产作业标准与品质控制标准

服装生产过程有裁剪、缝制、洗水、熨烫、包装等环节，分工较细，为确保生产过程处于受控状态，必须按照统一的作业标准和品质标准来规范员工的操作，并采用各种质量作业技术和活动达到质量要求。

一、服装企业的品质指标

1.服装品质指标内涵

服装品质的内涵是指服装具有适应时代潮流发展的款式造型、符合消费习惯及有流行性的色彩、优异的材料、精细考究的做工、能满足消费者需求的价格以及具有穿着合体舒适、多功能的效用及服饰搭配、良好信誉的销售服务等综合表现。因此，成衣品质内容应当包括三个方面：

（1）设计品质：是指根据使用者的使用目的、经济状况及企业内部条件确定所需设计的质量等级或质量水平。它反映着设计目标的完善程度，表现为各种规格和标准。通过选择适当的制造手段及设备，生产出符合标准要求的产品，并在售前、售中、售后提供优质的服务品质。设计品质也包括企业的社会形象、品牌地位等。

（2）服装产品品质：是指服装的内在品质与外观形态的综合体现。前者包括服装商品的物理性能、机械性能、化学成分和生物特性等自然属性；后者包括服装的外形、色泽、款式、品牌、做工和材料等。通常，产品品质是从生产的角度来确定，并通过第三方评判产品品质的符合性。

（3）服装商品品质：是买卖双方交接服装的依据，对不同市场和不同消费者的需求有不同的服装商品质量要求。服装产品要不断更新换代，精益求精；服装商品品质应适应有关法令规定和要求，适应自然条件、季节变化和销售方式。

2.服装技术标准

技术标准简称为标准,是国家在现有条件下,为了取得最大经济效益,在总结经验和调研、协商的基础上对某种产品做出统一规定,并经一定的批准程序颁发的技术法则,就叫标准。

有关服装技术标准的内容请参见本书第一章第三节。

二、服装规格

制订品质标准有一个方法,就是先制订服装的规格,再用不同的品质检验方法控制产品的质量,确保产品合格。服装规格通常是一套详细的书面说明,其中具体列出了服装的款式、所用物料和品质要求。

规格是指物件的体积、大小、型号等,是客户和生产企业的工作依据。客户在规格上列明具体要求,然后与生产企业进行商讨修改。规格一经双方同意,生产企业便要依照规格生产服装。规格一定要在确定订单或开始生产前制订。表3-2是涤纶/羊毛混纺合身裙规格的实例。

规格的表示形式很多,除了用文字和绘图表明所需的服装种类外,一些不能用文字表达的设计和生产要求,可用一件服装样板来展示。如领型、服装上的装饰效果和服装物料等,必须用看得见和摸得着的实物加以说明。如果规格和样板不明确,可能会出现严重问题,甚至使双方造成巨大损失。

表3-2 涤纶/羊毛混纺合身裙规格

服装名称:全身连衣裙

布料:涤纶/羊毛混纺

配料:60cm 拉链(尼龙,颜色未定),一对黑色纽扣

缝线:颜色未定,结构如下:

平缝机	120 支	S 捻	涤纶长丝线
锁边机	60 支	Z 捻	软棉线
挑边机	70 支	S 捻	蜡线
锁眼机	50 支	S 捻	丝光线
钉纽机	50 支	S 捻	丝光线

针距:12 针/2.5cm

机针:11 号普通针

止口:锁边宽容度一般为0.2cm

锁边和缝份尺寸:

肩缝	$1 \pm 0.2cm$	袋布	$1 \pm 0.2cm$
侧缝	$1 \pm 0.2cm$	领圈	$0.6 \pm 0.1cm$
后中缝	$2 \pm 0.2cm$	颈围	$1 \pm 0.1cm$
袖窿缝	$1 \pm 0.2cm$	袖克夫	$0.6 \pm 0.1cm$
		裙脚	$5 \pm 0.1cm$

一般尺寸:

褶:褶裥位在 BP 点下 1cm

续表

后拉链开口:60cm 拉链位 +1cm 止口
领:领口边嵌面线
袖:除袖克夫外,开口 8cm;袖侧衩口缝牢;袖克夫高度 4cm,边嵌线
裙脚:5cm
纽孔:袖克夫顶边以下 2cm,纽孔中心距袖克夫侧边 1.5cm
纽位:配合纽孔,纽中心距袖克夫侧边 1.5cm
后颈位钩扣:钩缝于右边,扣缝于左边,置于后领位
商标:缝于领口左边

三、服装号型与尺寸允差

1. 服装号型定义

"号"指人体的身高,以厘米为单位,是设计和选购服装长短的依据。"型"指人体的上体胸围和下体腰围,以厘米为单位,是设计和选购服装肥瘦的依据,是样板设计中制订规格的理论依据。我国制订服装号型标准,有利于服装结构设计的规范统一。

根据号型规定,人的总体高是衣着长度的依据,而胸围和腰围则是衣着肥瘦的依据。所以把人的总体高用"号"来表示,把人的净胸围和净腰围用"型"来表示,因此上装的号型是总体高和净胸围;下装的号型是总体高和净腰围。

2. 服装号型标准

服装号型标准中,上装类规定有 5·4 和 5·3 两种系列,其中前一个数字"5"表示"号"的分档数值。成年男子从 150cm 开始,成年女子从 140cm 开始,每隔 5cm 分一档;后一个数字"4"或"3"表示"型"的分档数值,成年男子从 80cm 或 79cm 开始,成年女子从 76cm 或 75cm 开始,每隔 4cm 或 3cm 分一档。

3. 服装的宽容度

是指尺寸偏离标准而能被客户所接受的范围。各种服装的宽容度通常都在规格标准里标明。表 3-3 是西装袖的车缝规格标准及宽容度,从表中可以看出各工序的宽容度是不同的。一些会影响牢固度、舒适度和外观的项目一般不允许有宽容度;而一些对服装外观影响不大的项目就可以有一定的宽容度。

表 3-3 西装袖车缝(缝袖底缝)的尺寸允差

项目说明	要 求	尺寸允差
1. 裁片放置		
①对条和对格	不适用	无
②末端对位	对称	上端 0~2mm,下端 0~4mm
边	对称	其中一边 0~2mm
定位	对称	同一方向 0~2mm

项目说明	要 求	尺寸允差
③带条对位	不适用	无
④加放量	按褶裥位均匀分布	如样板
⑤带条	不适用	无
2. 缝缝和车缝		
①止口	1cm	0～2mm
②位置:头尾	车顶边处	0～2mm
③回针	12mm 来回重叠	离开止口 0～2mm
3. 缝缝和针距类型		
①针距种类	平车线迹 301	无
②针距尺码	12 针/2.5cm	10～14 针/2.5cm
③跳线	无	无
④张力	两边平均	无
⑤线色	如制单说明	合理配色
⑥线尾长度	无	0～2cm
⑦线迹种类	平缝 SSa－1	无
4. 外观		
①加放量	如1.④	无
②皱褶	无	无
③线头	无	无
④黏合衬外露	只在里面	无
⑤左右对称	左右平均	无
⑥条子/格子	如1.①	无
⑦压褶	无	无
⑧变形	无	无
⑨物料	不适用	无

四、服装工业常用质量标准

服装工业产品常用标准内容请参见第一章第三节。

第三节　服装物料采购与供应商质量控制

物料供应商作为服装生产的输入者,对企业的产出质量有重要影响。尤其在全球经济一体化、网络化制造以及电子商务环境下的任何组织,必是一个或若干个供应链的一环。采购与供应商的质量管理日益成为现代组织质量管理的关注点之一。

一、采购质量概述

1. 采购质量的概念

传统意义上，企业对于质量的定义主要考虑的是产品的设计和符合性方面的问题，但是今天随着企业外购活动的增加，对于质量的定义已经扩展到了产品完成和产品交付等其他方面。因此，对于采购人员来说，保证质量已经成为他的一个附加责任。所谓的采购质量，包括采购产品过程中所涉及的任何一个方面，其任务包括：定义产品应符合的指标，明确检测要求，确定产品的可靠性和可维护性，满足交付和包装的要求，解决相关责任和环保方面的问题等。

2. 采购系统的基本要求

企业需要采购高质量的产品，同时也需要高质量的组织来完成产品的采购。采购人员之间的沟通对于获得期望的结果至关重要。

(1)采购人员需要建立有效的信息源：信息获得的方法有很多，如服装期刊上的采购指南、工业刊物、采购目录、广告等。这些信息可以告诉采购人员市场上有什么样的产品，或者供应商现在最急于出售的产品是什么。此外，通过与推销员的面谈，也可以额外获得一些有效的信息。例如竞争对手的信息，其他相关供应商的信息以及一些独立机构对市场所作的分析研究等。

(2)具有在现场检验的能力：现场检验能够使采购人员确定供应商提供产品的能力，同时表明企业正在认真地考虑与供应商合作的可能性。通过现场检验，供应商会感到采购企业希望他能够提供满足企业需求的产品。

(3)建立保证客观地评估供应商的程序：采购人员应客观地评估供应商，任何评估系统都是按照对采购企业来说重要的标准来考察所有的供应商。采购人员将从中选择最好的三四个供应商进行更深入的评估，这样的目的是确定每个候选者的强项和弱点，使企业确定哪个供应商最有希望提供需要的产品。

(4)选择最好的候选者提供的产品：在选择过程中，价格并不是唯一要考虑的因素，其他因素如技术能力、交付表现、信誉、财务状况以及生产能力等也是非常重要的。并且，只要是能搜集到的新信息都必须重新检查，必须得到所有证明人的相关的意见。这样做的目的就是得到一个能够在指定时间以合理的价格提供规定质量的供应商。

显然，在整个过程中，物料采购人员已经很难单独完成所有这些工作，需要一个团队来确定哪个供应商实力最强。这个团队的成员，可以包括从概念开始设计产品的开发部门的人，可以包括从物料进厂就开始使用的制造部门的人；可以包括设计检验方法和需要确定供应商能力的实验室工作人员，也可以包括负责对供应商过程控制水平进行评估的质量人员。

3. 物料采购质量控制程序

采购的质量职能就是为产品质量提供一种"早期报警"的保证。为了执行这一职能，一般要进行以下活动：

（1）选择合格的供应商。按照各类物料的技术标准,通过对物料的质量、价格、供货期等进行比较,选择合格的供方。

（2）确定同供应商有关的质量方针。

（3）制订保证和验证供方产品质量的正式程序。

（4）规定查明差错和采取纠正措施的办法。

（5）建立双程多线交流沟通制度,协助供方改进和提高产品质量。

（6）制订采购物料技术标准,并把采购物料分成三类:重要物料、一般物料和辅助物料。

（7）根据生产部的生产计划及库存情况编制合理的采购计划,并做好采购前的各种文件审核。

（8）严格控制采购信息,包括产品的质量要求、产品的验收要求以及价格、数量、交付等。

（9）采购产品的验证。这个过程的控制包括对验证的方法、设备、检验人员的技能以及判断依据的控制。

（10）做好有关进货控制和进货品质的记录,内容包括有关的产品品质记录和可追溯性品质记录。

（11）采购后的跟踪,包括处理采购的争端。

（12）对供方进行质量监督和质量评级。

4. 物料采购的质量规格

首先是物料的要求特性,包括容许的公差范围;其次是包装、运输、储藏、存储寿命的要求,特别是与进货和出货有关的安全因素;还有接受或拒绝产品的标准,等等。

服装生产的物料种类繁多,在采购过程中,规格的完整和清晰是特别重要的。采购过程中产生的不一致问题或有关材料的问题很多,有些方面（例如视觉上的要求和工艺要求）主观性很强,因此采购企业必须和供应商进行讨论,就所要求的客观标准达成一致意见,否则这些方面会引起很大的问题。采购的质量规格一般包含以下三种类型:

（1）分析规格:这类规格定义了测量所要求的精度等级的分析方法。

（2）原材料规格:这类规格定义了可接受的进入加工过程的原料。

（3）质量管理规格:这类规格定义了生产产品时所应实施的管理规范。

这些规格使采购人员和制造人员有了彼此沟通的共同语言,而这种沟通是各级加工过程所要求的,同时也可为采购过程提供保证质量的检查要点。

恰当的规格和图样应当清楚地定义物料的特性,以使供应商全面理解要求是什么、检测什么和强调什么。规格不应有模糊的地方,模糊会导致采购企业和供应商在理解上的差异。

二、有效的供应商质量控制途径

1. 供应商质量概念

供应商质量在特定的绩效范围内,供应商应有符合或超过现有和未来客户期望或需求的能力。这个定义有三个主要内容。

（1）供应商每次都能满足或超出买方的要求,如果供应商在产品质量或者即时配送方面的绩效反复变化,则说明其不是高质量供应商。

（2）供应商不仅能够满足或超出现有的需求标准,同时也有能力满足未来需求。供应商必须能做到随时改善。能满足现在的标准却达不到未来标准的供应商,不是高质量的供应商。

（3）供应商质量不仅仅是指产品的实体特性,好的供应商应能在以下方面表现良好:

①产品或服务的配送:这涉及产品或服务的实体配送和所需信息的传递。不管供应商的产品或服务能够多么好地满足客户要求,配送延误都将表明供应商没有绩效。

②产品或服务的一致性:这反映了实体产品或服务满足买方实际期望或需求的能力。

③售后服务:售后服务(如维修与修理)对很多商品都很重要,尤其是对资本设备或耐用品。

④技术特点:供应商保持先进技术的能力(如开发技术流程的能力)是采购部门需要注意的另一个重要领域。如果买方的最终产品要保持竞争力,那么供应商开发先进技术和将技术运用到产品和服务中的能力就很重要。

⑤成本管理:改善质量和降低成本有直接关系。供应商改进流程后,可以削减非附加值成本,从而降低价格,与采购企业共同分享盈余部分。

2. 供应商质量体系评估

采购企业准备与新供应商进行合作时,进行一次现场检验来评估供应商的质量体系是一种普遍的做法。评估质量体系的主要目的就是确保系统能够有效、经济地完成预期的功能。采购企业对供应商质量体系的评估应集中于基本原则的评估,而一些质量控制的具体细节则往往留给供应商去完成。企业控制供应商的依据可包括:

（1）对供应商相关经验的评价;

（2）供应商与其竞争对手相比的业绩;

（3）对采购产品的质量、价格、交货情况及对问题的处理情况的评审;

（4）对供应商的管理体系的审核和对其有效和高效地按期提供所需产品的潜在能力的评价;

（5）检查供应商方面有关顾客满意程度的资料和数据;

（6）对供应商的财务状况进行评定,以确信供应商在整个预期供货及合作期间的履约能力;

（7）供应商对询价、报价和招投标的反应;

（8）供应商的服务、安装和支持能力以及满足要求的历史业绩;

（9）供应商对相关法律、法规要求的意识和遵守情况;

（10）供应商的物流能力,包括场地和资源;

（11）供应商在公众中的地位和所起的作用以及被社会认可的情况。

3.供应物料的进货检验和库存质量控制

对于供应商的质量控制、质量检验的管理主要是进货检验和库存质量控制。

(1)进货检验:企业为了确保采购产品的质量,需要对采购产品实施检验或其他必要的活动,以确保采购的产品满足规定的采购要求。通过进货质量检验,企业可以获得合格的原材料、外购件及外协件,这对保证企业产品质量特别重要。此外,通过进货检验还可以为企业的索赔提供依据。

①进货检验站的设置:进货检验通常有两种形式。一种是在采购企业内进行检验,这是较普遍的形式。采购产品进厂后,由进货检验站根据规定检验,合格品接收入库或直接送达生产线,不合格品退回供应商或另作处理。另一种是在供应商处进行检验,这对某些重型产品或运输条件要求比较高的产品是合适的。一旦检查发现不合格,供应商可以就地进行处置,采购企业也可以就地与供应商协商处理。

②检验和控制:在经过了对供应商的评价、小批试制阶段的改进等措施后,供应商的产品质量应该是比较稳定的。但是,有时也会有异常因素的干扰,产生突发性的变异。所以,采购企业要防止这种突发性变异的产品投入使用,对供应商交付的产品要进行检验和控制。

采购企业要编制进货检验和验证的指导文件。内容包括:

a.明确进货检验人员的职责;

b.规定送检手续,确定检验或试验的方法;

c.规定产品的接受准则和有权放行的人员;

d.规定不合格品的处置办法和特殊情况的处理办法;

e.规定记录要求。

当货物到达时,检查部门根据实际情况对样品或整体进行规定的技术检查,并准备一份检查报告,说明结果。如果产品不符合要求,通常还需要完成一份更为详细的报告来叙述拒绝的原因。通常来说,拒收的产品对于采购企业来说是没有价值的,所以企业应该立即同供应商协商处理这些产品。

③采购产品的标识和管理:采购产品的检验和试验状态应以适当的方式加上标识,以确保通过采购产品验证的合格产品能够入库或投入使用。通常企业应根据产品的具体情况规定合适的标识方法,以便能够识别产品是否经过检验和试验,能够识别检验后的结果是否合格。特别是对于不合格的产品,应有醒目又容易识别的标识,并且最好进行隔离存放,以免误用。

对标识要进行管理,防止标识损坏、丢失、混用等现象的发生。如产品的一部分投入生产使用,并且因此而破坏了原来的标识,应该及时重新进行标识。

(2)库存质量控制:库存质量控制是指进入企业仓库的采购产品的质量控制。仓库管理人员的业务素质和责任心是有效实现采购产品质量控制的一个组成部分,库存质量主要靠仓库管理人员来控制。

①到货控制:采购产品到货后,要按照采购人员提供的采购文件进行验收。验收的内容有:

运单、数量、包装等;检查产品是否有损坏情况,检验随货提供的合格证明或其他质量证明文件等。保管人员要检查产品的标识。必要时,要根据企业的规定对采购产品重新进行标识。

仓库管理人员要对到货的采购产品进行登记,登记的内容有产品的名称、供应商、运单号、随货证件、数量、到货日期、规格型号以及在数量上、质量上不合格的情况。

②入库前的检查:仓库管理人员应及时对进厂产品进行检查。检查内容有:

a.查看随货合格证明和其他质量文件;

b.按运单检查数量;

c.检查包装和产品的外观质量;

d.查看产品的规格型号是否与要求一致;

e.查看质量检验部门提供的检验记录或检验报告。

进货检验完成后,质量检验人员应按照企业文件的要求向仓库管理人员提供检验记录或检验报告。仓库管理人员凭检验记录或检验报告办理入库手续。检验不合格的产品不得入库,并按照规定及时通知供应商进行处置。

③入库手续:仓库管理人员接到检查人员提供的合格记录和合格报告后,应及时办理入库手续。采购产品可能并不实现真正意义上的"入库"而直接进入生产线。按照传统的定义,这种情况仍然称为产品"入库"。"入库"手续也由于技术和管理的进步而不断变化,特别是计算机的广泛使用更是加速了这种变化。通常的入库步骤为:

a.通知采购人员产品入库的情况并通知财务人员。

b.产品从待检区移入仓库或直接送生产线,必要时对产品进行重新标识,并按规格型号分类存放;有的产品需要进行拆包、清洗、涂油、重新包装等。完成这些过程之后,产品进入保管状态。

c.在记录上登记进货日期和检查报告的编号等其他仓库记录。

4.供应商监督

对供应商的监督是为了保证供应商为所提供的产品符合既定标准或适用性的要求而进行的一切活动。通常有两种监督方式:一种是通过对供应商的定期访问来实施监督;另一种是派出驻当地的代表,执行对于某些重大产品和有重大影响的产品的经常性监督。

三、采购物料质量的信息反馈和处理

采购人员应根据既定的合同要求对供应商进行跟踪,保证保质、保量、按时地将物料供应到位。

1.物料质量信息的反馈

供应商按指定仓位将物料运送至物料部后,物料部要取部分物料样送至质检部进行进料检验,或由物料部向质检部或相关采购人员发出进料检验通知。质检部对进料进行检验后,要迅速将相关质量信息反馈至采购人员,采购人员根据物料质量情况对物料进行进仓、退货等处理决定。每采购一批物料,都要对相关的供应商的供货质量、交期及相关合作事项进行评价,并在各供应商档案留档,以备追溯和对供应商进行定期评审筛选。

2. 不合格品的处置

不合格品的处置对于企业来说很重要,所以企业首先应制订专门的程序,并形成文件。一旦采购产品的进货检验中发现不合格品,工作人员能够按照程序文件规定的职责、过程和方法实施有条不紊的控制。

(1)不合格品的确定:不合格品的确定,就是根据文件(一般是检验文件)的要求检查产品是否符合要求,对不符合要求的产品判定为不合格的过程。一般来说,对于较明显的不合格,采购企业和供应商之间的分歧不会很大。但对"擦边球"或供应商故意做了手脚的产品,有时判别起来就需要检验人员特别注意。采购企业的检验人员在检验过程中,对于可疑的产品,必须认真加以鉴别。

(2)标识、沟通与记录:在进货检验时,一旦发现不合格品应及时进行标识,必要时进行隔离处理并做好记录。对于非正常的不合格现象,应按照文件规定的程序及时通知供应商,协商解决办法。

(3)处置:对于采购产品中的不合格品,一般由供应商进行处置,通常的办法有返工、返修、报废、让步接受等。

四、服装面、辅料的品质控制

面、辅料的品质控制可以说是服装品质控制的第一关,假如面、辅料出现质量问题,那么生产出来的产品肯定有问题。因此,这一关的控制是相当重要的。

1. 面料的品质控制

面料的品质控制主要体现在以下几个方面。

(1)布长检查:企业中检查布料长度,通常使用验布机,如果客户对布料的要求较严格,则必须在温度为 20±2℃、相对湿度为 65±2% 的标准环境下放置 24 小时,使布料处于松弛状态后再检测。

(2)幅宽检查:幅宽的检查同样可以用验布机完成。布料经过验布机时,可以测量出幅宽宽窄度的差距。如果同匹布料门幅宽窄误差在 1cm 以上,应将布料剪开堆放。如果误差过大,应将数据反映给有关部门,并可以向供应商提出赔偿或退货的要求。

(3)纬斜检查:纬斜有单向纬斜、弓形纬斜和侧向弓形纬斜,如图 3-2 所示。从不同种类的纬斜中测出布料的最大斜度,然后计算纬斜:

$$纬斜 = \frac{斜度}{门幅} \times 100\%$$

通常,平纹纬斜不超过 5%,色织横条或格子纬斜不超过 2%,印染条格纬斜不超过 1%。如果纬斜过大,应进行矫正或退货。

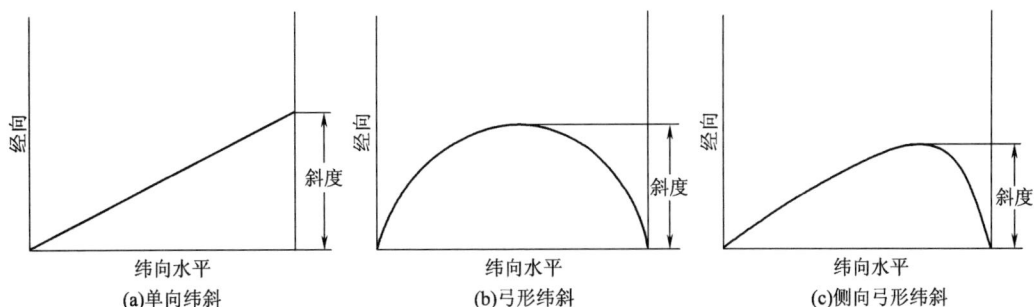

图 3-2 纬斜的种类

（4）色差检查：布料色差的检查也可以用验布机进行操作。验布机的光亮度及倾斜度都要满足检查员的视觉。色差检查通常是以布板为标准，将货品与布板比较；要求严格者，则用国际或国家标准色差样卡检测。

（5）疵点检查：布料疵点检查同样可以在有标准光源装置的验布机上进行。布料的疵点通常有：断经（纬）、粗经（纬）、稀路、破洞、色点、污渍等。当发现以上疵点时，应做好标记，以便在排料时避开。如果疵点较严重，则应上报有关部门并及时处理，或向供应商提出索赔和退货。

2. 辅料的检查

除了面料的检查外，辅料也要检查。服装辅料种类繁多，下面对几种主要辅料的检查进行介绍。

（1）里料检查。主要检查：

①其数量是否与订单相同；

②测试其缩水率是否与面料相吻合；

③色泽是否与面料相匹配等。

（2）缝线检查。缝线主要用于缝合和起装饰作用，因此有必要对缝线的支数、股数、捻度、强度、伸长度等进行测量。同时还要检查：

①缝线的色泽与面料颜色是否相匹配；

②缝线上的节点光滑程度；

③缝线表面的整理效果。

（3）纽扣检查。纽扣检查主要有以下方面：

①纽扣的颜色与面料是否一致或相匹配；

②纽扣的大小、厚度及纽孔是否一致；

③纽扣的耐洗、耐热、耐磨程度；

④拉链的两边齿数是否相同；

⑤拉链的颜色与面料的相配效果；

⑥拉链的耐洗、耐烫程度。

第四节　服装生产中常用的品质检验和控制方式

在服装生产过程中,为了确定产品是否符合规定的质量要求,需要用一定的方法和手段去测定产品的质量特性,并将结果与所测质量特性规定的要求相比较,从而判断被检产品是否合格,以决定接收还是拒收该产品,这样的过程就是质量检验过程。质量检验过程还有另外一项功能,即根据检测结果判断工序的质量状况,尽快发现工序异常现象并消除(体现在控制图的应用上)。质量检验数据作为重要的质量记录,也是判断质量管理体系是否正常运行的重要依据。

在产品质量形成过程中,质量检验起着非常重要的作用,它是产品质量管理和质量保证的重要环节,是企业生产经营活动中必不可少的组成部分。任何一种产品,在生产制造完成后,如果未经质量检验,就无法判断其质量的好坏。

一、质量检验的目的和意义

1. 质量检验的定义

质量检验是通过观察和判断,必要时结合测量、试验或度量所进行的符合性评价。从定义可看出,质量检验过程实质上是观察、测量并获取数据,与标准要求进行比较作出符合性判断后实施处理的过程。这里的处理是指对单个或一批被检物品给予合格放行,以及对不合格品作出返工或报废、拒收的结论。

2. 质量检验的目的

质量检验有以下几个主要目的:

(1)判断产品质量是否合格;

(2)确定产品质量等级或产品缺陷的严重性程度,可为质量改进提供依据;

(3)了解生产工人贯彻标准和工艺的情况,可督促和检查工艺纪律,监督工序质量;

(4)收集质量数据,并对数据进行统计、分析和计算,可提供产品质量统计考核指标完成状况,为质量改进和质量管理活动提供依据;

(5)进行仲裁检验。当供需双方因产品质量问题发生纠纷时,实行仲裁检验,以判定质量责任。

3. 生产中质量检验的重要意义

生产中进行质量检验具有如下意义:

(1)可使工艺过程处于受控状态并生产出合格产品;

(2)可向用户提供合格的产品。通过最终检验,可以确保向用户提供合格的产品,不仅可减少因用户索赔、换货等造成的损失,而且可以得到用户的信赖,不断扩大自己的市场份额。

总之,加强质量检验与控制可以确保不合格原材料不投产、不合格半成品不转序、不合格产品不出厂,避免由于不合格品投入使用给用户、企业和社会带来的损失。另外,在质量成本中,检验成本往往占很大的份额,合理确定检验工作量对降低质量成本具有很重要的意义。因此,企业在生产过程中的检验工作在任何情况下都是完全必要的、不可缺少的。开展质量管理工作决不意味着可以削弱、合并甚至取消检验机构。恰恰相反,越是深入开展质量管理,就越应充实、完善和加强质量检验工作,充分发挥检验工作的职能作用。

二、质量检验的职能和工作程序

1. 质量检验的职能

在产品质量的形成过程中,检验具有重要的质量职能。概括起来说,检验的质量职能就是在正确鉴别的基础上,通过判定把住产品质量关,通过质量信息的报告和反馈,采取纠正和预防措施,从而达到防止质量问题重复发生的目的。

(1)鉴别职能:检验活动实质上是进行质量鉴别的过程。它是根据产品规范,按规定的程序和方法,对受检对象的质量特性进行度量,并将结果与规定的要求进行比较,对被检查对象合格与否作出判定,这就是检验的质量鉴别职能。

(2)把关职能:在生产的各个环节,通过质量检验挑选并剔除不合格产品,对不合格产品作出标记,进行隔离,以防止在作出适当处理前被误用。通过对产品质量形成全过程的检验,层层把住"关口",保证产品的符合性,这就是检验的质量把关职能。

(3)预防职能:通过检验可获得质量数据和信息,为质量控制提供依据。通过工序质量控制,把影响工序质量的因素都管理起来,实现"预防为主"的目的。

(4)报告职能:把检验过程中获得的数据和异常情况认真记录下来,及时进行整理、分析和评价,并向有关部门和领导报告企业的产品质量状况和质量管理水平,提供质量改进信息。

(5)监督职能:监督职能是新形势下对质量检验工作提出的新要求,它包括:参与企业对产品质量实施的经济责任制考核,为考核提供数据和建议;对不合格产品的原材料、半成品、成品和包装实施跟踪监督;对产品包装的标志及出、入库等情况进行监督管理;对不合格品的返工处理及产品降级后更改产品包装等级标志进行监督;配合工艺部门对生产过程中违反工艺纪律现象进行监督等。

2. 质量检验的工作程序

(1)熟悉和掌握技术标准,制订质量检验计划:首先,把有关的技术标准转换成具体、明确的质量要求和检验方法,通过标准的具体化,使有关人员熟练掌握产品的合格标准。

(2)测量:就是采用各种计量器具、检验设备和理化分析仪器,对产品特性进行定量或定性的测量,以获取所需信息。

(3)比较:就是把检验结果与质量标准进行比较,观察质量特性值是否符合规定的标准。

(4)判定:根据比较的结果,判定被检验对象是否合格。

(5)处理:处理阶段包括以下内容:对合格产品予以放行、及时转入下道工序;对不合格产品给出返修、降级使用或报废的决定;对不合格品进行跟踪管理;对批量产品(包括外协配套件、原材料等),根据产品批质量情况和检验判定结果,分别作出接受、拒收、筛选或复检等结论,并向有关部门和领导进行报告。

3. 质量检验的基本要求

在服装企业里,要有效开展检验,必须具有以下的基本条件。

(1)检验的人员:检验人员包括管理人员或负责人、查货人员等。检验人员必须具有较强的责任心,有一定的经验和专业知识,而且职责要分明。

(2)检验的仪器或工具:完整的检验系统一定要具有足够的适合的工具。这些工具包括检验灯、尺(软尺或硬尺)和放大镜等。检验灯常用于检验针织类服装,可将服装套在检验灯上,以保证有足够的光线检验其是否有损坏、断纱等现象;尺用于测量服装各部位的尺寸,以便与制订的规格作比较;使用放大镜能更加清楚地检验服装上一些视觉较难分辨的细小部位,包括线号、色差等。

(3)检验后的记录:服装经过检验后,必须做好产品品质的记录,记录内容包括检验项目、数量、品质状况、接受程度等。这一记录通常作为以后改善产品品质的资料。检验结果可以记录在卡上或控制表上,现在很多大型企业也采用电脑记录。

(4)品质的鉴定:检验的结果必须与制订的标准作比较,找出其异同点,对于有差异的地方需改善,直至达到客户要求的标准。

(5)改善不合标准的产品:经过品质鉴定后,如发现在面料及工艺上有错误,或与规格有不相符的,一定要将其退货加以改善,为了保证面料在生产中不出现问题,通常所有的面料在入库前必须经过严格检验,并将合格品与不合格品分开,保证不合格品不会流到生产线中。

(6)工作场所:整个检验系统必须要有专门的工作场所,保证检验员能有一个较好的工作环境,为检验部门与生产部门保持密切的联系提供方便。

三、服装生产过程中质量检验的种类和特点

服装生产过程检验是对产品在工序过程中进行的检验,其目的是确保不合格品不流入下道工序,并防止出现产品成批不合格的现象。此外,过程检验的结果可以作为判断工序是否处于受控状态的依据。过程检验可分为逐道工序检验、集中检验、零部件完工检验和成品检验。

1. 逐道工序检验

该检验工序对保证产品质量、预防不合格产品的产生具有良好的效果,但检验工作量大、花费高,只在重要工序上采用。

2. 集中检验

如果产品质量比较稳定而又不便于进行逐道工序检验时,可以在几道工序完毕后集中进行

检验。

过程中检验的重点是首件检验,如果首件检验不合格,则应立即采取措施。应进行首件检验的条件是:

(1)交接班后生产的第一件产品;

(2)调整设备后生产的第一件产品;

(3)调整或更换工装后加工的第一件产品;

(4)改变工艺参数和加工方法后生产的第一件产品;

(5)改变原材料、零部件、半成品后加工出来的第一件产品。

3. 零部件完工检验

这是对已全部加工完毕的成品零部件进行的检验,是保证不合格部件不出车间、不出厂的重要工作程序。应着重检验以下几方面:

(1)应加工的工序是否全部完成;

(2)是否符合规定的质量要求;

(3)外观是否有歪斜、高低不平、线迹不匀等表面缺陷;

(4)零部件的编号是否齐全和清楚等。

4. 成品检验

也称终检,是指在成品准备入库或出厂前所进行的检验工作。由于成品检验是在成品入库或出厂前所进行的最后一次检验,对防止不合格品出厂至关重要,因此必须予以重视。成品检验的内容包括:

(1)按照技术要求逐条、逐项进行产品性能实验;

(2)对产品的外观进行检验;

(3)对产品的安全性进行检验;

(4)认真做好记录。

5. 三检制

在服装生产过程中,如果按检验人员划分,还可分为自检、互检、专检。其检验制度称为"三检制"。

(1)自检:由生产工人自己对零部件或产品质量进行检验。自检是随时发现问题、提高工人积极性和责任心的重要手段之一。

(2)互检:指生产工人之间对工序过程中的产品进行相互检验。互检的方式包括:同班组之间进行互检;同机床倒班者之间的交接互检;下道工序对上道工序的交接检验;生产班组所设的兼职质量员对本组工人加工质量的抽检;同工序生产工人的"结对"互检等。

(3)专检:由专职检验人员进行的质量检验活动,具有权威性。

(4)服装企业在实行三检制时,应做好以下几个方面的工作:

①根据企业的生产特点、员工素质和其他情况,合理地确定专检、自检和互检的职责范围,

明确各自的任务和所负的责任。一般来说,专职检验人员应负责原材料入库、半成品流转、成品包装出厂等检验工作,而生产过程中的工序检验应强调自检和互检相结合,同时辅以专检人员巡检的方式;

②对于自检的生产工人,应明确规定岗位责任和质量责任制;

③应向生产工人提供必要的条件和检验手段,并进行必要的培训;

④健全原始记录,完善统计报表;

⑤采取必要的激励措施。

四、质量检验的依据

在制订检验计划、实施检验和对检验结果进行评定时,都必须有一定的客观依据。常用的检验依据有:国家的质量法律和法规、各种服装技术标准、质量承诺、产品图样、工艺文件和技术协议等。

1. 国家的法律法规

在质量检验工作中,要认真学习、贯彻法律、法规和规章的有关规定,做到不折不扣地执行。另外,企业也要善于利用法律、法规作为武器维护自己的合法权益。

2. 服装技术标准

在选用标准时,应优先选择国家标准,其次是行业标准,最后才是地方标准和企业标准。在选用国际标准时,应结合我国国情,可以采用等同采用、等效采用和参照采用等方式。

3. 质量承诺

质量承诺是生产者或销售者对质量作出的书面保证或承诺,它可以作为质量检验的依据。

4. 产品图样

产品图样是企业组织生产和加工制造的最基本的技术文件,图样中标注的尺寸、允差、材质、数量、加工技术要求、包装技术要求和检验技术要求都是质量检验的重要依据。

5. 工艺文件

工艺文件是指导生产工人操作和用于生产、检验和管理的主要依据之一。工艺文件对工序质量控制至关重要,工艺文件的质量检验卡是过程质量检验的重要文件。

6. 技术协议

企业在服装生产制造过程中,为了保证产品的质量,应与客户签订合同和技术协议书。技术协议书中必须明确质量指标、交货方式和地点、包装方式、数量、验收标准、随机数量等内容,这些都是验收时的重要依据。

五、常用的检验方法

服装厂在检验服装品质时有很多的方法,主要有:生产前检验、生产中检验、巡逻检验、中央系统检验、抽样检验、最后检验(成品检验)、全面品质控制和指定样本检验等。

1. 生产前检验

生产前检验是指服装产品在正式生产前的一种检验,主要是检验生产中所用的一切物料,如面料、辅料等。

(1)生产前检验的优点:

①预防退货:布料在裁剪前要通过检验,如果布料有疵点就做好标记,使疵布不会流到裁剪部门而变成产品,减少了退货的可能性;

②减少成本:如果能事先发现布料有疵点,就可以避开这些疵点进行裁剪,减少配片的工作,而且布料的用量也相对减少;

③保证生产周期:在生产前将残次物料剔除,可以节省再制造或修改的时间,避免延误交货期。

(2)生产前检验的缺点:

①投资较大:因为要做较多的测试检验工作,所以必须购置验布机和一些测试仪器;

②占地较多:物料在检验前,必须有储存空间,从而增加了占地面积;

③必须预算检验时间:在生产计划中,必须预算检验物料的时间,以使生产进度不受影响。

2. 生产中检验

生产中检验是指在生产进行中的检验。检验项目通常是一些被认为较重要或较易出现问题的工序,如缉领、缉袖等。因此,选择检验项目必须根据以下情况而定:

①工序的烦琐程度和工人的技能;

②生产量的大小;

③工价的高低:通常高工价的产品需要的品质较高,各种尺寸的准确度要求也较高。

(1)生产中检验的优点:

①可以减少大量的有缺陷的产品;

②减少因改善产品而增加的成本;

③及时发现问题,可以马上改正,减少修改产品的时间及误期的可能性;

④便于统一标准。

(2)生产中检验的缺点:

①当款式变化时,检验项目就会改变,必须重新选择检验项目;

②需要有空间储存检验的半成品;

③由于半成品的量较大,在控制方面较困难;

④必须设立一个小组去完成检验的工作,因此生产成本加大;

⑤延长生产流程时间,由于需附加检验的时间,对交货期有一定的影响。

3. 巡逻检验

巡逻检验基本上是由生产部门的管理人员负责,在生产过程中,需不定时地对每个操作人员的工作进行巡视检验。

(1)巡逻检验的优点:

①管理人员可以详细地了解车间每个工作人员的工作内容及进度;

②显示管理人员的地位,并增加其威信;

③及时发现问题并加以修正。

(2)巡逻检验的缺点:

①因为巡逻检验的随机性,有些问题可能被遗漏;

②管理人员可能会依自己的喜好而检查,有可能疏漏易出问题的工序;

③这种检验通常不能给品质管理提供书面资料;

④不能保证生产标准的统一。

4. 中央系统检验

在生产车间设立一个中央检验小组,由这一组人共同负责和检验所有半成品的品质,同时可以使用一些鉴定品质的工具来辅助检验。

(1)中央系统检验的优点:

①灵活性较高,不论什么款式,都可以集中进行品质检验;

②工作效率高,由于是一组人去共同完成检验工作,可以有效地配合;

③可以统一检验的标准;

④可以安装一些检验工具辅助检验。

(2)中央系统检验的缺点:

①增加半成品的搬运成本;

②由于增加了搬运工作,使生产流程时间延长;

③需要一组有全面专业知识的人员担任此工作;

④查货人数会随着生产量的变化而变化;

⑤需要有较大的空间储存半成品。

5. 抽样检验

抽样检验是在大量的成品中抽取样本进行检验,以样本的品质决定整批产品的品质。详情参见第二章第五节。

(1)抽样检验的步骤:

①假设批量(N)为1200件服装,$AQL=4.0$;

②在抽样检验方案(表3－4)中,找到$N=1200$,再在$AQL=4.0$的行中查出样本量为80—7;

表3-4　一次抽样检验方案

批量范围 AQL 界限	151 ~ 280	281 ~ 500	501 ~ 1 200	1 201 ~ 3 200	3 201 ~ 10 000	10 001 ~ 36 000	36 001 ~ 150 000	150 001 ~ 500 000	500 000 以上
0.10	125—0	125—0	125—0	125—0	125—0	500—1	500—1	800—2	1 250—3
0.15	80—0	80—0	80—0	80—0	315—1	315—1	500—2	800—3	1 250—5
0.25	50—0	50—0	50—0	200—1	200—1	315—2	500—3	800—5	1 250—7
0.40	32—0	32—0	125—1	125—1	200—2	315—3	500—5	800—7	1 250—10
0.65	20—0	80—1	80—1	125—2	200—3	315—5	500—7	800—10	1 250—14
1.0	50—1	50—1	80—2	125—3	200—5	315—7	500—10	800—14	1 250—21
1.5	32—1	50—2	80—3	125—5	200—7	315—10	500—14	800—21	800—21
2.5	32—2	50—3	80—5	125—7	200—10	315—14	500—21	500—21	500—21
4.0	32—3	50—5	80—7	125—10	200—14	315—21	315—21	315—21	315—21
6.5	32—5	50—7	80—10	125—14	200—21	200—21	200—21	200—21	125—21
10	32—7	50—10	80—14	125—21	125—21	125—21	125—21	125—21	125—21
15	32—10	50—14	80—21	80—21	80—21	80—21	80—21	80—21	80—21
25	32—14	50—21	50—21	50—21	50—21	50—21	50—21	50—21	50—21

③80—7 表示为从批量中随机抽取 80 件服装进行检验,如果查出不合格产品为 7 件或少于 7 件,那么就可判定这批产品可接受;反之,如果不合格产品数多于 7 件,那么就可判定这批产品不可接受。

（2）抽样检验的优点：

①检验的成本低；

②使用统计方法,可计算出送到客户手上的次品服装的风险率。

（3）抽样检验的缺点：

①只有在大量产品出来后,才能检验；

②需要一批熟练的有经验的检验员；

③可能引致大量次品需复查和修正。

6.最后检验

最后检验也称为成品检验,它是一种传统的检验方法,通常是对产品进行全部的检验。产品经过最后检验后,就会储存到成品仓里,之后,还需由客户检验人员再抽样检验。最后检验工作包括清理线头、清除污渍、检验品质等工作。

（1）最后检验的优点：

①确保所有的产品达到客户要求的标准；

②由于进行全部的检验,因此有严重问题的产品出厂的机会很少;

③如果只采用这种方法检验产品的品质,那么检验的成本就会较低。

(2)最后检验的缺点:

①如果这是唯一检验品质的方法,那么有可能很多相同问题发生在半成品中;

②因为是最后检验,当客户对这批货不接受时,那么良好的产品也可能被放置在有问题的产品中,导致较大的修改工作量;

③修改后的产品品质通常会低于标准;

④有可能导致大量的不可修改的产品;

⑤检验变成了将产品分为接受与不接受两类,不再是品质的评价,而变成了一种机械的工作程序。

7. 全面品质控制

全面品质控制就是企业上下人员对产品的品质都加以控制。包括由合约签订开始至交货,各个部门都参与品质控制的工作,确保合格的产品交付给客户。

(1)全面品质控制的优点:

①使顾客满意度增加;

②减少生产上一切物料、工时的损耗;

③全方位减少费用,包括服务部门的一切开支;

④减少次品率;

⑤普遍提高产品的品质水平。

(2)全面品质控制的缺点:

①开始使用这种方法时耗资较大;

②需要企业各阶层人员参与,尤其是高层领导要重视;

③需要特别训练行政人员,以便提高整个企业的品质水平。

8. 指定样本检验

这种方法包含收集、整理和保存所有工人品质表现的资料,检验人员会被安排到需要注意的工作场地。

(1)指定样本检验的优点:

①有效地使用人力资源;

②减少大量次品出现的可能;

③降低检验成本。

(2)指定样本检验的缺点:

①难于组织和管理;

②如果要使这种方法有成效,必须做大量的文件工作并收集大量的资料。

六、检验点的设置

1. 服装企业检验点的设置

服装企业内部检验点设置有以下几类。

(1)按产品类别设置:这种方式就是同类产品在同一检验点检验,不同类别产品分别设置不同的检验点。其优点是检验人员对产品的组成、结构和性能容易熟悉和掌握,有利于提高检验的效率和质量,便于交流经验和安排工作。它适合于产品的作业(工艺)流程简单,但每种产品的生产批量又很大的情况。

(2)按生产作业组织设置:一缝制车间检验点;二缝制车间检验站;三缝制车间检验点;裁剪车间检验点;熨烫车间检验点;扫尾车间检验点;包装车间检验点等。

(3)按工艺流程顺序设置:

①进货检验点(组):负责对外购的原材料、辅助材料、产品组成部分及其他物料的进厂检验和试验。

②生产过程检验点(组):在各生产过程(工序)中设置检验点。

③完工检验点(组):对各作业(工序)已全部完成的产品组成部分进行检验,其中包括零部件检验点。

④成品检验点(组):专门负责成品质量和防护包装质量的检验工作。

(4)按检验技术的性质和特点设置:检验工作中针对特殊检测技术要求和使用的测试设备特点而设置专门、专项的检验站,如为面料缩水率的试验、牛仔服装水洗色泽检测、专项缝纫设备检测等项目而设置的检验点。

在服装企业实际检验点的设置不是单一形式的,根据生产特点、生产规模,可以从有利于作业出发,兼顾多种形式设置混合型检验点。

2. 生产中质量检验与控制点设置步骤

(1)结合有关的质量体系文件,按质量环明确关键环节和部位,然后在程序文件和操作指导书中明确需要特殊检验与控制的质量体系和主导因素。

(2)由设计、工艺和技术等部门分别确定本部门所负责的质量检验与控制点,然后编制质量检验与控制点明细表,经批准后纳入质量体系文件中。

(3)编制质量检验与控制点流程图。在明确关键环节和质量检验、控制点的基础上,要根据不同的流程阶段编制出质量检验控制点流程图,并以此为依据在生产现场设置质量检验控制点和质量控制点流程站。

(4)编制质量检验与控制点作业指导书。根据不同的质量检验、控制点的特殊质量控制要求,编制出工艺操作卡或自检表或操作指导书。

(5)编制质量检验与控制点管理办法。质量检验与控制点虽然单独存在,但又有很强的相关性,必须综合管理,制订管理办法,解决接口问题。

七、检验状态的标识与管理

1. 质量检验状态

产品或零部件是否已得到检验,检验的结论如何,对检验结果进行处理的方式如何,这些都称为检验状态,对检验状态进行标识和管理,是质量检验工作的一项重要内容。

(1)检验状态:质量检验状态一般有以下四种形式:待检品、待判定品、合格品和不合格品。

(2)检验状态标识:检验状态的标识可采用标记、标签、印章、合格证等方式。在存放和搬运的过程中,要特别注意保护标识,使标识总是与物品在一起。标识中一般应明确以下内容:物品名称、型号规格、生产日期、入厂入库日期和数量、检验人员姓名及编号、检验时间、检验结论等。

2. 隔离区及标识

应对处于这四种检验状态的产品采取隔离和标识的措施。根据检验的四种状态,一般应划出四个区域,分别存放不同检验状态的物品。

(1)待检品区:放在具有"待检"标识的待检区。

(2)待判定区:对于已经进行过检验但等待判定结论的物品应存放在具有"待判定区"的临时性区域。

(3)合格品区:对于判定为合格的物品,应填写合格证并做上合格性标志后放在"合格品区"等待登账入库。

(4)不合格品区:对于不合格品,应作出不合格标识并存放在"不合格品区"等待处理。

在企业的生产制造过程中,由于人、机、料、法、环、测等因素的影响,出现不合格品往往是不可避免的。为此,应加强对不合格品的管理,不仅要做到不合格原材料、外购、外协、配套件不进厂,不合格在制品不转工序,不合格零部件不装配,不合格产品不出厂,而且还要通过对不合格品的管理,找出造成不合格的原因,并采取措施防止后续不合格品的发生。

不合格品根据其可用状态可分成废品、次品和返修品三种。

①废品:是指零部件的质量严重不满足标准的要求、无法使用且又不能修复的产品。废品的出现给企业造成的损失是巨大的,因此,应采取一切措施避免废品的产生。

②次品:又称疵品,是指零部件的质量轻微地不满足标准的要求,但不影响产品的使用性能、寿命、安全性、可靠性等指标,也不会引起用户的强烈不满。在经过充足的分析论证并按规定的手续审批后,打上明显的"次品"标记,允许出厂或转入下一道工序。对次品的使用有时称为"让步回用"。

③返修品:是指那些不符合质量标准,但通过返修后可以达到合格的产品或零部件。

3. 不合格品的处理与控制措施

(1)对不合格品进行标识:在检验过程中,一旦发现不合格品就应立即进行标识,并做详细的记录。对于不同类型的不合格品,应采用区别明显的标识(如不同颜色的油漆)。在用标签标识时,应注意标签必须牢固地拴在不合格品上,以免相互分离。

（2）对不合格品采取隔离措施：对已经做了记录和标识的不合格品，应按其性质进行隔离放置，等待进一步的处理。因此，在检验区应设置专门放置不合格品的隔离区。未经允许，任何人不得随意搬动处于隔离区的不合格品。此外，应尽量缩短不合格品在隔离区的存放时间，并及时进行后续处理。

（3）对不合格品进行评审：出于经济上的考虑，企业可以指定有关部门和人员对不合格品进行评审，以便确定是否特许（或让步）、接受（经修整或不修整）或返修、返工、降级、报废。

（4）对不合格品进行分类处理：经检验确定的不合格品，必须根据适当的程序进行处理。不合格品处理的内容主要包括：废品处理、次品处理和返修品处理。

①废品处理：对废品的处理比较简单，如果是外购物品，在隔离后作出退货处理；如果是本企业生产的不合格品，就按报废处理程序进行报废处理。对废品应做出明显的标识，将其存放在"废品隔离区"，并填写废品通知单。

②次品处理：在判定不合格品为次品后，首先应由有关人员组成的评审小组进行评审，如果认为次品的应用不会影响产品功能、性能、安全性和可靠性，同时不会触犯有关产品责任方面的法律，也不会影响企业的信誉，则可确定为"回用品"。这时，应由责任单位提出回用申请，并填写"产品回用单"，说明回用的理由及采取的措施，经有关部门批准后打上"回用品"标记后登记入库。对外购物品的回用，还应向供货方提出赔偿要求。对次品的处理可能有以下情况：

a. 对产生轻微缺陷的非成批次品，可由质量管理部门负责人直接处理；

b. 对产生一般缺陷或成批存在轻微缺陷的次品，由责任单位提出申请，再由质量管理部门会同检验、设计、工艺和生产等部门共同进行处理；

c. 对产生严重缺陷但不影响产品使用的次品，由责任单位提出申请，企业质量管理部门会同设计、工艺、检验和生产等部门研究提出处理意见后，最后由企业领导作出处理决定。

③返修品的处理：如果不合格品是返修品，在经过返工处理后即可达到规定的质量标准，这时，应由检验工做好标识后隔离存放，再由有关部门进行研究，在确认返修的费用可接受后，填写"返修通知单"，由责任者或责任单位进行返修。返修后再进行检验，确认合格后再登记入库或转入下道工序。在必要时，还应由技术部门编写返修工艺规程，按规程进行返修。

（5）加强预防措施：为了防止潜在的不合格、缺陷或其他不希望的情况发生，应采取有效的预防措施，目的是确保工作的顺利进展以及减少返工、返修或报废的费用。

第五节　服装主要生产过程中的品质控制

服装生产过程中的品质控制是实现设计意图、形成产品质量的核心和关键的控制阶段，是直接影响产品符合性质量的一个体系要素，也是实现企业质量目标的重要保证。加强产品生产过程的质量管理，是企业不容忽视的重要工作。服装生产的品质控制应从原料进厂到形成产品的整个过程实施品质控制。其主要职能是,根据产品品质控制计划的要求,按照产品图样及工艺技术文件的规定,利用检验标准,对影响产品质量的各因素在生产过程各环节进行有效的控制,以确保生产出符合设计意图和质量规范并满足消费者要求的产品。

一、服装生产中品质控制的内容与要求

1. 生产中品质控制的内容

由于形成产品品质的因素是多方面的,因此,质量控制的内容也包含很广,从产品的设计开始,到投产、销售及售后服务的整个过程中都存在质量控制问题,主要包括:新产品设计质量控制;产品质量控制与工序质量控制;进厂材料质量控制;产品包装、运输和储存质量控制;计量校准质量控制。

2. 服装品质控制的要求

(1)加强工艺管理和严把检验关:在产品生产过程中,由于各种主客观因素的影响,必然引起质量波动,如果质量波动失去控制,将产生废品、次品。因此,在产品生产过程中必须同时存在一个检验过程。品质检验的任务是:

①把好"三关":即材料关、工艺关和成品关。材料关即原材料(面、辅料及外购外协材料)和半成品的质量关;工艺关即产品生产过程的缝纫加工工艺质量等;成品关指生产出符合设计和规范要求的、能满足客户需要的产品。

②做到"四不":不合格的布料不裁剪,不合格的在制品不转入下道工序,不合格的零部件不入库,不合格的产品不出厂。

产品检验控制按生产过程的顺序可分为进料品质控制、裁片品质控制、半成品品质控制、成品品质控制等。企业应按照制订的检验计划开展品质检验与控制活动。

(2)坚持文明生产和均衡生产:文明生产是科学地组织现代化生产,加强生产过程中的品质控制,保证工艺质量和产品质量的重要条件。一个企业是否坚持文明生产直接关系到产品质量的优劣,混乱的生产秩序和不整洁的工作场地,往往是造成质量隐患的主要原因。

均衡生产是文明生产的另一个重要方面。停工待料、加班加点突击生产、工时安排不均衡、任意改变生产流程等都是生产不均衡的表现。不均衡的工作安排和生产秩序混乱的车间,很难生产出高质量的产品。

(3)加强不合格品的控制:不合格品是指不能满足规定质量要求的产品。为保证企业质量体系的正常运行,必须对不合格品进行有效的控制。

①制订处理不合格品的工作程序:通过检验,鉴别不合格品;对不合格品做标记并隔离,提出处理意见并做好记录;对不合格品原因进行分析,提出防止再发生的措施。

②在缝制等生产过程中发现可疑的半成品时,立即进行鉴别并把发现的问题记录下来。

③组织有关的部门和人员对不合格品进行评定。通过评定确定其能否回用或是否需要返工、返修、降低等级或报废,并对不合格品立即进行处置。

④对出现的不合格品进行质量分析。

(4)检验状态的控制：在生产过程中，对面料、辅料、零部件、半成品、成品等是否经过检验，是否被检验接收等检验状态应做出明显的识别标记。这种标记可采用印记、标签、生产过程流转卡等形式，以便进行品质跟踪。

(5)建立健全工序质量控制点：工序质量就是操作者、设备、材料、工艺方法等因素在生产制造过程中的综合作用程度，工序质量控制就是把影响工序质量的因素有效地控制起来。其重点是对关键的工序进行控制，因而需要建立健全工序质量控制点，确保产品的质量。工序质量控制点一般设置在使用和生产中，如对质量问题发生频数较多的薄弱环节及对下道工序的加工有重大影响的环节。

(6)灵活运用工序质量控制方法：在产品制造过程中，影响产品质量的因素十分复杂，要把众多影响因素有效地控制起来，需要综合运用多种多样的方法和手段。

(7)制造过程的质量经济分析：客户需要质量好、成本低，即"物美价廉"的产品。要使产品的制造成本降低，就必须进行制品过程的质量经济分析，其目的是以最低的费用获得最佳质量水准和经济效益。

二、服装设计品质控制

服装设计，从狭义上讲是指服装的造型设计；从广义上讲，包括服装的造型、结构、性能、面料、配色、工艺、商标、包装、标记及产品名称等，有时还包括销售服装的橱窗设计。由于涉及面比较广，因此，必须要加强对服装设计过程的品质控制工作，确保企业整个生产经营活动的顺利进行。服装设计品质控制主要从调研、设计、试制三个阶段进行控制。

1. 调研阶段

服装企业不仅要为设计师创造一个可以发挥才能的环境，还要提供时间使之参与市场调研，并给予业务上的指导。准确的市场信息必须通过参观走访、技术交流等途径来获得，并且调研的内容必须充分，主要有以下内容。

(1)调查国内外服装市场的流行趋势；

(2)新面料、辅料及其供货渠道；

(3)产品销往地区的人体体型和服装规格及正态分布情况；

(4)调研各地区服装市场销售水平以及需求情况；

(5)新型服装生产设备的使用及供货情况；

(6)服装生产新技术、新工艺及发展趋势的调研；

(7)调研产品销售地区的地理、气候、风土人情及穿着习惯等；

(8)调查消费者对现有服装市场的反映及倾向性要求；

(9)了解各大服装商团及学术团体对服装发展趋势的观点；

(10)了解企业产品在市场的地位及市场占有率。

2. 设计阶段

产品品种多、更新快是服装产品的主要特点,为此,设计部门应有计划地下达设计任务、督促设计进度、检查设计效果,同时还要注意设计工作的规范管理,提出设计内容,明确设计要求,并要对以下内容进行控制。

(1)明确产品的用途、适合年龄、性别、季节、场合及消费对象;

(2)确定产品的造型结构。主要通过外形效果图来表达设计构思,除需要画正面和背面图外,必要时还应根据具体款式加画侧面图、零部件特写图或关键部位解剖图等,并以文字注明产品要求;

(3)确定产品的材料选用和配色要求。包括面、里、衬、填、线、扣等用料的规格及配色要求;

(4)确定产品的规格。即按产品的大类和销售地区制订分档规格,自销产品还应订出各档规格及色泽的搭配比例;

(5)确定产品的加工工艺。同一产品可以采用不同的设备和不同的工艺加工,因此,在设计任务书中对工艺规程应有明确的具体要求,有特殊工艺要求的也应详细说明;

(6)确定产品操作工人的技术水平。主要写明特殊工艺及其需要配备的高级技工和特殊工种技工的水平要求;

(7)确定产品的工具装备要求。主要注明生产该产品时所需的特殊设备;

(8)确定产品的包装。包括包装方式、商标、吊牌等其他内外包装材料的选用;

(9)计算产品的工时和材料消耗定额;

(10)估算产品的生产成本及出厂价格。产品的成本是决定产品经济效益的主要方面,对企业的盈亏起很大作用,为此要准确计算直接成本、间接成本及设备投资费用等。

3. 试制阶段

为了确保样品设计的成功,在样品试制前,企业管理部门要组织有关部门对设计方案进行技术经济评估,听取各方意见,使设计方案更加完善。经过了评审的设计方案才可正式进入试制。在试制过程中,必须加强对试制工作的检查,特别要注意以下几方面的内容:

(1)严格按照样品的样板进行裁剪;

(2)严格按照设计要求及工艺规定进行制作;

(3)严格核对原材料的规格、品种、色泽;

(4)试制中发现问题要及时向设计人员提出,未经同意不得擅自修改样板、裁片及操作工艺。对确定修改样板及工艺的设计应经设计主管同意并做好变更记录;

(5)在新样品试制完毕后,应组织有关人员对新产品进行分析鉴定,包括以下几方面的检查:

①外观质量是否体现设计意图,是否达到设计要求,是否平挺美观;

②内在质量是否符合工艺要求,是否达到预期性能;

③各部位规格是否符合设计规定。

三、服装裁片品质控制

裁片是服装的组成部分,服装的品质、规格与裁片的品质有直接的关联,因此,裁片的准确性是生产符合顾客要求的服装的基础。裁片的准确性不仅指服装裁片的形状与纸样形状相吻合,而且指裁片本身的品质,如布纹的走向、有没有疵点、裁片边缘的状况等。影响裁片形状的因素很多,主要有以下几方面。

1. 布料的特性
裁片的形状是否理想,往往受布料特性的影响,这些特性包括四个方面。

(1)柔软性:布料不是一种坚挺的物料,它有一定的柔软性,在拉布时,柔软的布料较难拉直,而且当裁剪刀进入布层时,布料可能会起皱。

(2)延伸性:布料的延伸性各有不同,拉布员应根据布料的延伸性,采取相应的拉布方法。

(3)厚度:布料的厚度因种类而异,铺布层数应有所不同,如处理牛仔布等厚布料与处理丝织物等薄布料时的拉力和技巧应有所不同。

(4)布料的整理技术:很多服装在制成后需经过洗水的程序,使穿着舒适和外观特别,那么就需考虑布料经过后处理的颜色及缩水率变化。

2. 纸样
纸样若出现问题也会影响裁片的形状,其中包括以下几方面的问题。

(1)纸样遗失:如果有部分纸样遗失了,就不能裁剪出准确数量的裁片,因此,排料员必须将衣服的整套纸样与衣服样板(或纸样表)核对后再排料。

(2)纸样混淆:如果一套纸样与另一套纸样混在一起,裁剪出来的裁片有可能是不需要的,而需要的裁片有可能没有裁剪出来,这样会使车缝工人无法工作,或制造出不合规格的服装。

(3)遗漏记号:如果纸样上有对位记号或孔位记号被遗漏了,那么就会使车缝工人操作困难,产品的质量也会受到影响。

(4)纸样角位或边缘磨损:如果纸样的角位或边缘磨损,那么纸样勾画在布料上的形状就会变形。

(5)纸样撕裂:撕裂了的纸样勾画出来的形状不会准确。

3. 排料的品质控制
在排料时,必须注意以下事项,否则会影响裁片的正确性。

(1)纸样的排列方式:纸样排列必须保证各裁片的布纹相平行,否则制造出来的衣服不会有理想的外观效果。

(2)布的方向和纸样的排列方向:纸样一定要依照布料的方向摆放,因此,排料员在排料前必须仔细察看布料,特别是一些有方向性的布料。例如,灯芯绒的毛茸是顺着一个方向的,所以在排料时,一件衣服所有的纸样都必须同向排列,如图3-3(a)所示,否则灯芯绒成衣外观将产生光泽不一致的效果,如图3-3(b)所示。

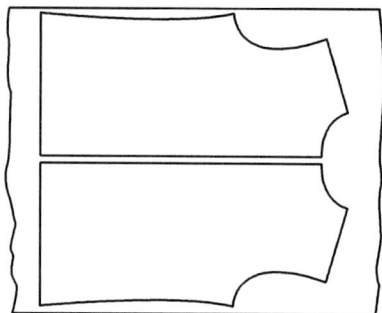

(a)前衣片呈同向排列

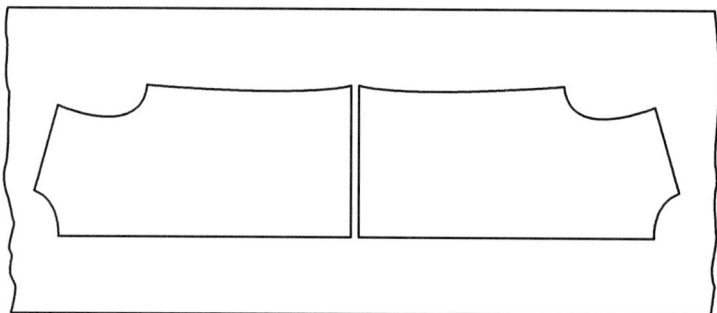

(b)前衣片呈不同向排列

图3-3　纸样排列的方向

(3)纸样数量:排料前清点纸样的数量,避免在排料时漏掉任何一块纸样。

(4)标示裁片尺码:将衣服裁片上的尺码标示清楚,可以方便员工将裁片分类和捆扎,否则不同尺码的裁片可能会缝合在一起。

(5)线条的清晰度:排料图的线条要清晰,如果排料图上的线条太粗或排料图复制后线条模糊,就会影响裁剪工作的精确度。

(6)裁剪刀的余位:这是指裁剪刀在裁剪时可以活动的空间,其大小根据排料图上各块纸样之间的空位和裁剪刀的宽度而定。如果裁剪刀活动的空间不足,会影响裁剪的准确性,但余位太多会导致布料的浪费。

(7)排料图宽度和布料的幅宽:排料图的宽度应比布料的幅宽稍微窄些,否则位于布层边缘位置的裁片往往不能完整地裁剪出来。

(8)条子布和格子布:布料上的条子或格子图案配对的位置不一定要每件衣服都相同,需根据客户的要求而定。不过,纸样在布料上排列时,一定要使图案在成衣上是配对的。图案的配对必须符合客户所定的规格。

(9)车缝记号:车缝记号包括对位记号和孔位,这些记号一定不能漏掉、模糊不清或者错位。

4. 拉布工作的品质控制

拉布的品质也同样会影响裁片形状的准确度,拉布的品质控制要点如下。

(1)布边叠对:布边叠对如果不整齐,也就是说,布层的一边不是90°垂直,那么布层边缘部分的裁片就不能完整地裁剪出来。

(2)布层的张力:如果布料在拉布后过于松弛,裁出的裁片就会偏大;反之,如果布料拉得太紧,布料在裁剪后回缩,衣服裁片就会比应有的尺码小。

(3)布层的方向:布层的方向不正确,将导致裁片布纹方向的错误。因此,应特别注意布料的方向即布纹的方向。

(4)静电反应:静电是在各层化学纤维布料互相摩擦时产生的,会使布层互相吸引或排斥,导致布层不能对叠整齐。解决的方法是将空气湿度加大,或采用静电消除器将静电消除。

(5)底纸和隔纸:布层要处理妥当,必须采用底纸和隔纸,这些纸张有以下作用:

①底纸有助布料顺利地经过裁剪机的底座板,使底座不会导致底层的布料变形;

②当裁片一组组移走时,底纸使各层布料不致散落下来;

③隔纸可以防止热塑性布料的切口熔化;

④隔纸方便员工捆扎裁片。

5. 裁剪的品质控制

布料裁剪时必须注意以下事项,否则会影响裁片形状的准确度。

(1)裁剪的准确度:如果以人工裁剪,准确度就会受裁剪工人的技术、裁剪方法、排料线条的清晰度和刀锋余位的影响。检查裁剪的准确度,可以从布层中抽取最高层和最底层的裁片进行比较,看它们的形状是否完全相同。如果布层上的孔位不是从最高层垂直贯穿最底层的布料,或者对位记号剪得太深或太浅,都显示裁剪效果欠佳。

(2)切口:如果裁剪刀不锋利,布料的切口就会有磨损,很难干净利落。

(3)布料烫焦或熔化:当裁剪刀切进布料时,两者会产生摩擦,刀刃积聚的热量可能会烫焦布料,而有些热塑性布料可能会熔化后粘在一起,这种情况不便于车缝工拿取裁片。而且在制成衣服后,穿着也不舒服。要避免布料烫焦或熔化,可采用以下方法:

①将裁剪刀的刀刃涂上硅酮润滑剂;

②将裁剪机的运作速度降低;

③采用防熔化的隔纸和底纸;

④保持裁剪刀刀刃的锋利;

⑤减少布层的厚度。

6. 交付合格的裁片

裁片裁出后需经过一系列的工序处理,包括色泽标记、裁片分类和捆扎等。这些工序的作用是将裁片有条理地整理好,便于车缝。

(1)色泽标记:每一块裁片上都要有色泽标记,做色泽标记时要注意以下事项,以便将裁片准备妥当。

①标记工具:常用来标记裁片色泽的工具有划粉、蜡笔、铅笔等。不同的布料,所采用的工具也不同。因此,要注意记号的颜色不能太深或太浅,使之不会显露在布面上,但又需使工人清楚地知道标记位置。

②对色标签:这是核对裁片的一种标记。对色标签由机器用线、装订机或热力附于裁片上。线和订书钉不适用于组织紧密的机织布料,而热合法则不适用于热塑性布料。

(2)裁片分类:有条理地将裁片分类,可以减少裁片的混乱。裁片分类时应注意以下几点:

①裁片必须来自同一层:同一件衣服各部分的裁片需从同一层布料裁出,如果一扎裁片中有来自不同布层的裁片,缝好的衣服各部分的色泽就有可能不同,从而造成色差。

②裁片必须是同一尺码:每扎衣服裁片只能是一个尺码。如果一扎裁片混有不同尺码的裁片,会使车缝工工作困难,或出现将不同尺码的裁片缝合在一起的错误。

③不可漏掉裁片:捆扎时如果漏掉裁片,就会使一扎裁片所包括的裁片数量与工票上所标的不相符,那么就不能有正确数量的裁片相配,造成车缝困难。

(3)捆扎注意事项。

①扎工票:要将一扎裁片与其他捆扎的裁片相配对,工票是不可缺少的。如果工票漏掉或遗失了,要将正确尺码、色泽和数量的裁片配对就有困难。

②配料准确:拉链、商标(标签等)、带条和衬布等配料常在捆扎时与衣服裁片捆在一起,要清楚地了解附在每一扎裁片内的配料种类、尺码和色泽。

③捆扎松紧适中:每一扎裁片要用绳或布带捆扎,捆扎不能过紧而使布料起皱。

④每扎裁片的数量适中:每扎裁片的数量多少要根据工厂的要求和产品数量而定,为了方便员工工作,每扎裁片的数量一般为 12 ~ 20 片较为合适。

四、服装缝制品质控制

服装缝纫的品质控制是指服装的各部件在组装成产品之前的在制品控制。通常,在制品的品质控制先由车间的中间检查执行,品管部门再抽查。在生产过程中找出品质问题的根源,可以减少以后的返工并节约成本。

1.选择半成品检验点

合理地选择半成品的检验点可以减少生产成本和次品率。通常,不同的款式,检验点的设置也不同。选择检验点应考虑工序的繁杂程度、生产量的大小和产品的价格。选择的检验点应能使检验的工序既不被下一工序所覆盖,又不必因返修而拆开完好的产品。

2.缝制中的工序检验

这是指在某加工工序完毕后进行的检验,其目的是防止不合格的半成品流入下道工序。一般有以下几种检验方式:

(1)首件检验:这是在生产开始时或工序因素调整后,对制造的第一件或前几件产品进行的检验。也就是说,在设备和制造工序发生任何变化或每个工作班次开始加工时,都要严格进行首件检验。其目的是预防产品成批超差、返修和报废。首件检验一般采用三检制,即工人自检、班组长复检、检验员检验。

(2)车间巡回检验:这是检验员在生产现场按一定的时间间隔或加工产品的一定数量间隔对有关工序的产品质量进行检验。对于那些在同一批量的生产过程中不稳定的工序,一般要在该批量的生产过程中进行定时抽样检验。其方式是编制检验的路线和程序,以一定的时间间隔对有关工序进行检验。巡回检验具有监督职能。

(3)缝纫设备检验:当对质量要求高、费用大的零部件加进行工时,通常必须先严格进行设备装置检验,然后才能开始加工。

(4)逐件检验:相当于工人自检,即一面加工零部件,一面进行检验。加工技术要求复杂、精度要求高、批量小的产品往往是随着加工过程进行逐件检验的。

(5)自动化设备检验:使用自动化检验可以减少费用,提高精确度,缩短时间间隔,解决人力缺乏,避免检验的单调感,如服装的断针检查。

3. 半成品的检验方法

半成品的检验方法通常有两种:

(1)抽样检验:抽样检验经常是品质控制部门检验产品品质的方法。

(2)中央小组的品质检验:中央小组品质控制是在车间设立一个检验小组,负责对全部半成品进行检验,这种中央检验方法对半成品品质控制起了很大的作用。

半成品的品质控制除了检验外,还要提高操作人员的品质意识,加强自我检验和主动检验,使品质控制进一步完善。作为管理人员,应该经常对半成品进行抽样检验,及时发现问题并给予纠正。为了对半成品的品质加以控制,管理人员应尽快研讨品质上存在的问题,对检验情况采用"半成品检查报告表"加以记录,在检查表中尽量列全所查出的疵点,写出抽验的总件数、抽验的总疵点数,并提出改正方法、评语和注意事项。半成品品质检验报告如表3-5所示。

表3-5 半成品品质检验报告

制单:_____ 客户:_____ 款式:_____ 交货期:_____ 数量:_____
颜色:_____ 生产车间:_____ 车间中期:_____ 包装部中期:_____

布料/辅料/裁床	车缝物料/手工	后整理/包装
①布料(布组织、布色及缩水率):	①面线:	①后整理后的颜色:
②纽扣:	②锁边线:	②后整理后的手感:
③主商标:	③缝口:	③色牢度:
④拉链:	④针距:	④整洁度:
⑤洗水标签/ 号标签:	⑤外形是否对称:	⑤熨工及折叠:
⑥裁床的工票:	⑥袋的位置:	⑥吊牌内容与位置:

续表

制单：_____ 客户：_____ 款式：_____ 交货期：_____ 数量：_____
颜色：_____ 生产车间：_____ 车间中期：_____ 包装部中期：_____

布料/辅料/裁床	车缝物料/手工	后整理/包装
⑦其他：	⑦商标的位置： ⑧衣裤缝加固： ⑨其他：	⑦外箱标签： ⑧其他：

检验评语：

查货员：_____ 车间主管：_____ 品控部主管：_____ 日期：_____

4.服装缝制生产中的质量控制措施

（1）严格实行"首件三检制"：在工序流程的全过程中，要求员工牢固地树立"一切为了顾客""下一道工序就是顾客"的强烈的质量意识，并付诸实践，所以工序检验是关键。工序检验一般采取操作者自检、工序巡回检验、车间最终检验的方式，并实施首件三检制。

①操作者自检：工人是产品的制作者，是产品质量的第一保证人，工人有责任按工艺规范的质量要求进行自检，将自检结果（合格品、返修品与废品）按规定存放，并做好自检记录。

②工序巡回检验：工序检验员除了要按规定重点监督、检验关键工序的质量外，其他工序采取巡回监督和检验，及时发现质量问题、处理问题或向上级反馈（重大质量问题非工序检验员处理范围），并做好记录。

③车间最终检验：缝制车间的最后一道工序一般是最终检验，目的是保证以合格"类成品"供给扫尾车间；若被加工件就是成品，其最终检验就是"成品检验"，目的是为了防止不合格品出厂。车间组长应向测量员讲解尺寸测量方法，测量员应在每扎抽取 1~2 件进行各部位尺寸测量，看是否超出尺寸宽允度，如超出则应在服装上做好记号，然后由车缝工人返工。

未经检查的半成品应摆放于指定位置，并用标签加以识别，如注明"未查"或"待查"等字样；检到有问题的产品必须与合格品分开放置，放于指定的地方，并注明"待返工"等字样；而已通过检查的合格品则注明"已查合格"字样。

④"首件三检制"：若只有工人自检，而恰恰自检又出了问题（如错检、漏检），可以想象必然造成大批量的不合格品（特别是在生产率很高的情况下）。

"首件"是指每个工作班组每个工序开始做的第一件；一个批次制品做的第一件；生产设备或工艺装备调整后的第一件（当然这个第一件应理解为工人自检认为合格的第一件）。"首件"（自检合格者）应由工人提交值班工长检验，合格后再交工序检验员验收。当三检都合格后，填写"首件三检卡"（三个方面有相应栏签字或盖章，方为有效）并挂于该工序工艺规范处（醒目处）备工人参考，然后才允许开工正式生产。

当然,在严格执行"首件三检制"的基础上,提倡带有互帮、互促性质的"自检""互检"和"专检",防止检验人员的错检、漏检,这样的"三检"活动也是可取的。

(2)车间中期不合格半成品控制:经车间查出的不符合规格的半成品,车间可根据工作票上所记的车位工号退给相应工人返工,返工后由检查组再检查,直至完全符合规格为止。如果不能修补,则上报厂级直属主管,同时查验员把每一扎中所要返工的半成品记录在车间半成品检查报告上。

(3)强化不合格品的管理:及时掌握验证状态和质量动态。为了充分发挥制造过程质量控制的预防作用,就必须系统地、经常地掌握企业、车间班组在一定时间内质量的现状及发展动态。质量状况的综合统计与分析一般是按规定的某些质量指标来进行的,这种指标有两类:一类是产品质量指标,如产品等级率、寿命等;另一类是工作质量指标,如废品率、返修率等。

为了做好质量的综合统计与分析,要建立和健全质量的原始记录。合格品率的转序、缴库,不合格的返修、报废,都要有记录、有凭证,并由检验人员签证。根据原始记录定期进行汇总统计,会同班组、车间等有关部门作出质量变动原因分析,使领导和广大职工及时掌握质量动态。

(4)定期召开不合格品分析会议:不合格品的质量分析,主要是针对发生的废品。组织各方面人员参加废品分析会议,通过分析研究,找出报废原因,从中吸取教训,并采取措施,防止以后再发生,化消极因素为积极因素。许多质量管理有经验的企业,都有这种定期召开各级废品分析会议的制度。

(5)做好不合格品的统计分析工作:首先,根据有关质量原始记录,对于废品、返修品、回用品等进行分类统计。同时,还要对废品种类、数量、生产废品所消耗的人工和材料、产生废品的原因和责任等分门别类加以统计,并将各类数据资料汇总编制成表,为进一步进行单项分析和综合分析提供依据。

其次,在分类统计的基础上组织深入分析。一般分析的方法有:

①不合格品的动态分析;

②不合格品状况的类比分析;

③不合格品情况的构成分析;

④不合格品数量的类比分析;

⑤车间返工统计分析:车间每星期要收集一周来半成品的检查报告,并逐一统计每个车间制单工序的返工情况,然后交品管部,由其作一份车间返工分析对照表,以便追查责任及采取措施加以改善。通过分析,掌握不合格品(包括其中的废品)动态,制订对策,其实质就是一种预防。实践证明,采用排列图法和因果分析图法将不合格品分类排队、查找造成不合格品原因的措施具有积极意义。

(6)建立不合格品技术档案:各种不合格品的统计分析资料必须妥善保管,形成完整的技术档案。它不仅有助于发现和掌握废品、次品等产生变化的规律,以便有计划、有预见地采取防范措施,而且还可成为企业进行质量管理教育、技术培训的重要教材。

在服装生产工艺加工过程中,对以下情况应设立专门管理点:关键工序、关键部位,即关系产品主要性能、使用安全的重点工序;工艺本身有特殊要求,对下道工序加工或装配有重大影响的加工工序;质量不稳定,出现不合格品较多的加工工序。

(7)有效控制车间缝制模具和配件。

① 车间生产纸板控制:如果需要制造纸板进行车位定位指引时,需由车间管理人员按规格做一套纸板样,纸板样上应列明制单编号、码数,交主管审批后由车间管理人员再按纸板样套裁出所需数量的生产纸板,供车位使用。车间管理人员应每天检查生产纸板是否合格,发现纸板破损或遗失,管理人员应重新按原纸板套出纸板供车位使用,旧纸板应收回及废弃。当某制单的车缝工序完成后,生产纸板应由管理人员收回并废弃。

②傍位纸板控制:制单中如果需要傍位纸样供车位作定位指引时,车间管理员要按制单规格做一套傍位纸板,注明制单编号、尺寸并经审批后,在车台上固定傍位贴上标签,注明制单号和尺寸。管理人员应每天用傍位纸检查傍位是否有移位,如有移位则应重新定位。

③"蝴蝶"、袋印及熨衣袋铁板控制:每批货使用的"蝴蝶"、袋印、熨衣袋铁板必须经车间主管审核盖章后,车间管理人员才可领取给车缝工使用。

总之,凡是生产过程中的关键所在或质量上的薄弱环节,都要设立管理点,这是抓住生产过程主要矛盾的一项重要措施。明确了重点,就可使质量管理工作有的放矢,事半功倍。

5.服装缝制生产中的产品检验

下面举例说明牛仔裤半成品品质检验情况。

(1)车间中期品质检验项目。

其中,前后幅缝合前检验项目有:

①前后幅裁片是否有布疵,如油渍、布痕、断纱等;

②前后袋是否对称;

③线迹是否美观,有无跳线、重线、线迹松紧不一;

④左右拼接缝处是否对称,前后线是否歪曲;

⑤止口是否吻合、整齐;

⑥袋布车线是否均匀。

绱裤腰后再检验的项目有:

①脚线是否均匀,有无重线;

②裤腰封口处是否高低不齐;

③腰围尺寸是否符合要求,重线是否吻合;

④是否漏掉串带襻,串带襻是否正确。

(2)成品洗水前品质检验项目。

①裤脚折边是否均匀,有无重线、线迹不一;

②裤底边线是否有漏线、重线、线迹不一;

③裤侧缝是否整齐,止口是否均匀,锁边线是否跳线;

④腰头是否起翘,扣眼有无切开、跳线;

⑤串带襻位置是否正确、对称,有无漏钉,打结位是否正确,有无跳线或起球。

(3)成品洗水后,包装中期的品质检验项目。

①洗水后的颜色是否符合客户要求;

②有无洗水痕、污渍、色差、穿孔、残破等;

③缝线是否断线、起皱、散口;

④串带襻、扣眼、套结是否漏打,位置是否正确;

⑤纽扣型号是否正确,数目有无缺少,位置及方向是否正确。

按上述项目逐步检验后,详细填写"半成品品质检验报告表"内的有关内容,在相应的栏目里填上相关疵点,并根据所查的疵点在相应部门品质报告里进行填写。将洗水前的半成品品质报告表分发给生产副厂长、车间组长等有关人员;将成品洗水后包装中期品质检验报告分发给生产副厂长及包装部等有关人员。

五、外发加工品的品质控制

1. 外发加工生产中存在的问题

(1)相互扯皮、推诿:许多服装企业在选择了加工点之后,就直接发单,而未与其签订书面合同或协议,对产品的质量要求、交货期限、验收方式等均未作出明确规定。一旦出现产品质量问题,则相互扯皮、推诿,或以不付款、不交货相要挟,欲诉诸法律又缺乏证据,最后双方都受损失。

(2)不能严格评估加工点:部分服装企业对如何选择、评价加工点未建立相应的制度和准则,有的仅凭对方提供的样衣来确定,有的凭关系、印象或价格来确定,没有对加工点的工艺、技术、设备、管理能力及信誉等情况进行综合评价分析,随意性较大,最终往往因加工点不能满足要求而造成产品质量不合格,不能及时交货。

(3)缺乏控制力:有的服装企业因人力资源不足,缺少跟单人员,有的即使有跟单员也没有起到应有的作用。服装企业未对跟单过程制订必要的作业指导书,对跟单人员也没有进行正规培训和考核,导致跟单人员责任心不强,对加工点生产过程中出现的问题不能及时发现并督促其整改,致使加工点产品质量得不到保证。

2. 改进和加强外发加工管理的措施

(1)做到有章可循,有据可依:要建立健全外发加工管理的规章制度。服装企业应针对外发加工各个环节,对于如何选择加工点、如何发单、如何跟单、如何验收等均应作出具体规定,明确参与外发加工管理各部门及相关人员的职责、权限,使外发加工管理工作扎扎实实,有板有眼。

(2)建立档案,定期评价:要认真选择和评价加工点,应按照 ISO 9000 标准的要求,把加工点作为供方进行有效控制,制订加工点的评价准则。在定点之前,应对其工艺技术水平、设备加工能力、质量保证能力等进行充分调查、了解、证实和比较,根据产品特点和要求来选择合格的加工点。要建立合格供方档案,记录其业绩,定期评价,以确定是否继续合作。

(3)自我保护,防止纠纷:在正式发单前,必须与加工点签订合同或协议,这既是企业生产经营的需要,也是一种自我保护。合同内容应包括产品的数量、质量要求、加工费用、付款条件、违约责任等。合同签订前双方应就以上内容进行充分沟通,确保理解一致。当产品要求发生更改时,也应及时通知对方。只有这样,才能保证外发产品符合规定要求,防止出现不必要的经济纠纷,利于双方长期合作。

(4)定期跟踪,反复检查:要加强对加工点的质量控制,选定加工点之后,应委派跟单员对其质量及进度进行控制。跟单员必须具有较强的责任心,熟悉产品工艺和质量要求,并要有一定的沟通能力。跟单员应按照规定的程序和方法,定期进行跟踪查货,每单至少查三次,分别为前期、中期和后期。每次查货均应出具查货报告,明确需整改的问题和整改要求,并要求双方签字确认。

六、服装熨烫及后整理品质控制

1. 服装熨烫质量控制

(1)影响熨烫质量的因素。熨烫工序可分为产前熨烫、黏合熨烫、中间熨烫和成品熨烫。熨烫的质量受蒸汽、热力及压力、真空、时间等因素的影响,因此,在熨烫过程中,要对这几个方面进行精确控制:

①蒸汽:蒸汽使布料柔韧并方便塑造成所需要的形状。熨烫时要小心控制蒸汽量和温度,尤其在熨烫一些含有人造纤维的布料时,如果蒸汽温度过高,纤维会受热变形,布料易被熨熔或熨焦。因此,蒸汽要控制得恰如其分。如果蒸汽太少,服装达不到预期效果,蒸汽太多,则不仅浪费能源,服装的质量也受到影响。

②热力和压力:两者的作用是将布料塑造出所需的形状。在压熨工序中,必须小心控制热力和压力,太高的热力和压力会把布料熨焦或使人造纤维熨熔,太低的热力和压力则不能把布料熨至成型。

③真空:真空系统主要用来清除布料内的水分使布料成型,并使经过热压处理的布料迅速冷却。使用真空的时间太长会浪费能源,时间太短则会产生布湿和留下印痕。

④时间:熨烫时间的长短,在于布料的质地和所要求的效果。低熔点纤维制成的布料要求较短的熨烫时间,而耐高热纤维制成的布料则需要较长的熨烫时间。

(2)熨烫的质量控制:熨烫在服装加工中的作用是显而易见的,在熨烫过程中进行有效的质量控制相当有必要。

①熨烫的质量要求为:

a.使服装消痕除皱,改善外观品质;

b.使服装平服于人体,各线条顺直、和谐、自然;

c.使服装有良好的立体效果,挺括而丰满;

d.满足消费者需求,提高卖场销售效果。

②在熨烫时应注意的四个基本问题:

a. 避免在面料上产生"极光";

b. 熨烫后的面料应尽快冷却;

c. 讲究熨斗操作的方向;

d. 要注意不同面料所允许的熨烫温度,尤其是耐热性较差的化纤面料。

③要求熨烫能够做到"三好""四无""六防":

a. "三好":温度、时间、压力掌握好,外观折叠好,平挺质量好;

b. "四无":无烫焦、无极光、无变形、无污渍;

c. "六防":防烫焦、防变色、防亮光、防渗胶、防水花、防变硬。

2. 服装后整理质量控制

后整理的主要工作是去除污渍、清剪线头、修复疵点等,同时对褶皱、色差进行辨别,以保证成品质量。

(1)污渍整理:对不同的污渍要选用不同的去除方法,否则会造成面料成分及色泽的破坏,对于粉迹、糨糊迹等较易去除的污渍只需用布擦拭即可。对于油污类、蛋白类等不易去除的污渍,则要选用合适的清除助剂。

(2)线头整理:线头的存在会影响质量、外观,从而影响经济效益。线头的处理有自动剪线处理、粘去法、吸取法和手工法等方法。

(3)疵点整理:对于轻微的疵点,稍加修复就可以达到完好状态;对于严重疵点,要尽量将其修复为小疵点或无疵点,以达到质量等级标准的要求。

七、服装成品品质控制

成品品质控制指服装在整烫成形后对其品质进行的控制。成品品质控制包括规格或尺寸控制、疵点控制、色差控制、工艺控制和外形品质控制。

1. 规格或尺寸控制

由品质检查员用量尺测量衣服的各部位尺寸,对照生产制造单检查其是否符合要求。服装经常需测量的部位和测量方法如下(图3-4):

(1)衣领:运动衫的衣领应量取连接圈部位的长度;衬衫类的衣领应从领扣的缝合点量至扣眼的中心;

(2)衣长:从一侧的肩缝最高点量至下摆;

(3)肩宽:从肩位量取左右肩顶点之间的距离;

(4)背长:从后领中间量至腰围线;

(5)袖长:从袖山顶点至袖口的长度;

(6)胸围:对好前襟,量取左右袖窿下端与前后身缝合处之间的距离,再加倍;

(7)腰围:对好前襟,量取腰部左右两侧之间的距离,再加倍;

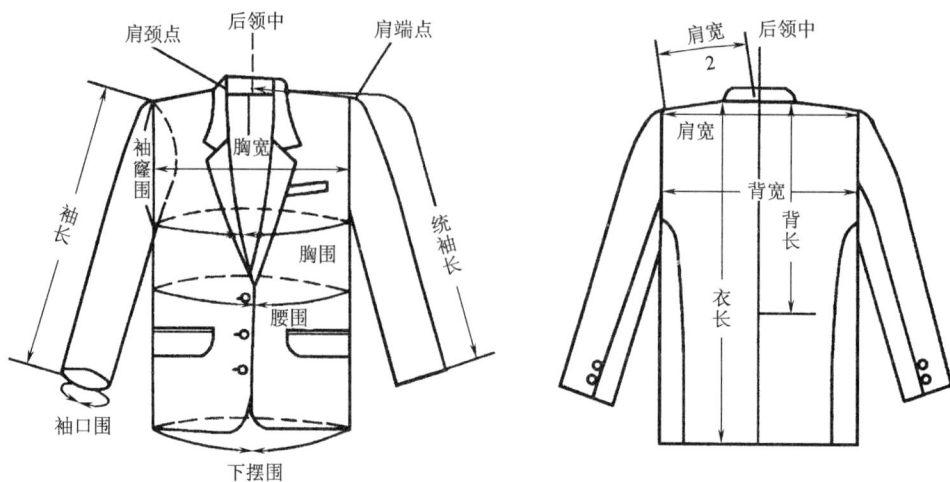

(a)西装主要测量部位

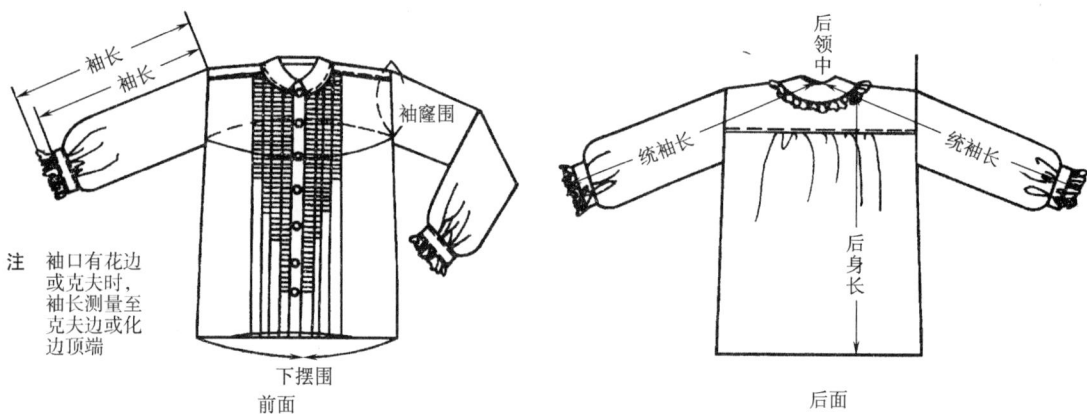

(b)女衬衫主要测量部位

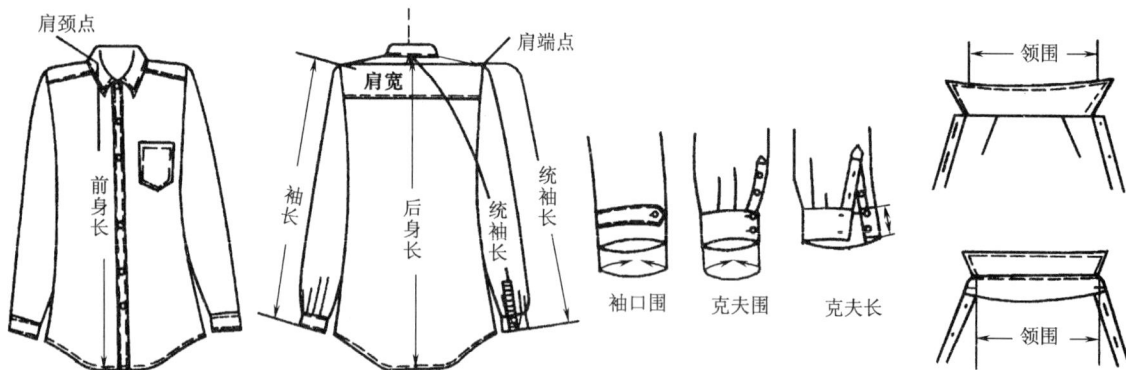

(c)男衬衫主要测量部位

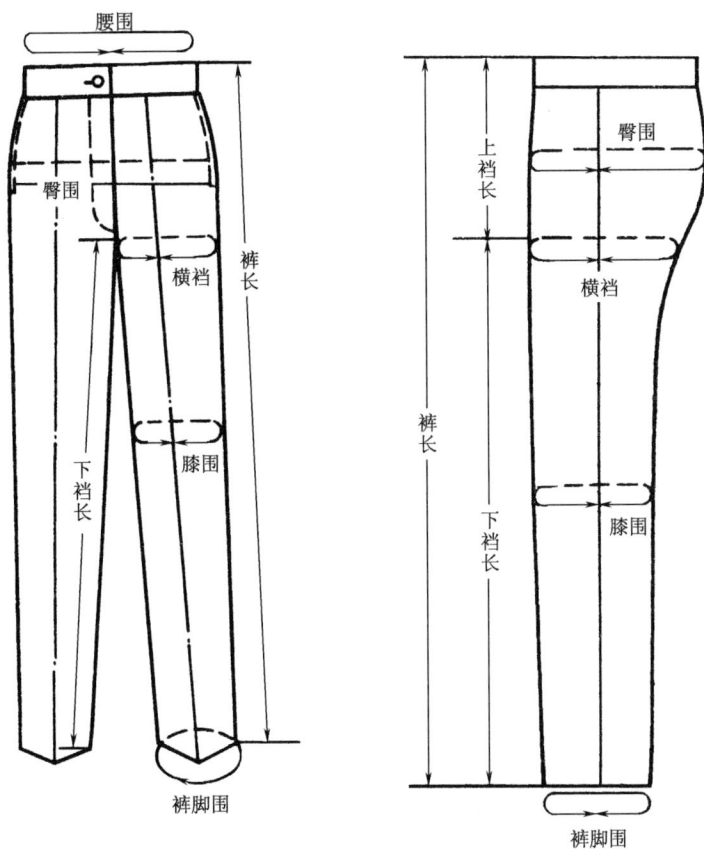

(d)裤类主要测量部位

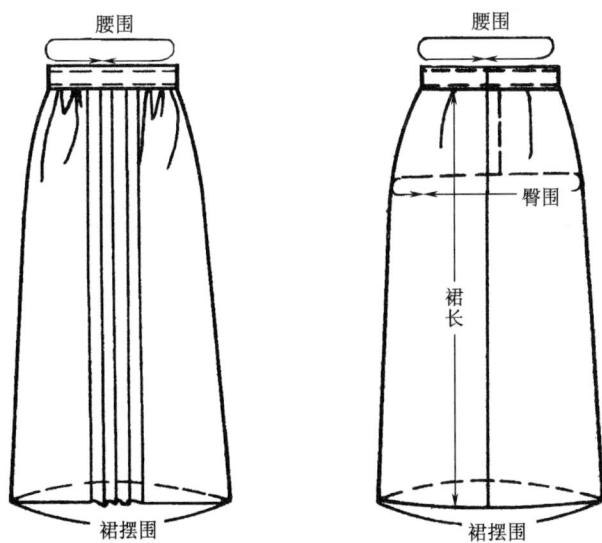

(e)裙类主要测量部位

图 3 – 4

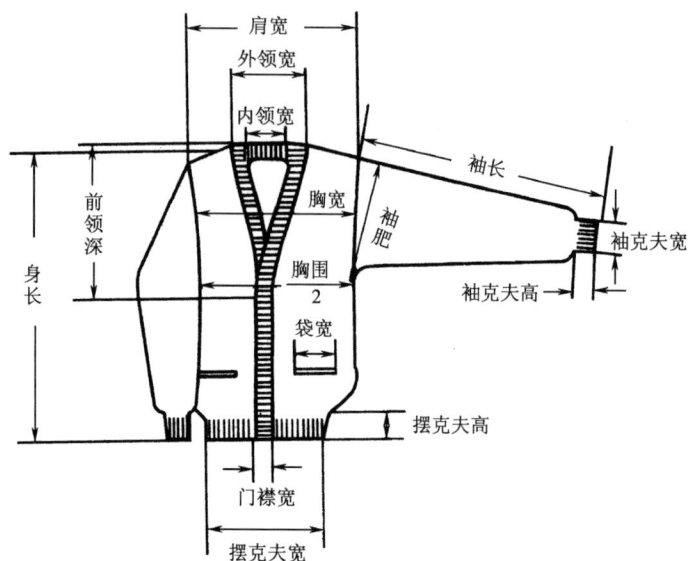

(f)男羊毛衫主要测量部位

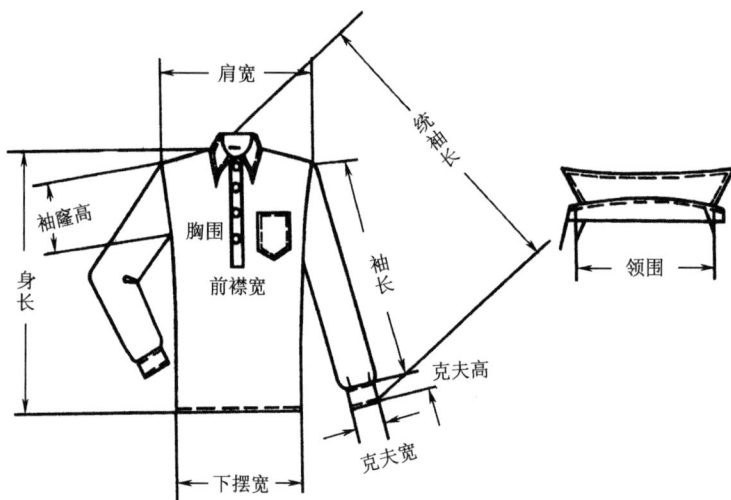

(g)针织衫主要测量部位

图3-4 服装主要部位测量示意图

（8）袖口：袖口摊平后横量周长；

（9）臀围（坐围）：对折好裤叠门开口或侧开口处，量取相当于臀部位的周长；

（10）横裆：上裆下部最宽处，通过裤裆量取裤筒的周长；

（11）膝围：量取裤子膝盖部位的周长；

（12）裤裆或直裆：将裤子放平，从裤子上端至裤裆部直线量取；

（13）裤长：从裤子上端部位沿裤外侧线直线量至裤筒底部；

（14）底边围长：将被测衣、裤底边部位铺平叠齐，测量左至右距离后再加倍，所有的裤子、裙子、衬衫等底边围长都可这样量。

2. 疵点控制

衣服的疵点根据其数量可划分为以下几种。

（1）致命疵点：是指对人体有伤害的疵点，如防弹衣的品质出现严重问题就会失去防弹能力。

（2）严重疵点：

①易被发现而又不能修复的疵点，如布料上有小孔或抽纱等；

②影响服装正常功能，如雨衣的缝迹爆口等；

③配料错误，如服装有色差、口袋大码和小码混在一起等。

（3）小疵点：

①用户很难发觉的疵点；

②一些粗纱或易洗去的污渍等；

③不影响服装正常功能的疵点；

④易修复的疵点。

在服装的品质方面，致命疵点是不允许存在的，它的品质合格水平为 $AQL = 2.5$，小疵点的合格水平为 $AQL = 4.0$，严重疵点的产品根据其各方面的疵点严重程度给予点数，从而决定其所属的疵点类型。

3. 色差控制

色差控制通常根据客户规定的标准来进行。对色时，可用核准板或颜色卡对服装进行色差对比检查，相差太远的要拒收。通常高档男、女呢服装 1~2 号部位（前身）色差应高于 4 级，其他部位不低于 3 级；一般服装 1~2 号部位色差 4~5 级，其他部位不低于 3 级。

4. 工艺控制

服装的工艺要求除了一些国际上的标准外，其他方面的要求几乎都是按客户规定的标准来操作。工艺方面的要求有缝迹或针距的密度、缝线的效果（顺直、整齐、牢固、松紧适宜）、缝合的效果、叠门（纽门）的位置准确度以及服装整体的外形等。如果能用事先做好的工艺卡对工艺进行控制，则对服装品质的提高有很大的促进作用。

5. 外形品质控制

外形品质控制是从整体上对产品造型合体方面的控制。这方面控制的内容较多。如上衣检查的要点有：

（1）衣领：检查衣领的平服度，领窝的圆顺度，领的对称程度等；

（2）肩部：左右肩的对称程度、平服程度；

（3）袖：袖山的圆顺度、对称程度；

（4）熨烫：各部位烫得平服，无水花，无极光等；

（5）挂衣架检查：将服装套在衣架上，将纽扣扣好，要求胸部饱满、平服，衣领服帖自然，两肩对称,两袖高低一致,左右前幅对称,后幅不能吊起。

品质控制部按照控制项目对每批货在包装入箱前、后的品质情况再进行检查、记录、分析,以便决定某批货能否包装及交付客户验收。

品质控制部抽查成品的检查项目参照表3-6所示。根据所查到的疵点情况填写"成品品质检查报告表"。如果检查不合格却可返工的成品返工后,则由包装部复查员重新进行检查,直到品质控制部检查接受为止。如果有问题而无法补救则需在报告的"接受"栏侧边填写上"待复"字样,并由品控部主管通知客户,商讨解决方法。并将"成品品质检查报告表"分发给生产副厂长、包装主管等有关人员。

表3-6　成品品质检查报告

制单＿＿＿＿＿＿　　客户＿＿＿＿＿＿　　款式＿＿＿＿＿＿　　交货期＿＿＿＿＿＿

款号＿＿＿＿＿＿　　数量＿＿＿＿＿＿　　颜色＿＿＿＿＿＿　　洗水方法＿＿＿＿＿＿

检查项目	接　受	不接受	检查项目	接　受	不接受
布料品质			熨烫品质		
布色			商标位置		
款式			纽扣位置		
车缝品质			纽扣款式		
后整理后颜色			吊牌内容		
后整理后手感			包装方法		
整洁度			外箱标识		
其他			其他		

次品名称	大疵点	小疵点
累计次品数		

抽查总数＿＿＿＿＿＿　　货品接受＿＿＿＿＿＿　　货品不接受＿＿＿＿＿＿

查货评语＿＿＿＿＿＿＿＿＿＿＿＿＿＿＿＿＿＿＿＿＿＿＿＿＿＿＿＿＿＿＿＿＿＿＿

＿＿＿＿＿＿＿＿＿＿＿＿＿＿＿＿＿＿＿＿＿＿＿＿＿＿＿＿＿＿＿＿＿＿＿＿＿＿＿

查货员＿＿＿＿＿＿　　包装部主管＿＿＿＿＿＿　　品控部主管＿＿＿＿＿＿

日　期＿＿＿＿＿＿　　日　期＿＿＿＿＿＿　　日　期＿＿＿＿＿＿

八、包装、运输、库存品质控制

产品的包装、运输和储存是在产品质量产生、形成和实现过程中,实现阶段质量管理的重要内容之一。在引起顾客投诉的原因中,由于包装、运输、储存的原因而引起的产品质量问题,多是由于制造厂商在产品设计、制造过程中的失误而引起的。因此,在企业生产经营管理中,必须充分注意这一阶段的控制和管理。

1. 包装质量控制

包装质量控制是产品生产的最后一道工序,当产品出厂以后,包装又是产品在市场上的"外衣"。包装的质量,既影响产品质量,又影响产品在市场上的可销性和价值。对于包装质量的直接要求是保护性、实用性和商品性,这需要从包装方式、包装设计等几个方面来考虑。

(1)服装包装车间包装物料的控制:包装车间所用品种繁多,主要有纸箱、胶袋、隔衣纸、吊牌、袋卡(腰卡)、各种纽扣等。包装车间在物料暂存或生产中,一旦发现物料不符合要求,如领料错误、物料变质或客户对物料有变更时,应尽快进行处理。若未能及时退换料,在暂存期间必须注明并分开存放。因此,包装部在成品装箱前要对每批货所用物料进行核对清点,如核对制单编号、服装款式、颜色、数量、装箱尺码分配和各种配件,以防出错。

(2)包装材料的选用和外观装潢设计的考虑因素:

①使用环境:它是指保护产品不受环境的影响,如防止金属纽扣生锈、防止产品受潮发霉。

②使用适当的包装形式:根据服装材料的性能、服装产品的特点和档次,选择适当的包装材料和包装形式。包装的形状大小和构造设计要起到美化产品的作用,既要突出产品的特点,又要方便运输、搬运和携带。单件套服装的内包装材料主要采用透明度高的塑料袋包装,以方便陈列和选购。

③根据服装产品的装运、储存、保管等流通方式及气候条件和环境影响等,包装方案应保护可靠、经济实用。在这里,重要的是保证做到:

a. 纸箱上的标记要和产品本身相符合;

b. 纸箱上标的数量要和箱内的产品实际数量相符合;

c. 产品附件都齐备;

d. 产品宣传材料、说明书、质量保证卡以及其他文件都齐备;

e. 盖有检验戳记(证明检验结果)。

④便于运输:单件包装通常是装入用于大批发运的大容器中,以便于运输过程中的保护。这些大包装可以是波纹纸箱、木箱、集装箱等。容器设计要适合于保护产品,发运文件要和货物相符。

2. 运输质量控制

运输对产品质量的影响大致有两个方面:一方面是诸如温度、湿度、振动、冲击等所谓的"客观因素";另一方面是诸如包装不善、粗心大意、"野蛮装卸"等所谓的主观因素。经验表明,加强质量管理,就有可能使主客观因素对产品质量的不利影响降到最低限度。这需要服装生产企业和运输企业在各自的工作中共同努力,互相协调与配合。

3. 成品入库保管

为了尽可能减少产品在保管期间由于损坏和变质所造成的损失,为了确保既定的产品质量,一般要采取以下措施:

(1)根据现场货架使用的数据,增加货架寿命;

(2)制订存放产品期限的标准;

(3)在产品上做出明显的识别标记,以便易于辨别产品的规格、品质以及出厂日期;

(4)做好成包产品的分装、改装;

(5)加强入库验收和出库计数工作。

经验表明,储存质量控制的一个普遍性缺点是没有醒目地标出产品的储存日期,这一缺点有时是因技术上的原因,例如,由于只顾广告推销而忽视了在产品或包装中注明储存日期。在外层的纸板箱上以及在组合包装上显著地标明出厂日期,有助于追溯产品的来历、识别存货的周期及存货的年限。

九、生产设备维修质量与计量校准控制

1. 生产设备维修质量控制

生产设备(包括各种技术设备)是服装生产中不可缺少的物质基础,机器设备对于保证正常生产,争取最好的经济效果具有十分重要的意义。产品质量水平在很大程度上直接取决于生产和检验工序采用的设备质量。因此,把对产品质量的控制重点放在对机器设备的质量控制上,是质量管理的一个关键环节,这实质上是一种重要的间接控制方式。

(1)设备验收:机器设备从进厂验收、安装启用、使用中的维护保养和定期检修以及设备的改装、改造等,都涉及产品的质量保证问题。设备多为外购,应按其技术标准、附件目录全面验收。对进口设备更应严格验收。

(2)生产设备控制:在服装生产运行中的设备,其质量控制内容如下:

①工人按规定程序保养设备(如班前加油润滑,班后擦拭设备);

②实行设备的计划检修制度;

③制订检修计划(如一保、二保、小修、大修等)。

2. 计量校准质量控制

计量量具(包括各种检测手段、测量仪器、计量器具)的质量将直接影响制造、设计过程的质量检验、鉴定工作,必须有一套科学的定期检查制度并认真贯彻执行。有的还需要设置专门的管理机构负责管理。量具在使用过程中或在储存期间,其准确度(精确度)会逐渐减弱。为了确保准确性,必须有一个经常性的校准控制制度。

(1)服装生产中需要的大量的非标准工具和各种自制的工具、工艺装备,检验合格入库后,

一般采用借用的办法,不用时经质量检验和鉴定后退库,凡属损坏和达不到质量要求的,要重新制作或报废;

(2)在服装生产中,对检测工具如胶尺、软尺等,建立校准日程表。采用校准日程表的目的是要查出计量器具的退化是否超出了准确度所允许的范围。这种退化主要是由于使用和时间的流逝所造成的,因此要定期校准和更换,确保产品的检测质量。

十、案例一

情景1

CG 服装有限公司成立于 20 世纪 90 年代,拥有现代化标准厂房 3 万平方米和国际先进水平的 15 条高功能流水作业线,现有职工人数 2000 多人。公司作为一家实力雄厚的著名服装企业,早期就已跻身于中国 500 家最大工业企业、制衣业 50 家最佳经济效益企业之列。该公司是国内著名服装生产企业,中国服装协会男装专业委员会的副主任委员单位。公司现具有日产 2 万多件衬衫及年产 100 万套其他系列服装的生产能力,除了贴牌生产,还在国内注册了自己的服装品牌——"CG"。

该公司以其优异的品质获得了众多的荣誉和奖项,先后被评为"中国十大名牌衬衫"和"中国十大著名男装品牌",其商标获评"广东省著名商标",公司被评为"中国明星企业",并曾连续四年获评全国最畅销产品"金桥奖"(由当时国家商业部评出的权威奖项);2002 年评为"广东名牌产品",并连续多年被评为全国服装行业销售收入与利润"双百强"企业;在国家统计局举行的全国销售领先企业信息发布会上获评 2002 年、2003 年全国衬衫"五大畅销品牌"之一;综合市场占有率连续多年位居全国前十位;2003 年公司被评为"广东省民营科技企业""广东省高新科技企业";被评为"广东省衬衫十大优势企业";2004 年该公司被评为"广东省民营企业 100强",品牌衬衫被评为"中国名牌产品"称号。

公司拥有庞大销售网络和强大的营销能力,在全国有 100 多家直辖代理商,与近 2000 家大中型商场建立了长期稳定合作关系,产品销售覆盖了全国 30 多个省、市、自治区,出口远销世界各地,并与多个世界服装名牌企业建立了合作关系。

进入 21 世纪后,男装品牌不断涌现,市场竞争加大,公司领导对男装市场发展前景做了错误的估计,认为前途不甚远大,因此对产品开发不重视。从 2005 年到 2015 的 10 年间仅投入 2000 万元,长期以来只销售基本款和经典款的衬衫,2015 年后虽然开发了上百个品种,但是别的品牌每季的新产品在版型、花色、图案等方面花样迭出,而 CG 经常都是老面孔,市场销售自然不太乐观。目前,国内很多男装品牌的销售额都超越了 CG。公司在经营策略上也做了调整,跨界经营饮食行业,从 2013 年至今,投入了 5000 万元,但由于隔行如隔山,经营收益也不是很理想。近几年来,公司进行多元化经营,决策管理层只要求各事业部提交月报表,中层管理负责具体的活动过程。虽然服装业务一直开展,但每况愈下,问题频繁发生,不是收到客户对产品面料的投诉,就是对产品质量的不满。现在,公司一方面面临产品的质量问题,另一方面又背负着效益下滑的压力,公司岌岌可危,正在寻找生存之路。

情景2

在中国中部的另一家服装公司,另一个会议也在进行中,采购代理人正在与其他三个成员开会,他们正在讨论引进一个新的供应商。第一项内容是这个供应商的一些背景、为什么考虑它,以及团队将要遵循的计划。在会议上,讨论了一些与供应商会面时要说明的问题以及产品质量问题。团队为访问供应商准备了一个议程,并作了相应的计划。会议结束时,大家同意在参观的前一天晚上再次开会,重新核实访问供应商的工厂时应包括的程序。

在参观开始的会议上,供应方的副总裁宣布开会并欢迎他们的到来,然后会议交给销售和质量人员,质量人员与客户就产品规格展开了讨论。采购团队听取了关于过程能力的研究报告,以及供应商基于研究认为可以履行的内容。虽然团队不喜欢听这些,但是他们希望通过调查使规格有所放宽,他们还愿意与供应商共同努力,争取提供基于客户经验的对工厂的帮助。在参观工厂之前,供应商指出只有一个区域是关闭的,但那里不生产产品所需的配件,希望客户能够谅解。

在参观工厂的过程中,团队从进料区一直走到发货区,在每一段,团队都与操作人员交谈,询问他们的工作以及标准规范。有一些问题是不明显的,例如校正粘尺的问题,但当操作人员解释了系统如何工作以及测量的频率后,问题就解决了。关于抽样和控制曲线图的问题也是这样解决的。大家还讨论了记录和记录保留的时间,并就怎样处理达成了一致意见。当检查规程时,有人就如何保持规程清晰明了从而无需经常更换提出了自己的建议。

在最后的总结会议上,团队总结了完成的工作,指出了需要进行改正的地方。会议以专业的方式进行,没有责备,一切以数据说话。会上还给各人分配了限期必须完成的任务,这样即使任务不能按时完成,也可在适当的人之间进行轮换。最后,确定了正式报告的提交时间后,双方离开了会场,并且对会议取得的成果感到满意。

三个月后,团队打了跟踪电话。在电话交谈中,团队对评估会议后供应商的进展情况进行了检查,包括产品的表现、改正措施的实施状况,并提出希望进行跟踪访问以确定改进措施的实施情况。供应商根据上次的访问结果,已经决定短期从公司以外聘请专家,对公司的生产能力进行研究,这对客户是一个好的信号,表示供应商决心尽自己所能满足客户的要求。

一年后,在与一位质量权威进行了几次研究后,客户公司决定加强供应商管理,以取代过去简单地对供应商进行评估的做法。采购质量小组将与供应商在同一个认证项目中工作,重点是持续地改进和形成坚实的伙伴关系。这个小组的组成是为了研究初始供应商伙伴群中可能的候选公司,小组将访问供应商,以通知供应商这一新的方向和伙伴计划。

在检查目前的记录时,供应商在布面光洁度和满足尺寸允差方面存在一些问题。仔细检查后,设计人员发现放宽允差是可以接受的。清洁问题缘于只有一个原材料供应商,应当再找到另外一个,这样才能保证供应商有充足的原料供应,而不需要为了满足客户需求不得不接受不符合规格的原材料。团队也认识到,如果供应商了解面料的用途,一些规格要求就应该是显而易见的。

在供应商的工厂中,小组首先讲述了与供应商合作态度的变化,作为新阶段开始的标志。小组宣布放开两个重要的规格,这使得供应商更容易满足第三个规格,通过说明怎样应用以及在解释中加入一些量化的特性后,清洁的要求也更容易理解了。总之,供应商由于更好地理解了客户的要求而高兴,客户也因为供应商愿意为了发展双方的伙伴关系继续努力而感到高兴。

跟踪会议的结果是重新检查原材料的质量,结果发现在获得布面光洁方面一直有一些困难。在总的质量报告结束后,供应商要求取得客户的帮助。客户的回答是积极的,并派遣了一些专家与供应商共同工作,伙伴关系得以顺利向前发展。

案例思考

(1)针对情景一,分析早期企业是靠什么来获得各种荣誉的?曾经是"五大畅销品牌"的CG,为什么被很多国内品牌超越?后期遭到频繁投诉,其根本原因在哪里?

(2)在情景二中,供需双方的合作伙伴关系是如何一步步建立起来的?

(3)请系统总结如何有效地开展供应商质量管理的工作,包括工作团队的建立、管理的依据和流程以及主要的指导思想等。

十一、案例二

情景

鸿图服装企业是一家位于中国南粤的经营了20多年的订货型服装加工企业,以生产中高档裤类为主,产品销往国内外市场。企业基本上是以FOB(离岸价)形式接单。该企业设立了较完善的组织机构,主要部门有营业部、采购部、物料部、资料部、生产部、工程部、品质控制部等,其中生产部门包括有裁剪部、缝纫车间、洗水车间、整烫车间、包装车间等部门。为了保证产品质量和提高客户的满意度,该企业在20世纪90年代认证了ISO 9000质量管理体系。

近年来,企业生产的产品经常出现一些质量问题,甚至是严重的质量问题,如,品质控制部正在进行一批产品的质量审核,审核合格后即可让客户确认收货,但品质控制部在抽样审核24件样品时,发现其中有2条裤子的两条裤长不一样,企业俗称"跛腿"裤。此外,生产一张编号为T-4367的原身裤头休闲裤订单,批量为50000件,布料是使用没有张力的T/C府绸布。该订单在洗水后发现,前、后浪缩水度分别是1.56cm及1.88cm,而现缝纫车间成品洗水前尺寸偏小0.63~1.25cm。成品尺寸不能达到客户要求,常常遭到客户的投诉。

在服装缝纫车间,生产组长小李向生产主管王厂长反映:正在生产线的一批产品急需进行质量确认,以便及时出货。王厂长说:"你去找品质控制部张经理。"小李电话联络张经理,张经理听完小李的电话后,说:"你找王厂长处理就行了,主管厂长有权处理。"于是,小李又找王厂长请示,得到答复说还应请示张经理。如此反复,小李不知所措。生产线上的产品也只好等待处理结果。

由于目前类似这种情况在生产过程中时有出现,因此企业每周都定期召开一次生产会议,品质控制部通报一周来的生产情况,希望协调各部门以解决生产中出现的各种问题,但往往在生产会议上,各部门都花较多时间解释自己部门存在问题的理由。问题始终不能彻底解决。高层管理非常着急,也分别与各部门人员座谈,希望找出企业存在的问题。

案例思考

(1)该企业是在何种质量体系下运行?执行何种质量标准?

(2)该订单在洗水后出现前、后浪缩水度不一致的原因是什么?

(3)职能部门和生产部门应如何进行品质控制?

(4)为什么一个长期稳定的生产企业会出现"跛腿"裤的问题?

小结

1.品质控制是为达到质量要求所采取的作业技术和活动。服装品质控制包含品质职责、服装品质控制标准、服装规格与允差等内容。

2.在生产和市场营销过程中,对产品质量进行质量检验是必须的,这是保证质量和保护买卖双方利益的重要手段。其主要内容包括质量检验的含义、质量检验的职能和作用以及服装厂常用的检查方式。质量检验有逐工序检验制、首件三检制和品质三检制。

3.物料供应商作为服装生产的输入者,对企业的产出质量有重要影响。为保证供货质量,可采用对采购物料入库验收、检查、供应商评估与设驻代表监督等方式进行有效控制。

4.服装生产的品质控制应从原料进厂到形成产品的整个过程实施品质控制。其主要职能是根据产品品质控制计划的要求,按照产品图样及工艺技术文件的规定,利用检验标准,对影响产品质量的各因素在生产过程各环节进行有效的控制。服装生产过程的品质控制主要是采购与供应商品质控制、面辅料品质控制、裁片质量控制、缝制生产中不合格品的标识、处理与控制、成品质量控制、后整理与包装质量控制及计量校准控制等。

思考题

1.简述品质检验的程序与职能。

2.简述品质检验的分类特点。

3.有人说,随着质量控制手段的加强,可以取消质量检验,你认为正确吗?为什么?

4.服装企业如何对供应商的品质实施有效监控?

5.服装裁片质量检查时需要注意哪些方面的问题?

6.服装生产过程中如何加强对不合格品的管理?

7.简述服装生产过程的品质控制的基本要求。

8.在服装生产过程中,如何对在制品进行标识?

9.简述缝制过程的质量控制。

品质操作实践——

常用成衣品质检验

课程名称: 常用成衣品质检验

课程内容: 常用的成衣品质检验程序与要求

　　　　　　男西装品质检验

　　　　　　夹克衫品质检验

　　　　　　衬衫品质检验

　　　　　　牛仔裤品质检验

　　　　　　针织成衣品质检验

课程时间: 8 课时

教学目的: 让学生掌握成衣品质检验的程序和要求,熟悉常用成衣品质检验要点。

教学方式: 以教师课堂讲述为主,同时配合实物示范。

教学要求: 1. 熟悉成衣品质标示内容。

　　　　　　2. 了解成衣品质检验的程序。

　　　　　　3. 掌握成衣品质检验方法与要求。

　　　　　　4. 熟悉常用的几种成衣品质检验。

第四章　常用成衣品质检验

第一节　常用的成衣品质检验程序与要求

由于服装的基本形态、品种、用途、制作方法、原材料的不同,表现出不同的风格与特色。因此,不同的服装也有不同的检验程序和验货要求。任何服装的检验都应该事先设计好该产品的检验程序,使产品的每个部位均在目测控制范围之内,以免漏验,并保证符合客户要求。

一、成衣上的品质标示

成衣上使用的质量标示有许多形式,常用的有:

1. 商标(Trademark)

商标是商品标示的简称,是具有显著特征的,能与他人生产或经营商品区别的,由文字、图形或二者兼用组合构成的一种质量标示。经注册的服装商标受法律保护,不可仿冒。

2. 使用标识(Care Label)

成衣在包装和衣服的适当部位应标注制造单位、号型规格、原材料成分含量等以及指导消费者穿着过程中如何洗涤、熨烫才能保持服装最佳使用状况的标识。

3. 质量记号(Quality Mark)

属于认证标示,是由质量监督机构作为第三方,从公正的立场对服装制品进行综合质量测定后,用以证明服装质量标准在一定水准以上的一种质量保证记号,其实质也就是一种简易的质量合格证书。由于各服装生产企业基本上具有一定的质量检验能力,因此,目前质量记号仅作为一种推荐性的质量标示,而非强制执行。质量记号在国内使用较少。

4. 纯羊毛标示(Pure Wool Mark)

属于认证标示。国际羊毛局(IWS)为保持天然优质羊毛纤维的身价以便同其他纤维制品区别、竞争,于1964年推出了由三个毛线团组成的标示。该标示由国际羊毛局进行管理,有一套从申请到挂标示的完整程序,并有许多具体措施用以维护纯羊毛标示的高质量特性。

5. 条形码(Bar Code)

条形码是由一组规则排列的线条、空格及其相应字符组成的标示,用以表达一定的信息,是一种可印制的机器语言。由于条形码应用重点在零售商品上,因此在轻工产品、食品、服装上应用广泛。条形码作为一种能够流通于国际市场的语言,被认为是商品身份的国际统一编号,是商品进入许多商店的先决条件。条形码不单独使用,而是与其他标示、标识一起组合应用。

6. 吊牌(Hang Tag)

吊牌是对质量标示详细说明的标识。如商标、使用标识难以表达的产品特性说明、合格水平、价格、规格、使用方法、条形码等,便于消费者了解服装产品质量特性。吊牌也是一种促销手段,使用广泛。

上述服装质量标示,在国际惯例中必须依法执行的是商标和使用标识,其他标示可自愿选择,而非强制执行。

二、成衣上存在的主要质量问题

1. 产品名不符实

主要是服装面料、里料名不符实,产品面料、里料纤维含量标识与实测结果不相符。

2. 产品的剥离强度达不到标准规定要求

其结果是服装很容易变形。而标准规定覆黏合衬部位的剥离强度应大于或等于 6N/$(2.5cm \times 10cm)$。

3. 部分产品接缝强力不符合标准规定

接缝强力又称纰裂程度,一般指肩缝、袖缝、袖露缝、侧缝、背缝等服装产品主要接缝部位的强度。纰裂程度达不到标准规定指标,反映了服装产品的接缝牢度差,直接影响穿着牢度,甚至无法穿着或不得不修补。按标准规定,纰裂程度指标应不大于 0.6cm。

4. 部分产品色牢度项目达不到标准要求

色牢度是指产品耐洗擦性能,色牢度好与差,直接涉及人的健康安全。色牢度差的产品在穿着中,碰到雨水、汗水就会造成颜料脱落褪色,其中染料的重金属离子等有可能通过皮肤吸收而危害人体皮肤的健康,还可能使穿在身上的其他服装被沾色,或者与其他衣物洗涤时染脏其他衣物。

三、成衣品质检验程序与要求

1. 成衣检验程序

检验是整个服装生产活动过程中不可缺少的一部分。要了解产品是否符合客户与企业共同制订的规格,就一定要对产品进行鉴定或测定,并将其结果和制订的标准相比较,判断每批产品是否合格。

(1)确定检验产品。应检验同批号的服装产品。

(2)确定检验样本量。根据客户要求和企业的品质水平,采用一次抽样方案和品质接受水平确定样本量。有关样本量的确定内容请参见第二章第五节。以下是服装企业在服装质量认证检验过程中,有效地开展抽样活动而采用的检查样本,主要用于服装认证检验现场抽样指导。

①男西服、大衣产品的样本数量为 14 件,其中 10 件做规格、外观缝制质量检验,3 件做干洗试验(干洗缩率和干洗后起皱级差),1 件做破坏性覆黏合衬部位剥离强力和面料成分分析试验。

②西裤产品的样本量数为 16 条,其中 10 条做规格、外观缝制质量检验,6 条做破坏性裤后裆强力和面料成分分析试验。

③羽绒服装的样本数量为 13 件,其中 10 件做规格、外观缝制质量检验,3 件做破坏性羽绒理化检验和面料成分分析试验。

④衬衫样本数量为 16 件,其中 10 件做规格、外观缝制质量检验,3 件做洗涤试验(水洗后缩率和水洗后起皱级差),3 件做破坏性缝制部位强力和面料成分分析试验。

⑤风雨衣样本数量为 12 件,其中 10 件做规格、外观缝制质量检验,1 件做面料防水性能试验,1 件做破坏性黏合衬剥离强力和面料成分分析试验。

⑥夹克衫、男女单服装、牛仔服装、连衣裙、裙套、睡衣套、男女童单服装、男女棉服装、人造毛皮服装等产品样本数量分别为 10 件(套),做规格、外观缝制质量检验后,其中 1 件做破坏性面料成分分析试验。

抽检中若外观缝制质量判定不符合标准规定时,可进行第二次检验,抽检数量为原外观检验数量的一倍,检验结果以第二次为准。

(3)抽样。

①在成品仓库抽样时,从工厂已检验合格的某个批次产品中随机抽取。

②执行同一标准的产品为一服装大类,每个服装大类产品抽取其中一个批次的产品。其面料为同一种面料成分,但可以不同颜色。

③抽样产品的规格尽可能齐全。

④如某企业生产纯毛男西服、毛涤男西服、纯毛女西服、毛涤女西服,抽取纯毛男西服、毛涤男西服中的任意一种,纯毛女西服、毛涤女西服中的任意一种,共两种。

⑤一个企业若有两个或两个以上注册商标的品牌,则每个品牌均按上述规定抽样。

(4)样本的签封和送样。

①抽样人员确认抽样数量、批次无误后,由企业陪同人员签字认定,然后装箱,同时将产品工艺规格单和抽样单放入箱内,在箱的上下开口处加封封条(为保证封条在样本送检过程中完好无损,可用透明胶带纸将封条覆盖)。

②送样。样本由企业或抽样人员负责按规定时间送指定的检验机构。

(5)样本处理。检验后样品(包括已破坏样品)在企业收到检验报告 15 天后,对检验报告无异议方可取回。

2.检验的基本要求

(1)检验的人员。

（2）检验的仪器或工具。

（3）检验后的记录。

（4）品质的鉴定。

（5）改善不合标准的产品。

（6）工作场所。

关于服装企业中检验的基本要求内容请详见第三章第四节。

四、成衣检验的主要内容

成衣检验主要包括服装的外观检验、尺寸检验、对称检验、缝制质量检验、整烫检验、物料检验和包装检验等。

1.外观检验

（1）成衣面料外观检验，看有无粗纱、走纱、飞纱、暗横、白迹、破损、色差、污渍等。

（2）注意服装的主要表面部位有无明显织疵。因为在消费者购买后经过穿着才发现表面有明显疵点等问题，就比较难分清责任，特别是价格较高的服装产品。

（3）注意服装的主要缝接部位有无色差。

（4）注意服装面料的花型、倒顺毛是否顺向一致，条格面料的服装，其主要部位是否对称、对齐。

（5）注意成衣各种辅料、配料的质地，如拉链是否滑爽、纽扣是否牢固、四合扣是否松紧适宜等。

（6）注意有黏合衬的表面部位，如领子、驳头、袋盖、门襟处有无脱胶、起泡或渗胶等现象。

2.尺寸检验

应严格按照尺寸表检验。

3.对称检验

注意服装大小是否相对；两肩、两袖窿的宽度；两袖长短、袖口宽窄、袖褶距离、袖衩长短；肩端两边高度；口袋大小、高低；门襟长短，左右条格是否对称。裤装要看裤的长短、左右袋位、裤头等是否对称。

4.整烫检验

整烫应平服，无烫黄、极光、水渍、脏污等；整烫重要部位如领、袖、门襟的情况；线头要彻底清除；注意黏合衬是否渗透胶。

5.物料检验

检验唛头位置及车缝效果，挂牌是否正确，有无遗漏，胶袋质地、黏衬效果，所有物料必须依照物料单指示。

6.缝制质量的检验

（1）目测服装各部位的缝纫线是否顺直，拼缝是否平服，绱袖吃势是否均匀、圆顺，袋盖、袋口是否平服,下摆底边是否圆顺平服。服装的主要部位一般指领头、门襟、袖窿及服装的前身部位,是需要重点注意的地方。

(2)查看服装的各对称部位是否一致。服装上的对称部位很多,可将左右两部分合拢,检验各对称部位是否准确。服装上的对称部位有领头、门里襟,左右两袖长短和袖口大小,袋盖、袋位及省道等。

7.包装检验

严格按照包装指示检验。

8.试穿检验

(1)试穿者在试穿服装时应自然放松站立,注意感觉一下自己的颈肩部有无压迫感,如果在颈肩部有明显的沉重及不舒适的感觉,说明该件衣服与试穿者体型尚不够适合。一件适体的服装,穿在身上应无明显的压力和沉重的感觉,而有一种轻松舒适的感觉。

(2)在试穿服装时,应注意一下袖窿部位,两只手臂活动时应有舒服自如的感觉,应防止袖窿过小过紧,并注意袖窿前后是否平服、圆顺。

(3)注意后背上部靠后领处是否平服,后背下摆处有无起吊现象。

9.成衣检验应注意服装上的各种标识

(1)产品上有无商标和中文厂名厂址。

(2)产品上有无服装号型标识及相应的规格。

(3)产品上有无纤维含量标识,主要是指服装的面料、里料的纤维含量标识。各种纤维含量百分比应清晰、正确,有填充料的服装还应标明其中填充料的成分和含量。纤维含量标识应当缝制在服装的适当部位,属永久性的标识,若消费者在穿着过程中发现有质量问题,可以之作为投诉的依据。

(4)产品上有无洗涤标识的图形符号及说明。

(5)产品上有无产品的合格证、产品执行标准编号、产品质量等级及其他标识。

第二节　男西装品质检验

男西装一般是一套,分为西服和西裤,下面分别介绍西服和西裤品质检验的要点和程序。

一、男西服检验

男西服款式如图4-1所示。男西服的检验要点如下:

①挂衣服襻车缝是否正确及牢固。

②上领有无折皱及不平服。

①挂衣服襻
②领窝
②缅领
②翻折线
③领接线
⑳肩端点
④前肩
⑲背里
⑤领扣眼
⑱领嘴
⑥手巾袋
⑰翻领线
⑯驳头
⑦腰省
⑮扣眼
⑧袖
⑭纽扣
⑨衣袋
⑬袖口里衬
⑫袖口
⑪里襟
⑩门襟
(a)前身

②上领
②领下部
㊱肩
㉕背缝
㉝腋下
㉖外袖缝
㉞外袖
㉗腋下部分
㉝内袖
㉘侧缝
㉜袖扣
㉛后开衩
㉚后身
㉙下摆
(b)后身

㊲底领
㊿肩省
㊳袖窿
㊾袖子缝合
㊽翻领叠针
㊼袖里包缝
㊻内袋
㊺贴边叠针
㊴后开衩
㊹止口拱针
㊸贴边里侧
㊴后开衩
㊷贴边
㊶里省
㊵下摆
(c)里

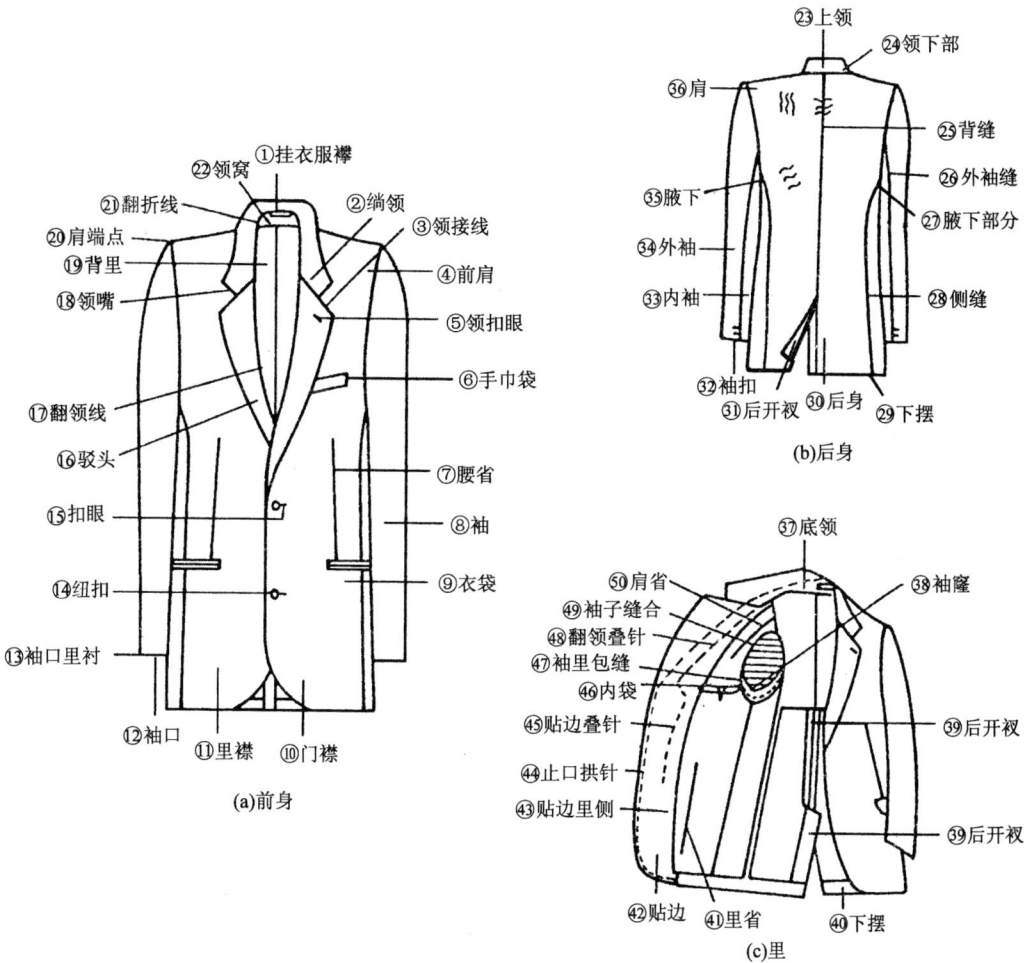

图 4-1　男西服的款式

③领接线缝合是否美观。

④前肩是否服帖。

⑤领扣眼的缝制是否正确、美观。

⑥手巾袋缝制是否良好。

⑦腰省的处理效果是否美观。

⑧袖的缝制是否美观、左右对称。

⑨衣袋的缝制是否美观,袋嵌线(袋唇)的大小是否统一。

⑩门襟是否平服、美观。

⑪里襟是否平服。

⑫袖口是否平整。

⑬袖口里衬是否美观,余量是否均等。

⑭门襟纽扣的位置是否正确、美观。

⑮门襟扣眼的缝制是否美观。

⑯驳头是否对称服帖。

⑰翻领线是否流利。

⑱领嘴左右是否对称。

⑲背里有无折痕。

⑳肩端点的缝制是否美观。

㉑折线是否加工成直线。

㉒领窝有否叠针。

㉓上领松紧如何,领围有无抽线。

㉔领下部有无起皱。

㉕背缝有无吃势、抽线。

㉖外袖缝有无抽线。

㉗腋下部分有无抽线。

㉘是否将夹里缝在侧缝上,有无抽线。

㉙下摆是否服帖、美观。

㉚后身外观是否美观。

㉛后开衩有无抽线,重叠部分是否美观,有无不谐调现象。

㉜袖扣是否牢固,缝制位置是否正确。

㉝内袖有无抽线。

㉞外袖有无抽线。

㉟腋下部分是否服帖。

㊱肩部是否平服。

㊲底领有无抽线、松弛。

㊳袖窿里叠针是否美观。

㊴后开衩里衬布是否有抽线。

㊵下摆折边是否适当,缝制是否美观。

㊶里省缝制是否良好。

㊷贴边有无松弛、抽线。

㊸贴边里侧是否缝合,有无抽线。

㊹止口拱针是否美观,是否缝入里衬。

㊺贴边叠针是否美观,是否缝入里衬。

㊻内袋滚边是否良好。

㊼袖里包缝缝制是否美观。

⑧翻领叠针缝制是否美观,是否缝入里衬。

⑨袖子缝合是否良好。

⑩肩省缝制是否良好。

二、男西裤的检验

男西裤款式如图4-2所示。男西裤的检验要点如下:

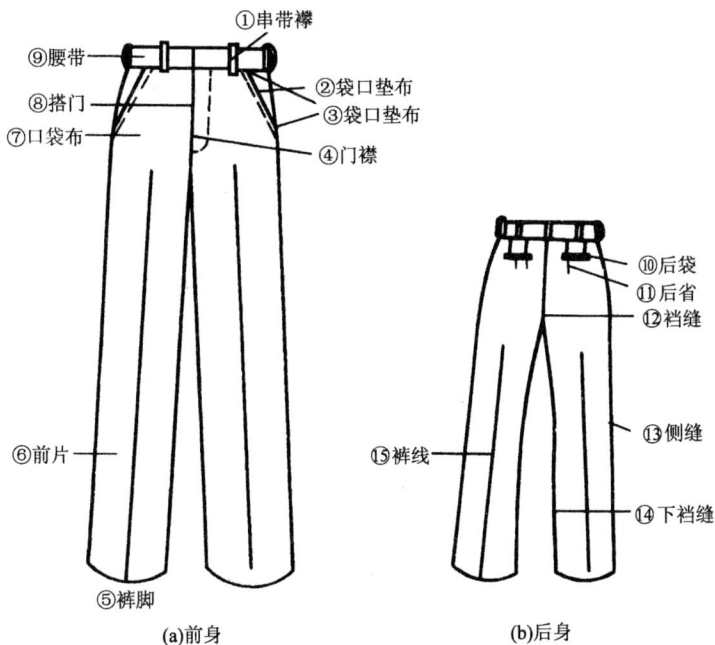

图4-2 男西裤款式图

①串带襻左右是否对称,缝制是否牢固,尺寸是否均等。

②袋口垫布是否进行缝边处理,口袋布和衣料是否相配。

③袋口垫布位置是否合适。

④门襟是否平服、美观。

⑤裤脚是否垂直、平整,有否吃势。

⑥前片(前幅)缝制是否良好。

⑦口袋布缝边处理是否良好。

⑧搭门拉链缝制是否牢固,线条是否流利,其颜色是否与搭门一致。

⑨裤腰宽窄是否一致,缝制是否美观。

⑩后袋左右是否对称和美观,扣眼缝制是否良好,纽扣是否钉牢。

⑪后省左右位置是否对称,加工是否美观。

⑫档缝是否牢固,有无抽线。

⑬侧缝有否吃势、抽线。

⑭下裆缝有否吃势、抽线。

⑮裤线宽窄是否一致。

第三节　夹克衫品质检验

　　夹克衫是生活中常穿着的便装,在服装业中也是大量生产的产品之一。夹克衫的品质检验可分为两大类:一是尺寸测量,二是外观质量检验。

一、夹克衫尺寸测量

　　夹克衫尺寸测量步骤和操作要求如表4-1所示。

表4-1　夹克衫尺寸的测量方法　　　　　　　　　　　　　　　单位:cm

测量步骤	测量位置示意图	尺寸规格	允许偏差	操作要求
(1) 领		33	±0.12	①前幅纽位要打开 ②领要铺平
(2) 胸围		120	±0.5	①前幅纽位要扣好 ②前后幅要铺平
(3) 摆围 (脚围)		115	±0.5	①测量摆围的位置要准确 ②测量摆围时,前后幅不能有褶皱

续表

测量步骤	测量位置示意图	尺寸规格	允许偏差	操作要求
（4）摆克夫（伸缩围）		80	±0.5	①测量摆克夫的位置要准确 ②测量摆克夫时，使其呈自然状态
（5）后中线		70	±0.5	①后幅肩位要铺平 ②测量后中线时，尺要垂直至下摆
（6）摆克夫高		6	±0.25	①测量摆克夫高的位置要准确 ②测量摆克夫时，不要将摆克夫拉长
（7）肩宽		50	±0.25	①前幅领位要叠好 ②肩端点位置要铺平
（8）袖长		60	±0.25	①袖的位置要铺平 ②测量时，自袖山顶点量至袖口

续表

测量步骤	测量位置示意图	尺寸规格	允许偏差	操作要求
（9） 袖口围	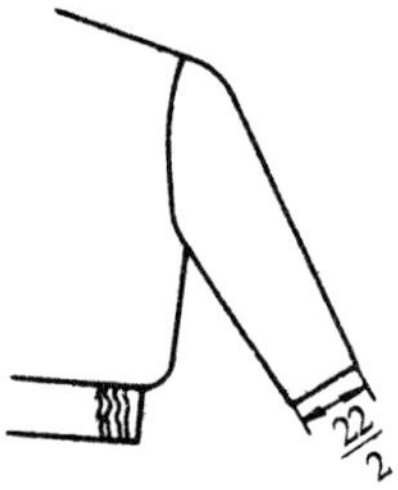	22	±0.25	袖口要叠齐、放平
（10） 袖克夫高		5	±0.12	①袖克夫要铺平 ②测量袖克夫的中间位置
（11） 袖克夫围		12	±0.12	①袖克夫要铺平 ②袖克夫纽位要扣好
（12） 袖窿围	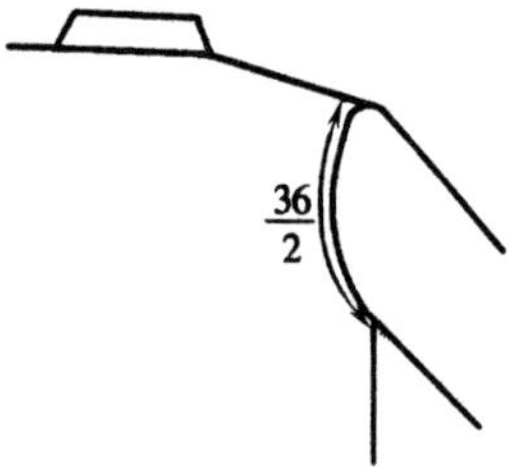	36	±0.25	①前后袖窿要铺平 ②袖窿位置不要拉长

二、夹克衫外观质量检验

夹克衫外观质量检验步骤和方法如表4－2所示。

表4－2　夹克衫的检验方法

检验步骤	图　示	主要问题	检验方法
（1） 领		①领大小不一致 ②领尖爆裂 ③领窝打褶 ④领面不平服	①打开拉链，将领放平检验 ②将领对折，检验左右领的对称

续表

检验步骤	图　示	主要问题	检验方法
（2） 前幅 拉链		①用错拉链 ②拉链位不平服 ③门襟位重叠 ④露拉链牙 ⑤拉链脚不齐	①检验拉链质量 ②将拉链拉好,检验缝口 ③打开拉链,检验襟贴
（3） 口袋		①袋位不对称 ②袋长短不一 ③袋嵌线布大小不一 ④袋角爆裂	①用尺测量袋的位置及尺寸 ②检验袋口、袋布
（4） 前幅		①缝口起皱 ②缝口错位 ③左右幅布料有色差 ④嵌线不均	①检验肩位和袖窿 ②检验布料
（5） 袖		①左右袖长短不一 ②装错袖 ③袖缝口错 ④绱袖起褶 ⑤袖口缺车缝线	①对齐袖山顶点检验袖长 ②检验袖缝口 ③检验绱袖位置 ④检验袖身

检验步骤	图　示	主要问题	检验方法
（6）后幅		①后幅缝口嵌线不匀 ②缝口错位 ③布料有色差	①检验后幅嵌线 ②检验后幅布料 ③将后幅摆位放平检验楞角
（7）里袋		①里袋错位 ②袋嵌线布重叠 ③袋口爆裂 ④袋布爆小口	①检验袋的位置 ②检验袋嵌线布、袋布
（8）前后幅里子		①缺少商标和号型标志 ②布料有色差 ③吊里 ④缝口打褶	①检验商标 ②检验前后幅的肩位和袖隆 ③检验布料 ④检验后幅里的长短
（9）袖里		①有扭袖、吊袖现象 ②袖里绱错 ③布有色差 ④袖克夫缝口错误	①检验袖里的袖口位置 ②检验袖里的长短 ③检验袖里 ④检验袖嘴

第四节　衬衫品质检验

　　衬衫在日常生活中是常见的服装,可分为男衬衫、女衬衫、儿童衬衫等,下面以男衬衫为例,介绍衬衫类服装的品质检验。

一、衬衫尺寸测量方法（表4-3）

表4-3 衬衫尺寸测量方法
单位:cm

测量步骤	测量位置示意图	尺寸规格	允许偏差	操作要求
（1）领		30	±0.12	①前幅纽位要打开 ②领要铺平
（2）胸围		120	±0.5	①前幅纽位要扣好 ②前后幅要铺平
（3）腰围		115	±0.5	①腰的定位要准确 ②测量时,尺要垂直
（4）下摆围		118	±0.05	①下摆位要准确 ②前后幅要铺平
（5）袋距		15	±0.25	①定前幅顶点要准确 ②测量时,尺要垂直于袋口
（6）前身长（前衫长）		82	±0.5	①前后身要铺平 ②测量时,尺要垂直于下摆

续表

测量步骤	测量位置示意图	尺寸规格	允许偏差	操作要求
（7）后身长（后幅长）		82	±0.5	①前后身要铺平 ②测量时,尺要垂直于下摆
（8）肩宽		50	±0.25	①前幅领位要叠好 ②肩位要铺好
（9）袖长		60	±0.25	①袖的位置要铺好 ②测量时,自袖山顶点量至袖口
（10）袖克夫高		5	±0.12	①袖克夫要铺平 ②测量袖克夫的中间位置
（11）袖克夫围		15	±0.12	①袖克夫要铺平 ②袖克夫纽位要扣好
（12）袖窿围		30	±0.25	①前后袖窿要铺平 ②袖窿位置不要拉长

二、衬衫外观质量检验方法（表4－4）

表4－4　衬衫外观质量检验方法

检验步骤	图　　示	主要问题	检验方法
（1） 上、下领		①领嘴不尖 ②领起褶皱 ③嵌线不均	①将领面放平检验其线距 ②由左至右自测 ③反转领底用同样的方法检验
（2） 上领		①上领起皱 ②上领歪凸	①将领翻下与衫身外部重叠 ②将领对折以左边和右边尽头为定点
（3） 前幅		①肩线爆裂 ②左右肩线长短不一	以领后中线（领骨）为固定点，对齐肩线
（4） 袖		①袖长短不一 ②袖窿长短不一 ③腋下十字缝位未对齐 ④绱袖打褶	①对齐袖山顶点，将袖折好，对齐克夫位 ②用手拿住袖山顶点，拉顺袖窿位置
（5） 袖克夫		①克夫长短不一 ②袖开衩爆裂 ③袖开衩不对称 ④开错纽门 ⑤克夫凸嘴	①将袖克夫纽系好铺平 ②将袖克夫纽解开并将其重叠对齐

检验步骤	图　　示	主要问题	检验方法
（6） 衫身面部		①纽门位不在正中 ②扭门襟 ③衫身扭曲 ④布料有瑕疵	①将衫身面向上,由左至右检验 ②检验左右袖
（7） 衫身里部		①锁边线过紧 ②锁边线跳线 ③下摆散口	将衫身反转,里部向上,检验锁边线

第五节　牛仔裤品质检验

裤子的种类很多,如西裤、牛仔裤、时装裤等。现以牛仔裤为例,介绍其品质检验程序。

一、牛仔裤尺寸测量方法(表4-5)

表4-5　牛仔裤尺寸测量方法　　　　　　　　　　　　　　　　　　　单位:cm

测量步骤	测量位置示意图	尺寸规格	允许偏差	操作要求
（1） 裤长	102	102	±0.5	①裤身要铺平叠直 ②测量时,尺要沿着侧缝线(肶骨)直量
（2） 内长	78	78	±0.5	①确定裆底(浪底)十字位的位置要准确 ②测量时,尺要沿着下裆缝(内骨)直量
（3） 膝围	$\frac{44}{2}$	44	±0.25	①确定膝位要准确 ②测量时尺要垂直

续表

测量步骤	测量位置示意图	尺寸规格	允许偏差	操作要求
（4） 裤脚围		40	±0.25	①裤脚要叠齐 ②测量时尺要垂直
（5） 横裆 （肶围）		62	±0.25	①确定横裆的位置要准确 ②横裆的位置要铺平
（6） 前裆 （前浪）		30	±0.25	①门襟位要拉合 ②腰头的纽门位要扣好 ③测量前裆时,不要将裆位拉长
（7） 后裆 （后浪）		38	±0.25	①确定后裆的位置要准确 ②测量后裆时,不要将裆位拉长
（8） 腰围		75	±0.25	①门襟和纽门位要扣好 ②前后腰头要叠齐
（9） 臀围 （坐围）		105	±0.5	①门襟和纽门位要扣好 ②前后幅要铺平叠齐 ③确定臀围的位置要准确

二、牛仔裤外观质量检验方法(表4-6)

表4-6　牛仔裤外观质量检验方法

检验步骤	图　示	主要问题	检验方法
(1) 腰头 (裤头)		①腰头高低 ②腰头嘴与门襟不垂直 ③腰头扭曲 ④串带襻(裤耳)不齐,歪斜	①纽位和拉链扣好,检验腰头嘴 ②打开纽位和拉链,检验腰头和串带襻
(2) 门襟 (纽牌)		①用错拉链 ②门襟弓起 ③门襟嵌线不均	①检验拉链 ②拉开拉链位,检验门襟和拉链
(3) 小裆 (小浪)		①小裆爆口 ②裆底十字缝位未对齐	①检验小裆位的底和正面 ②检验裆底的十字缝位
(4) 前袋		①左右袋位不对称 ②袋贴外露 ③袋口不牢固	①用尺量度袋的位置 ②检验袋口、袋贴、袋布
(5) 前裤身		①扭脚 ②长短裤脚 ③侧缝缝口错向 ④裤身有残破 ⑤布料有走纱	①前后裤身铺平叠齐 ②检验前幅裤身布料 ③检验前裆 ④检验侧缝

续表

检验步骤	图　示	主要问题	检验方法
（6） 后袋		①袋位不对称 ②袋角位不对称 ③袋口未套结 ④育克缝口错位 ⑤育克不对称	①用尺量度袋的位置 ②检验袋布 ③检验育克缝口
（7） 后裤身		①布料残破 ②布料走纱 ③后裆缝口错位	①检验后幅裤身布料 ②检验后裆
（8） 裤里部		①缝口锁边断线 ②缝口爆裂	①将裤反转 ②检验后裆缝、侧缝、下裆和袋布的锁边

第六节　针织成衣品质检验

针织成衣现今已越来越流行,它的舒适性能已备受消费者认可。由于人们对针织成衣的需求量越来越大,生产企业对针织成衣的品质控制也越来越重视,相应也制订出了针织成衣品质检验的程序。

一、样本选取

（1）在整批成衣中抽取的样本,必须在尺码、颜色、款式等各方面都具有代表性。第一次检验之前,至少有 50% 以上的成衣均已完成全部制作工序或单件包装。在第二次检验前,全部成衣必须完成所有制作工序和单件包装。

（2）如果成衣以一定件数包装,需要检验包装的数量为整批包装数量的平方根。根据整批成品的尺码、颜色及款式,随意抽取样本。

（3）根据表 3-4 所列的整批成衣数量,从挑选的包装中抽取规定的成衣数量进行检验。尽可能从每一包装中抽取相同数量的成衣。

二、针织成衣检验步骤

（1）抽取 1/10 数量的成衣样本，测量各部位尺码，并称其重量，然后记录。抽取的样本数量最少为 12 件成衣。

（2）记录整批成衣的详细资料，并填入"成品品质检验报告表"中（表 3 - 6）。

（3）根据每一件成衣样本的情况，将疵点按大小记录在表格里。

三、针织成衣尺寸测量方法

针织服装分为棉针织服装和毛针织服装两种。下面主要介绍棉针织衫和毛衫的尺寸测量方法。

1. 棉针织衫尺寸的测量

棉针织衫是日常中经常穿着的一类休闲服装，其款式如图 4 - 3 所示。这类服装也要求在尺寸方面进行严格控制，其尺寸测量部位和测量方法如下。

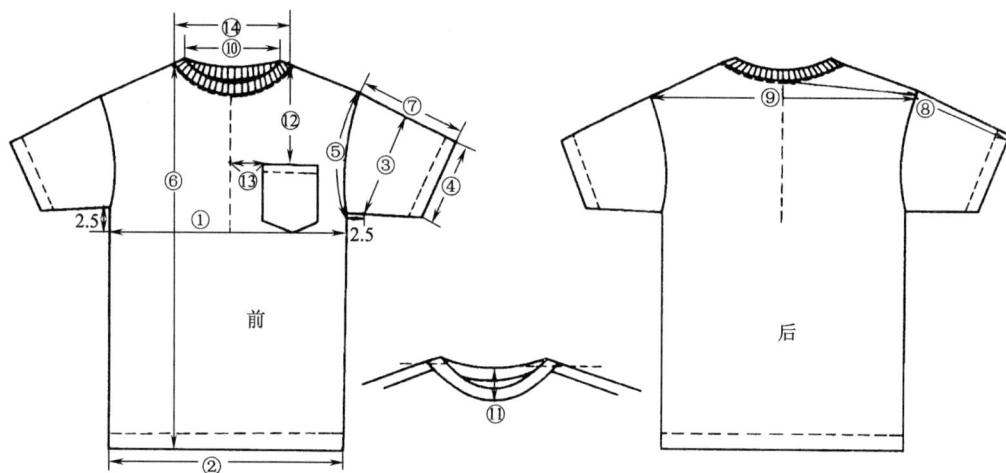

图 4 - 3　棉针织衫尺寸测量

①胸围：测量前幅袖底以下 2.5cm 处左边至右边距离的一倍。

②摆围：沿成衣底边测量。

③臂围：在袖底以下 2.5cm 处，平行于袖口测量距离的一倍。

④袖口宽：沿袖口边测量。

⑤袖窿围：由袖窿肩线位置沿袖窿量至袖底线位的一倍。

⑥衣长：由前领的肩线位置测量至成衣底部。

⑦袖长 1：由肩线量至袖口。

⑧袖长 2：可由后中领线位置量至袖山顶点处，再测量至袖口。

⑨肩宽:测量后幅两袖山顶点之间的距离。

⑩领宽:由一侧领内边线量至另一侧领内边线。

⑪前领宽:在肩线最高点假设虚线,在前中位置由虚线测至前领线。

⑫胸口袋位至领位距离:由领位肩线最高处量至胸口袋顶。

⑬胸口袋至前中线距离:由前中线位置量至袋口边位。

⑭领位最小展宽:拉直领位,但不可过分拉长,在内领线处测量领口两边的距离。

2. 毛衫的测量方法

毛衫也是日常生活中经常穿着的一类休闲服装,其测量示意图(图4-4)和测量方法如下。

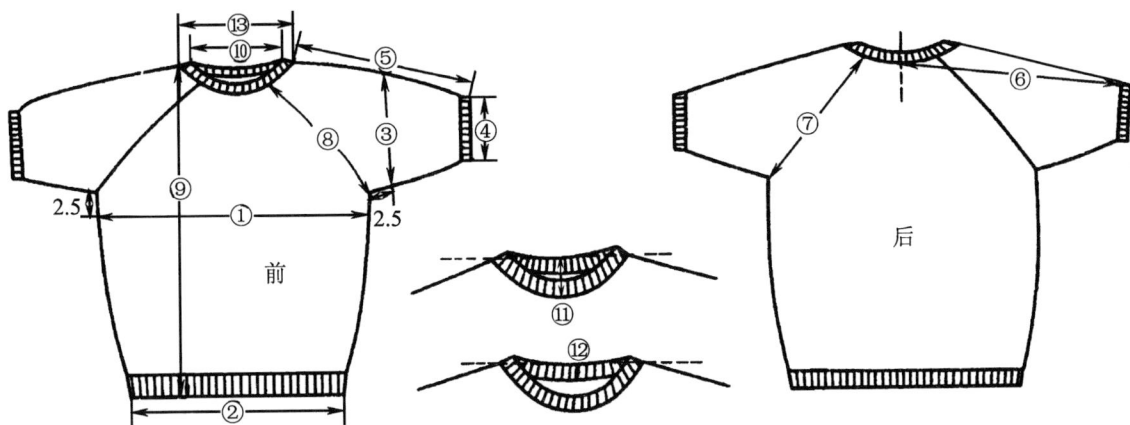

图4-4 毛衫的测量

①胸围:测量前幅袖底以下 2.5cm 处左边至右边间距离的一倍。

②摆围:沿成衣下摆边测量。

③臂围:在袖底以下 2.5cm 处平行于袖口测量。

④袖口宽:沿袖口边测量。

⑤袖长 1:由肩线量至袖口。

⑥袖长 2:可由后领中线位置测量至袖口。

⑦后夹长(牛角袖/原身出袖):从后幅领线量至袖底。

⑧前夹长:从前幅领线量至袖底处。

⑨衣长:由前领的肩线位置量至成衣底部边线。

⑩内领围:沿前后领内边线测量一周的距离。

⑪前领高:在肩线最高点假设虚线,在前中位置由虚线测至前领线。

⑫后领高:在肩线最高点假设虚线,在后中位置由虚线测至后领线。

⑬领位最小展宽:拉直领位,但不可过分拉长,在内领线处测量领口两边的距离。

四、针织布常见的疵点

(1)染痕、染斑:在布料中出现明显不同颜色的部分。造成疵点的原因是布料在染色时受染料或染色剂污染。

(2)破洞:布料出现断损,即一个或多个线圈发生断裂。

(3)脱散、走纱:针织成衣上出现一条或多条连续向下脱散的线圈。

(4)缺毛圈:长毛绒布料的某部分缺少毛圈。

(5)针孔痕:布边附近出现一小排与布边平行的小孔或断裂纱线。

(6)粗节:在一根纱中出现中部较粗、两端呈锥形的结头,其中部直径数倍于邻近正常纱线。

(7)转曲度、纵行转曲度:纬编针织布中出现变形,纵行明显与横列不成直角。

(8)横间、横档:有清晰边界的带状区,横跨整个幅面,外观与邻近正常布料明显不同。

五、毛衫的品质控制

1.检验裁片

对毛衫裁片只需作随机抽样检验。

(1)比较裁片与纸样、上下裁片的差异。如果发现裁片与标准相差太远,就应立即通知裁剪部主管,并进行修改,如将大裁片改为另用的小裁片等。

(2)记录。记录检验的数目和退回裁片的款式及工号等。

(3)总结。总结每天的记录,分析裁片上疵点产生的原因。

2.生产中检验

包括检验缝盘、锁边、缝合、照灯检验、修补等各工序工作。其控制步骤如下:

(1)准备检验表格:检验表作为评估抽样产品品质的依据,表格内包括款式、颜色、尺码、批号、扎数、抽查数量、有疵点制品的数量和工号等。

(2)品质检验:品质检验人员只负责检验产品并报告检验的情况。在产品中如发现产品的疵点,无论是大批的或其中的一两件,都应通知管理人员,不可以直接将次品退回工人修改。

(3)照灯检验:产品在后整理前需全部通过照灯检验,以检验布料的疵点,防止产品在后整理时稀密弄、漏针造成更严重的疵点。检验后记录其疵点的情况,再交修补部门翻修后再复查。

(4)总结:总结品质检验结果,将结果报告主管并存档。

3.后整理品质控制

后整理工序包括洗水、熨烫、测量尺寸和包装等。毛衫成品的尺寸与样板会因使用原料和处理方法的不同而有所变化,所以在测量时,应考虑这些因素对其尺寸的影响。后整理的品质控制主要从以下几方面进行。

(1)后整理中的时间、温度、整理原料应统一,待毛衫干后,抽取样品作手感方面的比较。

（2）抽样检测成品的尺寸和品质。

（3）在产品装入胶袋前,抽查产品的批号,在抽查表上列明不合格品的数量和疵点分类。

（4）总结品质检验结果,将结果报告主管并存档。

小结

1. 常用成衣上通常有一些品质标示,主要有商标、使用标识、质量记号、纯羊毛标示、条形码、吊牌等。

2. 成衣检验必须按照一定的要求与程序进行,除检验服装上的各种标识外,还要对外观质量、缝制质量进行检验,也可试穿检验。

3. 常用成衣检验主要是对西服、衬衫、牛仔裤、夹克、毛衫等的检验。

思考题

1. 成衣上使用的品质标示有哪些? 有何作用?

2. 目前成衣上存在的主要质量问题有哪些?

3. 简述成衣质量检验程序与要求。

4. 简述成衣检验内容与方法。

5. 简述西服的质量检验程序。

6. 简述衬衫的质量检验程序。

7. 简述牛仔服装质量检验程序。

8. 简述毛衫的质量检验程序。

9. 简述毛衫的主要疵点。

服装品质保障体系——

ISO 9000 系列标准

课程名称: ISO 9000 系列标准

课程内容: ISO 9000 系列标准的产生和发展

七项质量管理原则的理解

ISO 9001:2015 质量管理体系的主要内容

其他有关的国际标准简介

课程时间: 6 课时

教学目的: 让学生了解 ISO 9000 质量管理体系的产生和发展, 熟悉
七项质量管理原则、ISO 9000 质量管理体系的主要内容,
以及有关国际质量标准。

教学方式: 以教师课堂讲述为主, 课堂讨论为辅, 并通过网络进一步
认知 ISO 9000 质量管理体系的具体内容和相关信息。

教学要求: 1. 了解 ISO 9000 系列标准的产生和发展。

2. 熟悉并理解 ISO 9000:2015 质量管理体系七项质量管
理原则。

3. 熟悉 ISO 9000:2015 质量管理体系的主要内容。

4. 了解与 ISO 9000 标准相关的其他系列标准。

第五章　ISO 9000 系列标准

第一节　ISO 9000 系列标准的产生和发展

一、ISO 9000 系列标准产生的历史背景

ISO 即国际标准化组织,其前身是国家标准化协会国际联合会和联合国标准协调委员会,是于1947年2月23日正式成立国际标准化组织。ISO 是世界上最大的非政府性标准化专门机构,总部设于瑞士日内瓦。它的宗旨是在全世界促进标准化及有关活动的发展,以便于国际物资交流和服务,并扩大国家和地区间在知识、科学、技术和经济领域中的合作,目前的成员已经超过了160个,我国也是其成员之一。在2008年10月的第31届国际化标准组织大会上,我国正式成为 ISO 的常任理事国。

20世纪中期,尤其是第二次世界大战以后,科技水平在不断发展,技术力量从各个方面带动了经济的发展,经济全球化的特征也日益显著,贸易也从区域贸易为主向国际贸易转化,使得全球成为一个大的加工厂,各个国家都在扮演不同的角色,国际化分工越来越细。在这种情况下,怎样才能够保证产品的质量,使得贸易质量有一个统一的标准来进行衡量的问题逐渐提上了日程。在这种历史背景下,国际标准化组织颁布了以 ISO 9000 系列标准为主的一系列质量管理标准。ISO 9000 系列标准是由国际标准化组织下属的代号为 ISO/TC 176 委员会(质量管理和质量保证技术委员会)负责编制。

二、ISO 9000 系列标准的发展

ISO 9000 系列标准(简称 ISO 9000)是国际通行的品质管理体系标准,也是国际标准化组织迄今为止颁布的唯一的一套管理标准。这套标准是在总结各国特别是工业发达国家品质管理成功经验的基础上产生的。ISO 9000 系列标准的发展经历了以下几个阶段。

1. 第一版 9000 系列标准

ISO 在1986年发布 ISO 8402 质量——术语后,又于1987年发布第一版9000系列标准,由 ISO 9000、ISO 9001、ISO 9002、ISO 9003、ISO 9004 组成。该系列标准没有得到广泛的推行,所以影响不是很大。1990年国内编制了等效采用的国家标准(GB/T),并于1991年由等效改为

等同。

2. 通用性、指导性的标准

ISO/TC 176 于 1987 年颁布了第一版 ISO 9000 系列标准后,于 1994 年进行了再次修订,修订后的五项标准具体如下:

(1)ISO 9000 - 1 质量管理和质量保证标准——选择和使用指南。即采用和选择ISO 9000系列标准的总指南,是本标准的指导性文件,它规定了选择和使用 ISO 9001 至ISO 9004 的原则和方法,并阐述了质量管理、质量体系、质量保证和质量控制等几个基本质量概念及其相互关系。

(2)ISO 9001 质量体系——设计、开发、生产、安装和服务的质量保证模式。

(3)ISO 9002 质量体系——生产、安装和服务的质量保证模式。

(4)ISO 9003 质量体系——最终检验和试验的质量保证模式。

(5)ISO 9004 - 1 质量体系——质量管理和质量体系要素指南,即企业建立健全有效的质量体系指南。ISO 9004 - 1 提出并阐述了质量管理体系一般应包括的基本要素。企业应根据市场环境、产品类型、生产特点和用户需要等具体情况选择相应的要素和采用这些要素的程度。

这套标准在推出以后,得到了世界上的普遍关注,越来越多的企业将其作为质量管理的标准之一,ISO 9000 系列认证已经成为国际商贸交流和市场的通行证之一。我国也相应编制了等效的国标 GB/T 19001—1994。当然,1994 版的 ISO 9000 系列标准还存在一些不足,适用范围太小,对于服务业等不太适合。

3. ISO 9000:2000

ISO/TC 176 在 1996 年对 1994 版的 ISO 9000 系列标准提出修改纲领,1997 年底 ISO/TC 176提出对标准第二阶段修订的最初成果,并在 1998 年 9 月提出技术委员会草案第一稿(CD 1);1999 年 11 月提出 2000 版 ISO/DIS 9000、ISO/DIS 9001、ISO/DIS 9004 国际标准草案,并在 2000 年 9 月 14 日颁布 ISO/FDIS 9000、ISO/FDIS 9001、ISO/FDIS 9004 国际标准草案,2000 年 12 月 15 日 ISO 正式发布 ISO 9000、ISO 9001、ISO 9004 国际标准。我国于 2000 年 12 月 28 日发布了等效的 GB/T 19001—2000。2000 年后的 ISO 9000 族标准在结构上发生了较大的变化,而且在数量上合并了 ISO 9000:1994 的有关条款,使标准的要求更加通用、灵活,具体核心标准如下:

(1)ISO 9000:2000 质量管理体系 基本原理和术语,取代了 ISO 8402:1994 和 ISO 9000 - 1:1994,向用户介绍管理体系背后的概念并阐明所用的术语;

(2)ISO 9001:2000 质量管理体系 要求,取代了 ISO 9001:1994、ISO 9002:1994 和 ISO 9003:1994,规定了要使运营符合标准并获得认证需要达到的条件;

(3)ISO 9004:2000 质量管理体系 业绩改进指南,取代了 ISO 9004 - 1:1994,这些指导方针建立在八项质量管理原则的基础上,旨在供高级管理层作为一种框架使用,该框架能让他们考虑所有利益相关方的需求,从而引导组织改善绩效;

(4) ISO 19011:2001 管理体系审核指南,取代了 ISO 10011 和 ISO 14010、ISO 14011、ISO 14012。

ISO 9000:2000 标准中的"过程管制"是组织的质量管理体系所构成的立体空间网络,具体模式如图 5 - 1 所示。

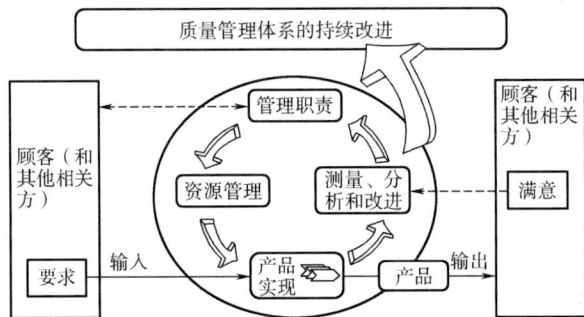

图 5 - 1　ISO 9000:2000 过程管制模式

4. ISO 9000:2008

2007 年 6 月第 32 届 ISO/TC 176/SC 会议决定,新版 ISO 9001 标准进入国际标准草案(DIS)阶段,在 2008 年 5 月进入最终草案(FDIS)阶段,并在 2008 年 10 月正式发布 ISO 9000:2008 标准。ISO 9000:2008 系列标准核心标准为下列四个:

(1)ISO 9000:2005 质量管理体系 基础和术语:标准阐述了 ISO 9000 族标准中质量管理体系的基础知识、质量管理八项原则,并确定了相关的术语。

(2)ISO 9001:2008 质量管理体系 要求:标准规定了一个组织若要推行 ISO 9000,取得 ISO 9000 认证,所要满足的质量管理体系要求。组织通过有效实施和推行一个符合 ISO 9001:2008 标准的文件化的质量管理体系,包括对过程的持续改进和预防不合格,使顾客满意。

(3)ISO 9004:2009 质量管理体系 业绩改进指南:标准以八项质量管理原则为基础,帮助组织有效识别并满足客户及相关方的需求和期望,从而改进组织业绩,协助组织获得成功。

(4)ISO 19011:2011 质量和环境管理体系审核指南:标准提供质量和(或)环境审核的基本原则、审核方案的管理、质量和(或)环境管理体系审核的实施、对质量和(或)环境管理体系审核员的资格等要求。

整体来说,ISO 9001 新版标准实际上变动很少。ISO 9001 标准的目的、范围皆未做变动,变更主要是对易发生或已发生误解部分作进一步澄清或增加批注的进一步说明,另外将该标准中的一些术语与 ISO 14001 中的术语统一。基本上原标准所关注的内容没有变动,仅有一些文字上的重新编辑,如将"法规要求"改为"法令和法规要求";将"应在形成文件的程序中定"改为"应制定形成文件的程序予以规定……"等。

5. ISO 9000:2015

经过 2008 年改版后,国际标准化组织对国际标准又进行了第四次修订。在 2014 年 5 月, ISO 9001:2015 国际标准草案发布;2014 年 10 月,新标准进入最终版阶段;2015 年 1 月,国际认可论坛(IAF)正式发布《ISO 9001:2015 版转换实施指南》;2015 年 5 月,ISO 9001 最终国际标准草案版出台;2015 年 7 月,ISO 9001 最终国际标准草案发布;ISO 成员对 ISO 9001:2015 最终国际标准草案进行了投票表决,正式版 ISO 9001:2015 标准于日内瓦时间 2015 年 9 月 23 日正式发布;2018 年 9 月,宣布三年体系转换周期,所有的 ISO 9001:2008 证书都将作废且失效。

ISO 9000:2015 系列有三个核心标准:

(1)ISO 9000:2015 质量管理体系 基础和术语:为正确理解和执行本标准的一个重要背景。 ISO 9000 中描述的详细质量管理原则是由 ISO/TC 176 开发,并在本标准的制定过程中已考虑到这些原则。这些原则本身并不是要求,但它们构成了本标准所规定要求的基础。

(2)ISO 9001:2015 质量管理体系 要求:规定的要求主要目的是给予提供产品和服务的组织信心,从而提高客户满意度。本标准的正确实施也可以期望会带来其他组织管理的好处,如改善内部沟通,更好地理解和控制组织的过程,以及减少缺陷和浪费。

(3)ISO 9004:2015 追求组织的持续成功 质量管理方法:为组织选择超越本标准要求来解决可引导持续改进组织的总体绩效提供了更广泛的指导。ISO 9004 包括了组织能够评价其质量管理体系成熟度水平的自我评价方法指导。

三、ISO 9001:2015 质量管理体系的总体变化

最新修订的 ISO 9001:2015 的具体标准与要求可参考本书配套的网络教学案例 ISO 9001: 2015 标准条文,在此只对发生变化的主要内容作简单阐述。

1. ISO 9001:2015 标准的主要变化

(1)总体变化:2015 版的 9001 质量管理体系的内容变化比较大,在结构、质量手册、风险等方面都发生了变化。采用与其他管理体系标准相同的新的高级结构,有利于公司执行一个以上的管理体系标准;风险识别和风险控制成为标准的要求;要求最高管理层在协调质量方针与业务需要方面采取更积极的职责。

①统一了标准结构和标准条款名称:新标准采用统一的标准结构和标准条款名称,即:a. 引言;b. 范围;c. 规范性引用文件;d. 术语和定义;e. 组织环境;f. 领导作用;g. 策划;h. 支持;i. 运行;j. 绩效评价;k. 改进。

②统一了所有管理体系标准的通用术语:所有管理体系标准将采用通用的术语和定义:组织、利益相关方、最高管理者、文件化信息、绩效等术语共 22 个,有助提高"一体化"(整合)管理体系的效率,使用了"文件化信息"等新的术语和定义,使用"文件化信息"代替了"文件"和"记录";使用"外部提供的过程、产品和服务"替代了"采购"和"外包",采用了新的表达方式,更易于理解和沟通。

③明确提出必须确定影响企业实现其目标的内外部因素（组织环境）：这些因素包括正面和负面的、内部和外部的。内部因素包括诸如企业的使命、愿景、价值观、文化、知识和绩效等。外部因素包括诸如国际、国内、地区和当地的各种法律法规、技术、竞争、市场、文化、社会和经济因素等。

④增加理解相关方的需求和期望的要求：相关方是指与企业有利益关系或受企业利益影响的单位或个人，包括顾客、供方（供应商）、投资方、员工、社会典型的五大利益相关方，理解相关方的需求和期望，有助于企业实现自身的预期目标和结果。

⑤进一步强化了领导作用和承诺：新标准更加强调最高管理者（以及各级领导者）在质量管理体系中的"核心"作用，对领导者有效履行职责和承诺提出了明确要求，并要求领导者为有效履行职责和承诺提供证据。领导者的作用和承诺包括：对体系的有效性负责；确保实现体系的预期结果；对体系的建立、运行、保持（有效应对变更管理）、改进（PDCA）发挥核心作用；建立方针目标并与组织的战略相一致；提供资源；确保将标准要求融入企业自身的各项工作过程；确定组织机构和职责；确保有效沟通；推动改进；促使、指导和支持员工和其他管理者有效履行自身职责；进行管理评审等工作。

⑥明确提出必须识别和应对企业所面临的风险和机遇：企业在采取措施应对所面临的风险和机遇时，应考虑上述内外部环境因素和相关方需求和期望，以便控制风险、把握机遇，实现既定的战略、目标和预期结果。

⑦更加强调了变更管理：在实际管理过程中，很多是由于"变化"和应对变化的"变更管理"不够有效，而导致"未能实现过程的有效性和体系预期结果"；因此，新标准强调了变更管理，在应对变化时将损失降至最低。

⑧明确提出将标准要求融入企业的运营业务过程：企业在理解和运用"标准要求"时，应将其"稀释"和"融入"本企业自身的各项工作过程，这也是根除"两张皮"顽疾的根本途径和方法。

⑨增加企业的知识管理要求：企业的知识是企业的重要资源。企业对知识进行有效的动态管理，是确保过程的有效性并保证体系获得预期结果，以及应对企业内外部环境变化和风险的重要资源保障。企业的知识可来自于企业内部和企业外部，企业内部如来源于企业自身以往的经验、教训，企业外部如来源于专业培训、技术交流、专家指导等。

⑩弱化了形式上的强制性要求：如去掉了对"质量手册""程序文件""管理者代表""删减及预防措施"等形式上的规定性要求，但并不意味着弱化了相关要求，而是留给了认证企业以更大的自由空间。相反地，在弱化了形式上的规定性要求的同时，更加强调了运用质量管理体系的目的和作用在于获得预期的结果和绩效。

（2）主要变化条款解释：

①ISO 9001:2015标准的引言部分对新版本的补充和修订内容作了详细的解释：

a.0.1 总则　条款修订了一体化管理手册的相关内容，新增基于风险的思维，增加了"应对风险和机遇时能够考虑到组织的背景环境及目标"。

b.0.2 质量管理原则 　新增内容,将八大原则改为七大原则,前四项未变,后四项变为三项分别是改进、循证决策、关系管理,"管理的系统方法"不再作为单独的原则,而是并入到"过程方法"。

c.0.3 过程方法 　修改较大,强调过程方法,包括 PDCA 循环和基于风险的思维。图 5 – 2 展示了本标准第 4 章至第 10 章中所提出的过程联系。该图反映了在规定组织需要满足其质量管理体系各个阶段的输入要求时,顾客起着重要的作用。此外,其他利益相关方的需求和期望在规定这些要求时也能够起作用。对顾客满意的监视,要求组织对顾客关于组织是否已满足其要求的感受信息进行评价。图 5 – 2 的质量管理体系模型基本覆盖了本标准的所有要求,图 5 –3则详细地反映了质量体系内单个过程的 PDCA 管理。

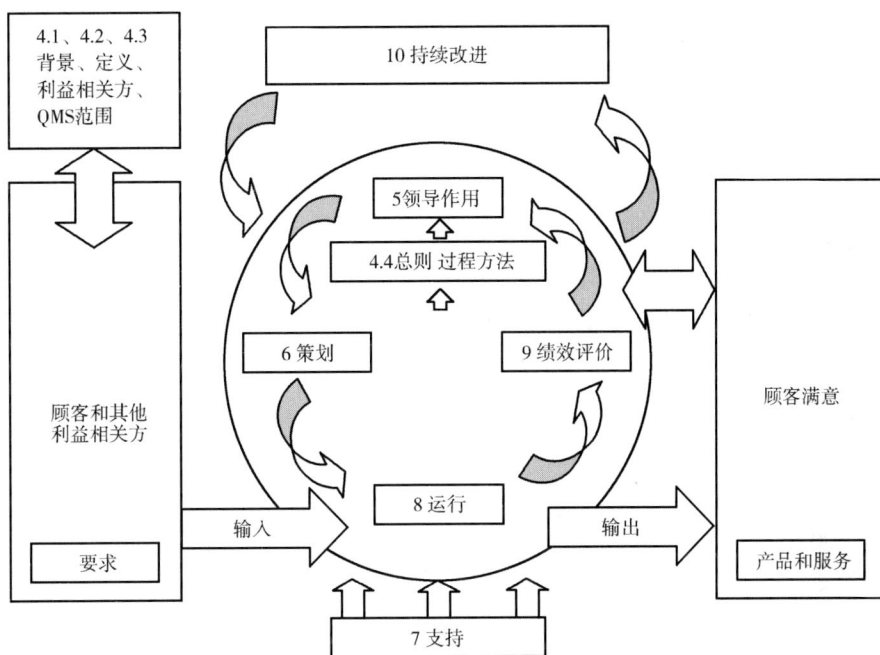

图 5 – 2　ISO 9000:2015 基于 PDCA 的质量管理体系模型

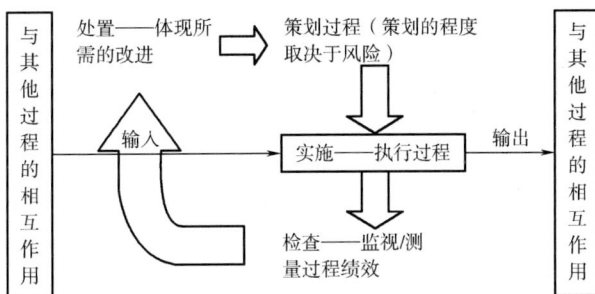

图 5 – 3　ISO 9000:2015 体系内的单个过程的 PDCA 管理示意图

d.0.4 与其他管理体系标准的关系　将原版"与 ISO 9004 的关系"和"与其他管理体系的关系"合并成"与其他管理体系标准的关系"。

②ISO 9001:2015 标准的第 3 部分术语和定义中,用"形成文件的信息(文件化信息)"替代"文件""质量手册""形成文件的程序记录""产品和服务"代替"产品"等。

③ISO 9001:2015 标准的第 4 部分组织环境修订内容较多,具体如下:

a.4.1 理解组织及其环境　新增条款提出了对影响质量管理体系实现预期结果的能力的相关因素的理解、监视、评审要求。要求增加"环境分析控制"的相关文件。

b.4.2 理解相关方的需求和期望　新增:相关方不单指顾客,包括所有者或股东、组织的员工、供方和合作伙伴、社会等;识别相关方是组织理解环境这一过程的组成部分。要求增加"相关方需求和期望控制"的相关文件。

c.4.3 确定质量管理体系的范围　要求:范围应包括工厂名称、对应的产品和服务、产品生产地址等;新版标准对 QMS 范围明确提出了考虑各种因素的要求。要求修订一体化管理手册的相关内容。

d.4.4 质量管理体系及其过程　要求:过程方法指理解需求,寻求最佳方式实现需求,检查需求是否被满足,是否以最佳方式完成;增加了规定与过程有关的职责和权限,应注意理解过程所有者的职责。要求修订一体化管理手册的相关内容。

④ISO 9001:2015 标准的第 5 部分修订的条款内容有:

a.5.1 领导作用和承诺　对最高管理者的新要求:为 QMS 的有效性承担责任、应确保 QMS 与组织的业务过程整合、应促进过程方法的使用和基于风险思维、应确保 QMS 实现预期的结果、支持其他相关管理角色以证实其职责范围的领导作用。

b.5.2 方针　要求:组织需将战略和方针(在适当时)转化为组织所有相关层次上的可测量的目标,确定每一目标的时间表,并分配实现目标的职责和权限,提供开展必要活动所需的资源,实施达到这些目标所需的活动。要求修订一体化管理手册的相关内容。

c.5.3 组织的岗位、职责和权限　变化:1)标准的显著变化是不再提及"管理者代表";2)新增"确保各过程获得其预期输出"的要求,体现了新标准更关注结果的意图。

⑤ISO 9001:2015 标准的第 6 部分策划修订内容较多,主要有:

a.6.1 应对风险和机遇的措施　变化:关注 QMS 与过程相关的风险;在识别了对质量管理体系有影响的风险和机遇后,组织应开始策划控制风险和利用机遇的措施。已确认的措施计划需要纳入质量管理体系的计划和组织的业务过程中,并评价这些措施的有效性。新增"风险和机遇控制"的相关文件。

b.6.2 质量目标及其实现的策划　要求:质量目标应形成文件化的信息。

c.6.3 变更的策划　变化:变更策划的时机:QMS 建立、实施的初始阶段;组织结构发生调整、生产工艺发生重大变化,组织的现有的 QMS 需要变化和更新时,组织根据变更对 QMS 符合性和完整性的影响,确定所需措施和实施策划;为满足新要求,调整充实现存的 QMS 时;诸多管理体集成或一体化时；强调变更前的评审。修订一体化管理手册的相关内容。

⑥ISO 9001:2015 标准的第 7 部分策划修订内容较多，具体如下：

a.7.1.1 总则　变化：组织应确定并提供为建立、实施、保持和持续改进质量管理体系所需的资源。

b.7.1.2 人员　变化：组织应识别有效运行 QMS 所需的人力资源，包括特种岗位和敏感岗位，确保直接或间接影响 QMS 绩效的人员与岗位要求相匹配；应注意外包的服务提供人员和外部服务提供方的能力评估和风险管理是否到位，重点岗位和敏感岗位是否能满足特定的要求。新增"外包人员管理要求"的相关文件、修订人力资源规划文件。

c.7.1.3 基础设施　变化：组织应确定、提供和维护过程运行所需的基础设施，以获得合格产品和服务。

d.7.1.4 过程运行环境　变化：组织应确定、提供并维护过程运行所需要的环境，以获得合格产品和服务。修订一体化管理手册的相关内容。

e.7.1.5 监视和测量资源　变化：组织应保留作为监视和测量资源适合其用途的证据的形成文件的信息；应保留作为校准或检定（验证）依据的形成文件的信息；当发现测量设备不符合预期用途时，组织应确定以往测量结果的有效性是否受到不利影响，必要时采取适当的措施。

f.7.1.6 组织的知识　新增：新增"知识管理"过程（在获取、吸收、传播和应用知识方面支持组织的一组过程）；对组织知识管理的对象界定为对过程运作和实现产品符合性所需的知识；组织应采取各种措施和借助必要的工具方法，将获取的知识应用到流程的各个环节，包括及时更新标准和工作流程。

g.7.2 能力　变化：组织应保留适当的形成文件的信息，作为人员能力的证据。

h.7.3 意识　变化：通过培训提高员工质量意识，意识到自己和活动与组织发展的关联性和重要性，鼓励员工参与管理和改进，为进一步实现质量目标作贡献，培训形式应多样；对新员工进行培训，其内容包括组织在质量管理方面的战略定位和发展规划、质量方针目标及其职责。

i.7.4 沟通　变化：除了内部沟通，新增了外部沟通的要求：组织应识别内、外利益相关方的需求和期望，建立内、外沟通的渠道，明确内、外沟通的安排、时机和内容，以确保 QMS 效率；组织应围绕 QMS 确定的利益相关方需求和期望确认不同的沟通方式、时机和责任，尤其是对 QMS 绩效有直接影响的相关方更是要加强管理沟通，沟通方式明确并相对固定。

j.7.5 形成文件的信息　变化：应控制质量管理体系和本标准所要求的形成文件的信息；QMS 策划和编制文件时，不仅要考虑这些文件如何与现有的文件衔接和保持一致，还要考虑充分性、有效性、可操作性等；组织应当对体系所需的外部文件进行适当识别和控制。修订文件管理规定、记录管理规定。

⑦ISO 9001:2015 标准第 8 部分"运行"代替了"产品实现"，指满足产品和服务提供要求所需的运行过程。具体条款的变化有：

a.8.1 运行策划和控制　变化：组织应控制策划的更改，评审非预期变更的后果，必要时，采取措施消除不利影响;新增组织应确保外包过程受控。

b.8.2.1 顾客沟通 新增:处置或控制顾客财产;关系重大时制定有关应急措施的特定要求。修订一体化管理手册的相关内容。

c.8.2.2 产品和服务要求的确定 变化:放在了顾客沟通之后,这个变化表明在确定向顾客提供产品和服务时应充分考虑顾客的要求和想法。

d.8.2.3 产品和服务要求的评审 变化:指订单或合同评审;组织应保留评审结果、针对产品和服务的新要求作为形成文件的信息。

e.8.2.4 产品和服务要求的更改 变化:产品和服务要求发生更改,组织应确保相关的形成文件的信息得到修改,并确保相关人员知道已更改的要求。

f.8.3 产品和服务的设计与开发 变化:产品和服务的设计开发由一组运用产品和服务的理念或要求的过程组成,这些理念或要求可以来源于客户、终端用户或组织。

g.8.3.2 设计和开发策划 新增:确定设计和开发的各阶段及其控制时,组织应考虑:产品和服务的设计和开发所需的内部和外部资源;顾客和使用者参与设计和开发过程的需求;证实已经满足设计和开发要求所需的形成文件的信息。

h.8.3.3 设计和开发输入 变化:强调了由产品和服务性质所决定的、失效的潜在后果;组织应保留有关设计和开发输入的形成文件的信息。

i.8.3.4 设计和开发控制 变化:将设计评审、验证、确认 3 个条款合并,要求保留这些活动的形成文件的信息;不再明确划分评审、验证和确认 3 个阶段,便于组织根据实际情况对设计开发活动进行控制。要求修订科研与开发控制程序。

j.8.3.5 设计和开发输出 变化:增加了"包括或引用监视和测量的要求",而不仅仅是产品的接受准则;组织应保留有关设计和开发输出的形成文件的信息。

k.8.3.6 设计和开发更改 变化:根据变更的具体情况以及后续过程和最终产品的影响程度对设计开发的策划和更改进行适当的控制,便于组织实施;组织应保留设计和开发变更、评审的结果、变更的授权、为防止不利影响而采取的措施,形成文件的信息。

l.8.4 外部提供的过程、产品和服务的控制 变化:不仅指采购产品,包括外包过程和外部提供服务的控制。

m.8.4.1 总则 变化:不再强调对外部供方提出"质量管理体系要求";组织应确定外部供方的评价、选择、绩效监视以及再评价的准则并加以实施,对于这些活动和由评价引发的任何必要的措施,组织应保留所需的形成文件的信息。修订供应商管理控制程序。

n.8.4.2 控制类型和程度 变化:组织应确定必要的验证或其他活动,以确保外部提供的过程、产品和服务满足要求。新增"服务外包的管理要求"的相关文件。

o.8.4.3 提供给外部供方的信息 新增:新增组织与外部供方沟通的要求;对"人员资格的要求"扩充为"能力"要求。

p.8.5.1 生产和服务提供的控制 变化:指产品生产过程、服务提供过程的控制;强调了

"在适当阶段实施监视和测量活动",其目的是为了验证过程处于控制之下,并满足过程和过程输出的控制准则和产品和服务的接收准则,组织应策划实施监控和测量的时机和方法;增加了"采取措施防止人为错误",组织应识别这些过程,并制定必要的防错措施。

q.8.5.2 标识和可追溯性　变化:组织应在生产和服务提供的整个过程中按照监视和测量要求识别输出状态。

r.8.5.3 顾客或外部供方的财产　变化:除了顾客财产的管理,新增了对外部供方提供给组织使用的财产的管理;若顾客或外部供方的财产发生丢失、损坏或发现不适用情况,组织应向顾客或外部供方报告,并保留相关形成文件的信息。修订一体化管理手册的相关内容。

s.8.5.4 防护　变化:防护包括标识、处置、污染控制、包装、储存、传送或运输以及保护。

t.8.5.5 交付后的活动　变化:强调在确定交付后活动的覆盖范围和程度时,组织应充分考虑的相关因素。

u.8.5.6 更改控制　新增:变更针对的是在生产和服务提供期间发生的影响符合要求的变更,如生产计划的变更、顾客要求的变更、法律法规的变更、外部供应延迟交付或质量问题、关键设备失效等;典型的控制变更的活动有:评审,实施前的验证或确认,批准(适当时包括顾客授权)。

v.8.6 产品和服务的放行　变化:指检验控制,强调验证活动不仅是针对最终产品和服务的放行,而是在生产和服务提供的全过程的适当阶段都要实施必要的验证活动,以验证相关阶段输出的产品和服务都已满足要求;组织应保留有关产品和服务放行的形成文件的信息。

w.8.7 不合格输出的控制　变化:指不合格品/不合格服务过程的控制,对象是全过程中任何不符合要求的输出,包括采购产品、过程产品和最终交付给顾客的产品识别出的不合格品,也包括不合格服务过程,也适用于交付后的产品,服务提供时或服务提供后发现的不符合服务;对不合格输出进行纠正之后应验证其是否符合要求。

⑧ISO 9001:2015 标准第 9 部分的修订条款有:

a.9.1 监视、测量、分析和评价　变化:强调的是监视、测量、分析、评价的策划,更加明确了策划的具体内容包括对象、方法和时机。

9.1.2 顾客满意　变化:组织应确定顾客感受方面的信息的获取、监视和评审方法;强调组织应监视、测量顾客的需求和期望满意的"程度",明确了顾客满意概念,强化了对顾客满意进行监视的量化要求。

9.1.3 分析与评价　变化:强调的不仅是对过程的监视测量分析,还强调将分析的结果用于评价;强调了对 QMS 绩效和有效性的评价,这就要求组织不仅要重视过程,也要重视结果。

b.9.2 内部审核　变化:本条款强调组织应对内审发现的问题及时采取纠正和纠正措施;审核方案是指针对特定时间段所策划并具有特定目标的一组(一次或多次)审核安排,审核方案不是一个单纯的文件,而是审核策划、实施审核活动的管理。

c.9.3 管理评审　变化:强调管理评审应考虑战略方向,不仅仅是质量方针和质量目标;新增应对风险和机遇所采取措施的有效性。修订管理评审程序。

⑨ISO 9001:2015 标准第 10 部分修订的内容如下：

a.10.1 总则 变化：针对 QMS 有效性与 QMS 绩效，改进不仅指 QMS 体系改进，还包括产品和服务改进。

b.10.2 不合格和纠正措施 变化：针对不合格的处理，临时对策为纠正，永久对策为纠正措施，取消了预防措施这一概念；新版 QMS 主要理念之一是预防为主，取消预防措施条款，将预防措施的概念体现在基于风险的应对措施中；标准明确要求，当组织发现不合格时，应确定是否有其他类似的实际或潜在不合格存在，若组织经评审和分析不合格，认为已发生的不合格可能再次出现或出现在另一领域，组织应采取应对措施。修订不合格品控制程序、纠正与预防措施控制程序及一体化管理手册的相关内容。

c.10.3 持续改进 变化：组织应持续改进质量管理体系的适宜性、充分性和有效性；强调组织可以考虑基于风险的识别，考虑持续改进的来源，持续改进的来源可以考虑所有监视、测量、分析、评价的输出和管理评审的输出。

2. ISO 9001:2015 标准的主要特点

（1）ISO 9001:2015 标准为未来十年或更长时间，提供一套稳定的核心要求；

（2）ISO 9001:2015 标准保留大类，并能在任何类型、规模及行业的组织中运行；

（3）ISO 9001:2015 标准依然关注有效的过程管理，以便实现预期的输出；

（4）ISO 9001:2015 标准考虑在 2000 年进行重大修订后，在实践和技术方面的变化；

（5）ISO 9001:2015 标准能反映组织在运行过程中日益加剧的复杂性、动态的环境变化和增长的需求；

（6）ISO 9001:2015 标准通过应用 ISO 导则中的附件 SL，增强其同其他 ISO 管理体系标准的兼容性和符合性；

（7）ISO 9001:2015 标准推进第一方、第二方和第三方的合格评定活动；

（8）ISO 9001:2015 标准利用简单化的语言和描述方式，以便加深理解并统一对各项要求的阐述。

四、推行 ISO 9000 系列标准的意义

ISO 9000 系列标准的管理思想蕴涵着预防、监督和自我改进三大科学管理机制，它融汇了系统论、信息论和控制论，将管理体系化，既强调了管理的封闭性，又将管理行为文件化，从而保证了管理的可执行性。推行 ISO 9000 系列标准具有重要的现实意义。

1. 国际贸易的重要条件

由于不同的民族、不同的国家有不同的社会背景，品质和品质管理的规定也不一样，因此往往会形成国际贸易的障碍。ISO 9000 系列标准是当前国际上唯一被世界各国认可的技术标准，ISO 9000 系列质量管理体系标准认证在国际范围内得到互认，为国际经济技术合作提供了国际

通用的共同语言和准则,满足了质量管理体系的国际标准化需求,成为国际贸易的重要条件。企业开展 ISO 9000 质量管理体系认证,有利于与国际接轨,加强国际的经济合作和技术交流。因此,实施 ISO 9000 系列质量管理体系标准对消除技术壁垒、增强国际贸易起到了十分积极的作用。

2. 建立自我完善和持续改进的良性机制

ISO 9000 质量管理体系具有四个特性:一是全面性,即可在全辖范围内开展;二是全员性,即全员参与质量管理;三是全程性,即进行业务活动全过程质量控制;四是预防不合格和持续改进,即不仅起到防范作用又可起到监督作用,从而可以规范企业的全面管理,建立自我完善和持续改进的良性机制。

3. 增加企业的竞争力

根据 ISO 9000 建立起的质量管理体系,使管理有法可依,有章可循,由"人治"走向"法治"管理。在国际贸易竞争中有五个因素起作用:质量、品种、价格、交货期和服务,其中产品质量的优劣在很大程度上取决于品质管理,品质影响产品的价格,对价格起重要作用。按 ISO 9000 系列标准建立起来的质量管理体系,通过对"过程"的管理,以有效的方式全面满足顾客五个方面的要求,增加企业的市场竞争力,从而可以提高企业的声誉和知名度,增强客户信心。

4. 强化质量管理,降低进出口企业的经营风险

认证机构审核 ISO 9000 质量管理体系认证是非常严格的,对于进出口企业来说,可按照经过严格审核的国际标准化的质量体系进行质量管理,真正达到质量管理规范化、科学化,从而提高工作效率,降低风险率,提高进出口企业的经济效益和社会效益,并通过程序控制来防范风险。

第二节 七项质量管理原则的理解

质量管理原则是在管理实践经验的基础上用高度概括的语言所表述的最基本、最通用的一般规律,可以指导一个组织在长期内通过关注顾客及其他相关方的需求和期望而改进其总体业绩。它是质量文化的一个重要组成部分。

一、质量管理原则产生的背景

为奠定 ISO 9000 系列标准的理论基础,使之更有效地指导组织实施质量管理,使全世界普遍接受 ISO 9000 系列标准,ISO/TC 176 从 1995 年开始成立了一个工作组,根据 ISO 9000 族标准的实践经验及理论分析,吸纳了国际上最受尊敬的一批质量管理专家的意见,用了约两年的时间,整理并编撰了八项质量管理原则。

质量管理八项原则最初以 ISO/TC 176/SC2/WG/N125 号文件《质量管理原则及其应用指

南》发布,在 ISO/TC 176 召开的特拉维夫会议前以绝对多数的赞同票得到通过。为了能对质量管理原则的定义取得高度的一致,又编制了仅包含质量管理八项原则的新文件 ISO/TC 176/SC2/WG15/N130《质量管理原则》。在 1997 年 9 月 27 日至 29 日召开的哥本哈根会议上,36 个投票国以 32 票赞同 4 票反对通过了该文件,并以 ISO/TC 176/SC2/N376 号文件予以发布。ISO/TC 176 将八项质量管理原则系统地应用于 2000 版 ISO 9000 族标准中,使得 ISO 9000 族标准的内涵更加丰富,从而可以更有力地支持质量管理活动。

二、ISO 9001:2015 质量管理原则的变化

ISO/TC 176/SC2/WG15 结合 ISO 9000 标准 2015 年版制订工作的需要,通过广泛的顾客调查,将原来的质量管理八项原则修改为质量管理七项原则。

旧版一共八条,新版将管理的"系统方法"合并到了"过程方法",变成了七条,这七条里面有四条还是原来的叫法,它们分别是"以顾客为关注焦点""领导作用""全员参与"和"过程方法"。其他三条都发生了变化,分别对应如下:"持续改进"改为"改进","基于事实的决策方法"改为"循证决策","与供方互利的关系"改为"关系管理"。ISO 9000:2015 标准 2.3 条款详细阐述了这七项原则,每个原则都是按照释义、理论依据、主要收益和可开展活动四部分来解释。相比旧版的质量管理八项原则,新版的质量管理七项原则更加具体,要求更严格,适用范围更广。

三、质量管理七项原则的内容

1. 以顾客为关注焦点

(1)释义:质量管理的主要关注点是满足顾客要求并且努力超越顾客的期望。

(2)理论依据:组织只有赢得顾客和其他相关方的信任才能获得持续成功。与顾客相互作用的每个方面,都提供了为顾客创造更多价值的机会。理解顾客和其他相关方当前和未来的需求,有助于组织的持续成功。

(3)主要收益:增加顾客价值;提高顾客满意;增进顾客忠诚;增加重复性业务;提高组织的声誉;扩展顾客群;增加收入和市场份额。

(4)可开展的活动:了解从组织获得价值的直接和间接顾客;了解顾客当前和未来的需求和期望;将组织的目标与顾客的需求和期望联系起来;将顾客的需求和期望,在整个组织内予以沟通;为满足顾客的需求和期望,对产品和服务进行策划、设计、开发、生产、支付和支持;测量和监视顾客满意度,并采取适当措施;确定有可能影响到顾客满意度的相关方的需求和期望,确定并采取措施;积极管理与顾客的关系,以实现持续成功。

2. 领导作用

(1)释义:各层领导建立统一的宗旨及方向,并创造全员积极参与实现组织的质量目标的条件。

(2)理论依据:统一的宗旨和方向,以及全员参与,能够使组织将战略、方针、过程和资源保

持一致,以实现其目标。

(3)主要收益:提高实现组织质量目标的有效性和效率;组织的过程更加协调;改善组织各层次、各职能间的沟通;开发和提高组织及其人员的能力,以获得期望的结果。

(4)可开展的活动:在整个组织内,就其使命、愿景、战略、方针和过程进行沟通;在组织的所有层次创建并保持共同的价值观和公平道德的行为模式;培育诚信和正直的文化;鼓励在整个组织范围内履行对质量的承诺;确保各级领导者成为组织人员中的实际楷模;为组织人员提供履行职责所需的资源、培训和权限;激发、鼓励和表彰员工的贡献。

3.全员参与

(1)释义:整个组织内各级人员的胜任、授权和参与,是提高组织创造价值和提供价值能力的必要条件。

(2)理论依据:为了有效和高效地管理组织,各级人员得到尊重并参与其中是极其重要的。通过表彰、授权和提高能力,促进在实现组织的质量目标过程中的全员参与。

(3)主要收益:组织内人员对质量目标有更深入的,以及更强的加以实现的动力;在改进活动中,提高人员的参与程度;促进个人发展、主动性和创造力;提高员工的满意度;增强整个组织内的信任和协作;促进整个组织对共同价值观和文化的关注。

(4)可开展的活动:与员工沟通,以增进他们对个人贡献的重要性的认识;促进整个组织的协作;提倡公开讨论,分享知识和经验;让员工确定工作中的制约因素,毫不犹豫地主动参与;赞赏和表彰员工的贡献、钻研精神和进步;针对个人目标进行绩效的自我评价;为评估员工的满意度和沟通结果进行调查,并采取适当的措施。

4.过程方法

(1)释义:将活动作为相互关联、功能连贯的过程组成的体系来理解和管理时,可更加有效和高效地得到一致的、可预知的结果。

(2)理论依据:质量管理体系是由相互关联的过程所组成。理解体系是如何产生结果的,能够使组织尽可能地完善其体系和优化其绩效。

(3)主要收益:提高关注关键过程和改进机会的能力;通过协调一致的过程体系,得到一致的、可预知的结果;通过过程的有效管理、资源的高效利用及职能交叉障碍的减少,尽可能提高绩效;使组织能够向相关方提供关于其一致性、有效性和效率方面的信任。

(4)可开展的活动:确定体系和过程需要达到的目标;为管理过程确定职责、权限和义务;了解组织的能力,事先确定资源约束条件;确定过程相互依赖的关系,分析个别过程的变更对整个体系的影响;对体系的过程及其相互关系进行管理,有效和高效地实现组织的质量目标;确保获得过程运行和改进的必要信息,并监视、分析和评价整个体系的绩效;对能影响过程输出和质量管理体系整体结果的风险进行管理。

5.改进

(1)释义:成功的组织总是致力于持续改进。

(2)理论依据:改进对于组织保持当前的业绩水平,对其内外部条件的变化做出反应并创造新的机会都是非常必要的。

(3)主要收益:改进过程绩效、组织能力和顾客满意度;增强对调查和确定基本原因以及后续的预防和纠正措施的关注;提高对内外部的风险和机遇的预测和反应能力;增加对增长性和突破性改进的考虑;通过加强学习实现改进;增加创新的动力。

(4)可开展的活动:促进在组织的所有层次建立改进目标;对各层次员工进行培训,使其懂得如何应用基本工具和方法实现改进目标;确保员工有能力成功地制定和完成改进项目;开发和部署整个组织实施的改进项目;跟踪、评审和审核改进项目的计划、实施、完成和结果;将新产品开发或产品、服务和过程的更改都纳入到改进中予以考虑;赞赏和表彰改进。

6. 循证决策

(1)释义:基于数据和信息的分析和评价的决策更有可能产生期望的结果。

(2)理论依据:决策是一个复杂的过程,并且总是包含一些不确定因素。它经常涉及多种类型和来源的输入及其解释,而这些解释可能是主观的。重要的是理解因果关系和潜在的非预期后果。对事实、证据和数据的分析可导致决策更加客观,因而更有信心。

(3)主要收益:改进决策过程;改进对实现目标的过程绩效和能力的评估;改进运行的有效性和效率;增加评审、挑战和改变意见和决策的能力;增加证实以往决策有效性的能力。

(4)可开展的活动:确定、测量和监视证实组织绩效的关键指标;使相关人员能够获得所需的全部数据;确保数据和信息足够准确、可靠和安全;使用适宜的方法对数据和信息进行分析和评价;确保人员对分析和评价所需的数据是胜任的;依据证据,权衡经验和直觉进行决策并采取措施。

7. 关系管理

(1)释义:为了持续成功,组织需要管理与供方等相关方的关系。

(2)理论依据:相关方影响组织的绩效。组织管理与所有相关方的关系,以最大限度地发挥其在组织绩效方面的作用。对供方及合作伙伴的关系网的管理是非常重要的。

(3)主要收益:通过对每一个与相关方有关的机会和限制的响应,提高组织及其相关方的绩效;对目标和价值观,与相关方有共同的理解;通过共享资源和能力,以及管理与质量有关的风险,增加为相关方创造价值的能力;具有管理良好,可稳定提供产品和服务的供应链。

(4)可开展的活动:确定组织和相关方(供方、合作伙伴、顾客、投资者、雇员或整个社会)的关系;确定需要优先管理的相关方的关系;建立权衡短期收益与长期考虑的关系;收集并与相关方共享信息、专业知识和资源;适当时,测量绩效并向相关方报告,以增加改进的主动性;与供方、合作伙伴及其他相关方共同开展开发和改进活动;鼓励和表彰供方与合作伙伴的改进和成绩。

第三节 ISO 9001:2015 质量管理体系的主要内容

ISO 9001:2015 质量管理体系要求经过改版后,在结构上由原来的 8 个部分变成了 10 个部分,主要内容如下。

一、范围

ISO 9001:2015 标准为有下列需求的组织规定了质量管理体系要求:

(1)需要证实其具有稳定提供满足顾客要求及适用法律法规要求的产品和服务的能力;

(2)通过体系的有效应用,包括体系改进的过程,以及保证符合顾客要求和适用的法律法规要求,旨在增强顾客满意。

二、规范性引用文件

下列文件对于本文件的应用是必不可少的。凡是注日期的引用文件,仅注日期的版本适用于本文件。凡是不注日期的引用文件,其最新版本(包括所有的修改单)适用于本文件。

GB/T 19000—2016 质量管理体系 基础和术语(ISO 9000:2015,IDT)。

三、术语和定义

本标准采用 ISO 9000:2015 中所确立的术语和定义。

2015 版 ISO 9001 标准引用的“术语和定义”,共 13 类、136 个术语,如表 5 – 1 所示,其中关键术语 28 个,如表 5 – 2 所示。比起 ISO 9000:2005(GB/T 19000—2008)的“术语和定义”(共 10 类、84 个术语),有所扩大和增加。对很多重要的基础术语进行了修订和创新(输出、产品、服务),为 ISO 9001 标准的应用和审核带来较大变化和变更,新术语和定义将有助于标准实现其目标和结果。

表 5 – 1 ISO 9000:2015 术语

序号	分类	数量	内容
1	有关人员的术语	6	最高管理者、质量管理体系咨询师、参与、积极参与、管理机构、争议解决者
2	有关组织的术语	9	组织、组织环境、相关方、顾客、供方、外部供方、争议解决过程提供方、协会、计量职能
3	有关活动的术语	13	改进、持续改进、管理、质量管理、质量策划、质量改进、质量控制、质量保证、技术状态管理、更改控制、活动、项目管理、技术状态项
4	有关过程的术语	8	过程、项目、质量管理体系实现、能力获得、程序、外包、合同、设计和开发
5	有关体系的术语	12	体系(系统)、基础设施、管理体系、质量管理体系、工作环境、计量确认、测量管理体系、方针、质量方针、愿景、使命、战略

续表

序号	分类	数量	内容
6	有关要求的术语	15	客体、质量、等级、要求、质量要求、法律要求、法规要求、产品技术状态信息、不合格（不符合）、缺陷、合格（符合）、能力、可追溯性、可信性、创新
7	有关结果的术语	11	目标、质量目标、成功、持续成功、输出、产品、服务、绩效、风险、效率、有效性
8	有关数据、信息和文件的术语	15	数据、信息、客观证据、信息系统、文件、形成文件的信息、规范、质量手册、质量计划、记录、项目管理计划、验证、确认、技术状态纪实、特定情况
9	有关顾客的术语	6	反馈、顾客满意、投诉、顾客服务、顾客满意行为规范、争议
10	有关特性的术语	7	特性、质量特性、人为因素、能力、计量特性、技术状态、技术状态基线
11	有关确定的术语	9	确定、评审、监视、测量、测量过程、测量设备、检验、试验、进展评价
12	有关措施的术语	10	预防措施、纠正措施、纠正、降级、让步、偏离许可、放行、返工、返修、报废
13	有关审核的术语	17	审核、多体系审核、联合审核、审核方案、审核范围、审核计划、审核准则、审核证据、审核发现、审核结论、审核委托方、受审核方、向导、审核组、审核员、技术专家、观察员

表5-2 ISO 9000:2015 关键术语

序号	分类	数量	内容
1	有关人员的术语	1	最高管理者
2	有关组织的术语	5	组织、组织环境、相关方、供方、外部供方
3	有关活动的术语	2	改进、持续改进
4	有关过程的术语	3	过程、程序、外包
5	有关体系的术语	5	方针、质量方针、愿景、使命、战略
6	有关要求的术语	1	创新
7	有关结果的术语	7	目标、质量目标、成功、持续成功、输出、产品、服务
8	有关数据、信息和文件的术语	2	文件、形成文件的信息
9	有关审核的术语	2	多体系审核、联合审核

四、组织环境

1. 理解组织及其环境

组织应确定与其宗旨和战略方向相关并影响实现质量管理体系预期结果的能力的各种外部和内部因素。需要时，组织应更新这些信息。

在确定这些相关的内部和外部因素时，组织应考虑以下方面：

（1）可能对组织的目标造成影响的变更和趋势；

（2）与相关方的关系，以及相关方的理念、价值观；

（3）组织管理、战略优先、内部政策和承诺；

（4）资源的获得和优先供给、技术变更。

2. 理解相关方的需求和期望

组织应确定：

（1）与质量管理体系有关的相关方；

（2）相关方的要求。

组织应更新以上确定的结果，以便于理解和满足影响顾客要求和顾客满意度的需求和期望。组织应考虑以下相关方：

（1）直接顾客；

（2）最终使用者；

（3）供应链中的供方、分销商、零售商及其他；

（4）立法机构；

（5）其他。

3. 确定质量管理体系的范围

组织应确定质量管理体系的边界和适用性，以确定其范围。在确定质量管理体系范围时，组织应考虑：

（1）标准 4.1 条款中提到的内部和外部因素；

（2）标准 4.2 条款中提及的相关方的要求。

（3）组织的产品和服务。

质量管理体系的范围应描述为组织所包含的产品、服务、主要过程和地点。描述质量管理体系的范围时，对不适用的标准条款，应将质量管理体系的删减及其理由形成文件。删减应仅不影响组织确保产品和服务满足要求和顾客满意的能力和责任。过程外包不是正当的删减理由。

4. 质量管理体系及其过程

组织应将过程方法应用于质量管理体系。组织应：

（1）确定质量管理体系所需的过程及其在整个组织中的应用；

（2）确定每个过程所需的输入和期望的输出；

（3）确定这些过程的顺序和相互作用；

（4）确定产生非预期的输出或过程失效对产品、服务和顾客满意带来的风险；

（5）确定所需的准则、方法、测量及相关的绩效指标，以确保这些过程的有效运行和控制；

（6）确定和提供资源；

（7）规定职责和权限；

（8）实施所需的措施以实现策划的结果；

（9）监测、分析这些过程，必要时变更，以确保过程持续产生期望的结果；

（10）确保持续改进这些过程。

五、领导作用

1. 领导作用和承诺

最高管理者应通过以下方面证实其对质量管理体系的领导作用与承诺：

(1)确保质量方针和质量目标得到建立，并与组织的战略方向保持一致；

(2)确保质量方针在组织内得到理解和实施；

(3)确保质量管理体系要求纳入组织的业务运作；

(4)提高过程方法的意识；

(5)确保质量管理体系所需资源的获得；

(6)传达有效的质量管理以及满足质量管理体系、产品和服务要求的重要性；

(7)确保质量管理体系实现预期的输出；

(8)吸纳、指导和支持员工参与对质量管理体系的有效性做出贡献；

(9)增强持续改进和创新；

(10)支持其他的管理者在其负责的领域证实其领导作用。

在针对顾客需求和期望的领导作用与承诺方面，最高管理者应通过以下方面，证实其针对以顾客为关注焦点的领导作用和承诺：

(1)可能影响产品和服务符合性、顾客满意的风险得到识别和应对；

(2)顾客要求得到确定和满足；

(3)保持以稳定提供满足顾客和相关法规要求的产品和服务为焦点；

(4)保持以增强顾客满意为焦点。

2. 方针

最高管理者应制定质量方针，质量方针应：

(1)与组织的宗旨相适应；

(2)提供制定质量目标的框架；

(3)包括对满足适用要求的承诺；

(4)包括对持续改进质量管理体系的承诺；

(5)可获取并保持成文信息；

(6)在组织内得到沟通；

(7)适用时，可为有关相关方所获取；

(8)在持续适宜性方面得到评审。

3. 组织的岗位、职责和权限

最高管理者应确保组织相关岗位的职责、权限得到规定和沟通。最高管理者应对质量管理体系的有效性负责，并规定职责和权限，以便：

(1)确保质量管理体系符合本标准的要求；

(2)确保过程相互作用并产生期望的结果;

(3)向最高管理者报告质量管理体系的绩效和任何改进的需求;

(4)确保在整个组织内提高满足顾客要求的意识。

六、策划

1. 应对风险和机遇的措施

策划质量管理体系时,组织应考虑4.1和4.2的要求,确定需应对的风险和机遇,以便:

(1)确保质量管理体系实现期望的结果;

(2)确保组织能稳定地实现产品、服务符合要求和顾客满意;

(3)预防或减少非预期的影响;

(4)实现持续改进。

组织应策划:

(1)风险和机遇的应对措施;

(2)如何在质量管理体系过程中纳入和应用这些措施和评价这些措施的有效性。

采取的任何风险和机遇的应对措施都应与其对产品、服务的符合性和顾客满意的潜在影响相适应。

2. 质量目标及其实现的策划

组织应在相关职能、层次、过程上建立质量目标。

质量目标应:

(1)与质量方针保持一致;

(2)与产品、服务的符合性和顾客满意相关;

(3)可测量(可行时);

(4)考虑适用的要求;

(5)得到监测;

(6)得到沟通;

(7)适当时进行组织更新应将质量目标形成文件。

在策划目标的实现时,组织应确定:

(1)做什么;

(2)所需的资源;

(3)责任人;

(4)完成的时间表;

(5)结果如何评价。

3. 变更的策划

组织应确定变更的需求和机会,以保持和改进质量管理体系绩效。组织应有计划、系统地进行变更,识别风险和机遇,并评价变更的潜在后果。

七、支持

1. 资源

(1)总则:组织应确定、提供为建立、实施、保持和改进质量管理体系所需的资源。组织应考虑:

①现有的内部资源、能力、局限;

②外包的产品和服务。

(2)基础设施:组织应确定、提供和维护其运行和确保产品、服务符合性和顾客满意所需的基础设施。基础设施可包括:

①建筑物和相关的设施;

②设备(包括硬件和软件);

③运输、通信和信息系统。

(3)过程运行环境:组织应确定、提供和维护其运行和确保产品、服务符合性和顾客满意所需的过程环境。过程环境可包括物理的、社会的、心理的和环境的因素如温度、承认方式、人因工效、大气成分。

(4)监视和测量设备:组织应确定、提供和维护用于验证产品符合性所需的监视和测量设备,并确保监视和测量设备满足使用要求。组织应保持适当的文件信息,以提供监视和测量设备满足使用要求的证据。

(5)知识:组织应确定质量管理体系运行过程,确保产品和服务符合性及顾客满意所需的知识。这些知识应得到保持、保护、需要时便于获取。在应对变化的需求和趋势时,组织应考虑现有的知识基础,确定如何获取必需的更多知识。

2. 能力

组织应:

(1)确定在组织控制下从事影响质量绩效工作的人员所必要的能力;

(2)基于适当的教育、培训和经验,确保这些人员是胜任的;

(3)适用时,采取措施以获取必要的能力,并评价这些措施的有效性;

(4)保持形成文件的信息,以提供能力的证据。

3. 意识

在组织控制下工作的人员应意识到:

(1)质量方针;

(2)相关的质量目标;

(3)他们对质量管理体系有效性的贡献,包括改进质量绩效的益处;

(4)偏离质量管理体系要求的后果。

4.沟通

组织应确定与质量管理体系相关的内部和外部沟通的需求,包括:

(1)沟通的内容;

(2)沟通的时机;

(3)沟通的对象。

5.形成文件的信息

(1)总则:组织的质量管理体系应包括:

①本标准所要求的文件信息;

②组织确定的为确保质量管理体系有效运行所需的形成文件的信息。

(2)编制和更新:在编制和更新文件时,组织应确保适当的:

①标识和说明;如标题、日期、作者、索引编号等;

②格式和媒介:如语言、软件版本、图示、纸质、电子格式;

③评审和批准以确保适宜性和充分性。

(3)成文信息的控制:应对质量管理体系和本标准所要求的形成文件的信息进行控制,以确保:

①需要文件的场所能获得适用的文件;

②文件得到充分保护,如防止泄密、误用、缺损。

适用时,组织应进行以下文件控制活动:

①分发、访问、回收、使用;

②存放、保护,包括保持清晰;

③更改的控制(如版本控制);

④保留和处置。

组织所确定的策划和运行质量管理体系所需的外来文件应确保得到识别和控制。

八、运行

1.运行策划和控制

组织应策划、实施和控制满足要求和第六部分确定的措施所需的过程,包括:

①建立过程准则;

②按准则要求实施过程控制;

③保持充分的文件信息,以确信过程按策划的要求实施。

组织应控制计划的变更,评价非预期的变更的后果,必要时采取措施减轻不良影响。组织应确保外包过程得到控制。组织的某项职能或过程由外部供方实施通常称作为外包。

2.产品和服务的要求和顾客沟通

(1)总则:组织应实施与顾客沟通所需的过程,以确定顾客对产品和服务的要求;

(2)与产品和服务有关要求的确定 适用时,组织应确定:

①顾客规定的要求,包括对交付及交付后活动的要求;

②顾客虽然没有明示,但规定的用途或已知的预期用途所必需的要求;

③适用于产品和服务的法律法规要求;

④组织认为必要的任何附加要求。

(3)与产品和服务有关要求的评审:组织应评审与产品和服务有关的要求。评审应在组织向顾客作出提供产品的承诺之前进行,并应确保:

①产品和服务要求已得到规定并达成一致;

②与以前表述不一致的合同或订单的要求已予解决;

③组织有能力满足规定的要求。

评审结果的信息应形成文件。若顾客没有提供形成文件的要求,组织在接受顾客要求前应对顾客要求进行确认。若产品和服务要求发生变更,组织应确保相关文件信息得到修改,并确保相关人员知道已变更的要求。

(4)顾客沟通:组织应对以下有关方面确定并实施与顾客沟通的安排:

①产品和服务信息;

②问询、合同或订单的处理,包括对其修改;

③顾客反馈,包括顾客抱怨;

④适用时,对顾客财产的处理;

⑤相关时,应急措施的特定要求。

3. 运行策划过程

为确保产品和服务的实现,组织应实施过程以确定以下内容,适用时包括:

(1)产品和服务的要求,并考虑相关的质量目标;

(2)识别和应对与实现产品和服务满足要求所涉及的风险相关的措施;

(3)针对产品和服务确定资源的需求;

(4)产品和服务的接收准则;

(5)产品和服务所要求的验证、确认、监视、检验和试验活动;

(6)绩效数据的形成和沟通;

(7)可追溯性、产品防护、产品和服务交付及交付后活动的要求。策划的输出形式应便于组织的运作。

4. 外部供应的产品和服务的控制

(1)总则:组织应确保外部提供的产品和服务满足规定的要求;

(2)控制类型和程度:对外部供方及其供应的过程、产品和服务的控制类型和程度取决于:

①识别的风险及其潜在影响;

②组织与外部供方对外部供应过程控制的分担程度;

③潜在的控制能力。

组织应根据外部供方按组织的要求提供产品的能力,建立和实施对外部供方的评价、选择和重新评价的准则。评价结果的信息应形成文件。

(3)提供给外部供方的文件信息:适用时,提供给外部供方的形成文件信息应阐述:

①需提供的产品和服务,以及实施的过程;

②产品、服务、程序、过程和设备的放行或批准要求;

③人员能力的要求,包含必要的资格;

④质量管理体系的要求;

⑤组织对外部供方业绩的控制和监视;

⑥组织或其顾客拟在供方现场实施的验证活动;

⑦将产品从外部供方到组织现场的搬运要求。

在与外部供方沟通前,组织应确保所规定的要求是充分与适宜的。组织应对外部供方的业绩进行监视。应将监视结果的信息形成文件。

5. 产品和服务的开发

(1)开发过程:组织应采用过程方法策划和实施产品和服务开发过程。在确定产品和服务开发的阶段和控制时,组织应考虑:

①开发活动的特性、周期、复杂性;

②顾客和法律法规对特定过程阶段或控制的要求;

③组织确定的特定类型的产品和服务的关键要求;

④组织承诺遵守的标准或行业准则;

⑤针对以下开发活动所确定的相关风险和机遇:

a. 开发的产品和服务的特性,以及失败的潜在后果;

b. 顾客和其他相关方对开发过程期望的控制程度;

c. 对组织稳定的满足顾客要求和增强顾客满意的能力的潜在影响。

⑥产品和服务开发所需的内部和外部资源;

⑦开发过程中的人员和各个小组的职责和权限;

⑧参加开发活动的人员和各个小组的接口管理的需求;

⑨对顾客和使用者参与开发活动的需求及接口管理;

⑩开发过程、输出及其适用性所需的形成文件的信息;

⑪将开发转化为产品和服务提供所需的活动。

(2)开发控制:对开发过程的控制应确保:

①开发活动要完成的结果得到明确规定;

②开发输入应充分规定,避免模棱两可、冲突、不清楚;

③开发输出的形式应便于后续产品生产和服务提供,以及相关监视和测量;

④在进入下一步工作前,开发过程中提出的问题得到解决或管理,或者将其优先处理;

⑤策划的开发过程得到实施,开发的输出满足输入的要求,实现了开发活动的目标;

⑥按开发的结果生产的产品和提供的服务满足使用要求;

⑦在整个产品和服务开发过程及后续任何对产品的更改中,保持适当的更改控制和配置管理。

(3)开发的转化:组织不应将开发转化为产品生产和服务提供,除非开发活动中未完成的或提出措施都已经完毕或者得到管理,不会对组织稳定地满足顾客、法律和法规要求及增强顾客满意的能力造成不良影响。

6. 产品生产和服务提供

(1)产品生产和服务提供的控制:组织应在受控条件下进行产品生产和服务提供。适用时,受控条件应包括:

①获得表述产品和服务特性的文件信息;

②控制的实施;

③必要时,获得表述活动的实施及其结果的文件信息;

④使用适宜的设备;

⑤获得、实施和使用监测和测量设备;

⑥人员的能力或资格;

⑦当过程的输出不能由后续的监测和测量加以验证时,对这样的产品生产和服务提供过程进行确认、批准和再次确认;

⑧产品和服务的放行、交付和交付后活动的实施;

⑨人为错误(如失误、违章)导致的不符合的预防。

(2)标识和可追溯性:适当时,组织应使用适宜的方法识别过程输出。

组织应在产品实现的全过程中,针对监视和测量要求识别过程输出的状态。在有可追溯性要求的场合,组织应控制产品的唯一性标识,并保留形成文件的信息。

(3)顾客或外部供方的财产:组织应爱护在组织控制下或组织使用的顾客、外部供方财产。组织应识别、验证、保护和维护供其使用或构成产品和服务一部分的顾客、外部供方财产。如果顾客、外部供方财产发生丢失、损坏或发现不适用的情况,组织应向顾客、外部供方报告,并保留文件信息。

(4)产品防护:在处理过程中和交付到预定地点期间,组织应确保对产品和服务(包括任何过程的输出)提供防护,以确保符合要求。防护也应适用于产品的组成部分、服务提供所需的任何有形的过程输出。

(5)交付后的活动:适用时,组织应确定和满足与产品特性、生命周期相适应的交付后活动要求。产品交付后的活动应考虑:

①产品和服务相关的风险;

②顾客反馈;

③法律和法规要求。

(6)变更控制:组织应有计划地和系统地进行变更,考虑对变更的潜在后果进行评价,采取必要的措施,以确保产品和服务完整性。应将变更的评价结果、变更的批准和必要的措施的信息形成文件。

7. 产品和服务的放行

组织应按策划的安排,在适当的阶段验证产品和服务是否满足要求。符合接收准则的证据应予以保留。除非得到有关授权人员的批准,适用时得到顾客的批准,否则在策划的符合性验证已圆满完成之前,不应向顾客放行产品和交付服务。应在形成文件信息中指明有权放行产品以交付给顾客的人员。

8. 不合格产品和服务

组织应确保对不符合要求的产品和服务得到识别和控制,以防止其非预期的使用和交付对顾客造成不良影响。组织应采取与不合格品的性质及其影响相适应的措施,需要时进行纠正。这也适用于在产品交付后和服务提供过程中发现的不合格的处置。当不合格产品和服务已交付给顾客,组织也应采取适当的纠正措施以确保实现顾客满意。

在不合格品得到纠正之后应对其再次进行验证,以证实符合要求。

不合格品的性质以及随后所采取的任何措施的信息应形成文件,包括所批准的让步。

九、绩效评价

1. 监视、测量、分析和评价

(1)总则:组织应考虑已确定的风险和机遇,应:

①确定监视和测量的对象,以便:a. 证实产品和服务的符合性;b. 评价过程绩效;c. 确保质量管理体系的符合性和有效性,评价顾客满意度。

②评价外部供方的业绩;

③确定监视、测量(适用时)、分析和评价的方法,以确保结果可行;确定监测和测量的时机;

④确定对监测和测量结果进行分析和评价的时机;

⑤确定所需的质量管理体系绩效指标。

组织应建立过程,以确保监视和测量活动与监视和测量的要求相一致。组织应保持适当的文件信息,以提供"结果"的证据。组织应评价质量绩效和质量管理体系的有效性。

(2)顾客满意:组织应监视顾客对其要求满足程度的数据。

适用时,组织应获取以下方面的数据:

①顾客反馈;

②顾客对组织及其产品、服务的意见和感受。

组织应确定获取和利用这些数据的方法。组织应评价获取的数据,以确定增强顾客满意的机会。

（3）分析与评价:组织应分析、评价来自监视和测量以及其他相关来源的适当数据,这应包括适用方法的确定。

数据分析和评价的结果应用于:

①确定质量管理体系的适宜性、充分性、有效性;

②确保产品和服务能持续满足顾客要求;

③确保过程的有效运行和控制;

④识别质量管理体系的改进机会数据分析和评价的结果应作为管理评审的输入。

2. 内部审核

组织应按照计划的时间间隔进行内部审核,以确定质量管理:

①是否符合组织对质量管理体系的要求和本标准的要求;

②是否得到有效的实施和保持。

组织应:

①策划、建立、实施和保持一个或多个审核方案,包括审核的频次、方法、职责、策划审核的要求和报告审核结果。审核方案应考虑质量目标、相关过程的重要性、关联风险和以往审核的结果;

②确定每次审核的准则和范围;

③审核员的选择和审核的实施应确保审核过程的客观性和公正性;

④确保审核结果提交给管理者以供评审;

⑤及时采取适当的措施;

⑥保持形成文件的信息,以提供审核方案实施和审核结果的证据。

3. 管理评审

最高管理者应按策划的时间间隔评审质量管理体系,以确保其持续的适宜性、充分性和有效性。

管理评审策划和实施时,应考虑变化的商业环境,并与组织的战略方向保持一致。管理评审应考虑以下方面:

①以往管理评审的跟踪措施;

②与质量管理体系有关的外部或内部的变更;

③持续改进的机会;

④质量管理体系绩效的信息,包括以下方面的趋势和指标:a. 不符合与纠正措施;b. 监视和测量结果;c. 审核结果;d. 顾客反馈;e. 外部供方;f. 过程绩效和产品的符合性。

管理评审的输出应包括以下相关的决定:

①持续改进的机会;

②对质量管理体系变更的需求。

组织应保持形成文件的信息,以提供管理评审的结果及采取措施的证据。

十、改进

1. 不符合与纠正措施

发生不符合时,组织应:

(1)作出响应,适当时:

①采取措施控制和纠正不符合;

②处理不符合造成的后果。

(2)评价消除不符合原因的措施的需求,通过采取以下措施防止不符合再次发生或在其他区域发生:

①评审不符合;

②确定不符合的原因;

③确定类似不符合是否存在,或可能潜在发生。

(3)实施所需的措施;

(4)评审所采取纠正措施的有效性;

(5)对质量管理体系进行必要的修改纠正措施应与所遇到的不符合的影响程度相适应。

组织应将以下信息形成文件:

(1)不符合的性质及随后采取的措施;

(2)纠正措施的结果。

2. 持续改进

组织应持续改进质量管理体系的适宜性、充分性和有效性。

适当时,组织应通过以下方面改进其质量管理体系、过程、产品和服务:

(1)数据分析的结果;

(2)组织的变更;

(3)识别的风险的变更;

(4)新的机遇。

组织应评价、确定优先次序及决定需实施的改进。

第四节 其他有关的国际标准简介

一、ISO 14000 环境管理体系标准简介

ISO 14000 是国际标准化组织第 207 技术委员会(TC 207)从 1993 年开始制定的一系列环

境管理国际标准,它包括了环境管理体系(EMS)、环境管理体系审核(EA)、环境标志(EL)、生命周期评价(LCA)、环境绩效评价(EPE)、术语和定义(T&D)等国际环境管理领域的研究与实践的焦点问题,向各国政府及各类组织提供统一的环境管理体系,提供产品的国际标准和严格、规范的审核认证办法。

1. ISO 14000 系列标准产生与发展

伴随着 20 世纪中期爆发于一些发达国家的公害事件,人类开始认识到环境问题的出现及其严重性。世界各国纷纷制定各类法律法规和环境标准,并试图通过诸如许可证等手段强制企业执行这些法律法规和标准来改善环境。正是在这种环境管理的国际大趋势下,考虑到各国、各地区、各组织采用的环境管理手段及相应的标准要求不一致,可能会为一些国家制造新的"保护主义"和技术壁垒提供条件,从而对国际贸易产生影响,国际标准化组织认识到自己的责任和机会,并为响应联合国实施可持续发展的号召,于 1993 年 6 月成立了 ISO/TC 207 环境管理技术委员会,正式开展环境管理标准的制定工作,期望通过环境管理工具的标准化工作,规范企业和社会团体等组织的自愿环境管理活动,促进组织环境绩效的改进,支持全球的可持续发展和环境保护工作。

1996 年 9 月国际标准化组织颁布了首批 ISO 14000 系列标准。ISO 五个系列标准是:ISO 14001、ISO 14004、ISO 14010、ISO 14011、ISO 14012。其中,龙头标准是 ISO 14001 环境管理体系规范及使用指南,它是真正用于企业认证的唯一的审核标准与依据。我国于 1995 年 5 月正式成立了中国的"全国环境管理标准化技术委员会",在国际标准化组织公布第一批环境管理标准后不久,我国就将这五项国际标准等同转化,并于 1997 年 4 月 1 日由国家技术监督局正式颁布,另编号为 GB/T 24000 系列。所以通常讲的 ISO 14000 环境管理体系标准即指此标准。

为了更加清晰和明确 ISO 14001 标准的要求,2004 年 ISO 对该标准进行了修订,并于 2004 年 11 月 15 日颁布了新版标准 ISO 14001:2004 环境管理体系 要求及使用指南。主体标准如下:

ISO 14001:2004 环境管理体系 要求及使用指南;

ISO 14004:2004 环境管理体系 原则体系和支持技术通用指南;

ISO 14011:2004 质量和(或)环境管理体系审核指南;

ISO 14012:2004 环境审核指南 环境审核员资格要求;

ISO 14040:2004 生命周期评估 原则和框架。

2015 年 6 月,ISO 颁布了 ISO 14001:2015 标准,新版标准改为 10 个章节,分别为:①范围,②引用标准,③术语与定义,④组织环境,⑤领导力,⑥策划,⑦支持,⑧运行,⑨绩效评价,⑩改进。其中前 3 部分与 ISO 14001:2004 相同。ISO 14001:2015 版环境管理体系标准中提及 20 个新概念如符合性义务、环境条件、风险、价值链、生命周期等,并考虑了 11 个环境主题,包括可持续发展、战略环境管理、环境绩效的透明度和责任、污染预防及环境保护、生命周期、国家(国际)政策议程等,增加 ISO 14001 在小型组织中的应用及不阻止或排除入门级水平,考虑组织环境及其相关方的参与,和与外界的沟通方面控制环境影响等。

2. ISO 14000 系列标准的特点

ISO 14000 系列标准不同于一般产品的标准化,它应具备以下几个特点。

(1)强调法律法规的符合性:ISO 14001 标准要求实施这一标准的组织的最高管理者必须承诺符合有关环境法律法规和其他要求。

(2)强调污染预防:污染预防是 ISO 14001 标准的基本指导思想,即应首先从源头考虑如何预防和减少污染的产生,而不是末端治理。

(3)强调持续改进:ISO 14001 没有规定绝对的行为标准,在符合法律法规的基础上,企业要自己和自己比,进行持续改进,即今天做的要比昨天做得好。

(4)强调系统化、程序化的管理和必要的文件支持。

(5)自愿性:ISO 14001 标准不是强制性标准,企业可根据自身需要自主选择是否实施。

(6)可认证性:ISO 14001 标准可作为第三方审核认证的依据,因此企业通过建立和实施 ISO 14001 标准可获得第三方审核认证证书。

(7)广泛适用性:ISO 14001 标准不仅适用于企业,同时也可适用于事业单位、商行、政府机构、民间机构等任何类型的组织。

3. ISO 9000 与 ISO 14000 的关系

ISO 9000 质量体系认证标准与 ISO 14000 环境管理体系标准对企业的许多要求是通用的,两套标准可以结合在一起使用。世界各国的许多企业或公司都通过了 ISO 9000 系列标准的认证,这些企业或公司可以把在通过 ISO 9000 体系认证时所获得的经验运用到环境管理认证中去。ISO 9000:2015 标准更加体现了两套标准结合使用的原则,使 ISO 9000 系列标准与 ISO 14000 系列标准联系更为紧密。

ISO 9000 系列标准与 ISO 14000 系列标准的共同之处有:

(1)ISO 9000 与 ISO 14000 具有共同的实施对象:在各类组织中建立科学、规范和程序化的管理系统。

(2)两套标准的管理体系相似:ISO 9000 某些标准的框架、结构和内容参考了 ISO 14000 中某些标准规定的框架、结构和内容。

但这两个标准在内涵和承诺对象上有所不同,主要表现在:

(1)承诺对象不同:ISO 9000 标准的承诺对象是产品的使用者、消费者,它是按不同消费者的需要,以合同形式进行体现的。而 ISO 14000 系列标准则是向相关方的承诺,受益者将是全社会,是人类的生存环境和人类自身的共同需要,这无法通过合同体现,只能通过利益相关方,主要是政府来代表社会的需要,用法律、法规来体现,所以 ISO 14000 的最低要求是达到政府制定的环境法律、法规与其他要求。

(2)承诺的内容不同:ISO 9000 系列标准是保证产品的质量;而 ISO 14000 系列标准则要求组织承诺遵守环境法律、法规及其他要求,并对污染预防和持续改进作出承诺。

(3)体系的构成模式不同:ISO 9000 的质量管理模式是封闭的,而环境管理体系则是螺旋上升的开环模式,要求体系不断地有所改进和提高。

(4)审核认证的依据不同:ISO 9000 标准是质量管理体系认证的根本依据;而环境管理体系认证除符合 ISO 14001 外,还必须结合本国环境法律、法规及相关标准,如果组织的环境行为不能满足国家要求,则难以通过体系的认证。

(5)对审核人员资格要求不同:ISO 14000 系列标准涉及环境问题,面对的是如何按照本国环境、法规、标准等要求保护生态环境,污染防治和处理具体的环境问题,故环境管理体系对组织有目标、指标的要求。因而从事 ISO 14000 认证工作的人员必须具备相应的环境知识和环境管理经验,否则难以对现场存在的环境问题做出正确判断。ISO 9000 质量管理体系审核员必须精通 ISO 9000 所有标准,对各个行业有所了解,并获得中国认证机构国家认可委员会(CNAT)认可备案,才能给准备或已通过认证的企业进行审核。

4. 推行 ISO 14000 环境管理体系的意义

企业建立环境管理体系,以减少各项活动所造成的环境污染,节约资源,改善环境质量,促进企业和社会的可持续发展,意义深远。

(1)实施 ISO 14000 标准是国际贸易的"绿色通行证";

(2)提高企业形象,降低环境风险,在市场竞争中取得优势,创造商机;

(3)提高管理能力,完善企业的整体管理水平,形成系统的管理机制;

(4)掌握环境状况,减少污染,体现"清洁生产"的思想;

(5)节能降耗,降低成本,减少各项环境费用,获得显著的经济效益;

(6)符合"可持续发展"的国策,不受国内外环保政策的制约,享受国内外环保政策的优惠待遇,促进企业环境与经济的协调和持续发展。

5. ISO 14000 环境管理体系的认证

ISO 14000 管理体系认证,分为初次认证、年度监督检查和复评认证等,具体如下:

(1)初次认证:

①企业将填写好的《ISO 14000 认证申请表》连同认证要求中有关材料报给认证中心。认证中心收到申请认证材料后,会对文件进行初审,符合要求后发放《受理通知书》,申请认证的企业根据《受理通知书》来与认证中心签订合同;

②认证中心收到企业的全额认证费后,向企业发出组成现场检查组的通知,并于现场检查一周前将检查组组成和检查计划正式报企业确认;

③现场检查按环境标志产品保障措施指南的要求和相对应的环境标志产品认证技术要求进行,对需要进行检验的产品,由检查组负责对申请认证的产品进行抽样并封样,送指定的检验机构检验;

④检查组根据企业申请材料、现场检查情况、产品环境行为检验报告撰写环境标志产品综合评价报告,提交技术委员会审查;

⑤认证中心收到技术委员会审查意见后,汇总审查意见,报认证中心总经理批准;

⑥认证中心向认证合格企业颁发环境标志认证证书,组织公告和宣传;

⑦获证企业如需标识,可向认证中心订购;如有特殊印制要求,应向认证中心提出申请并备案。

(2)年度监督检查:

①认证中心根据企业认证证书发放时间,制订年检计划,提前向企业下发年检通知。企业按合同要求缴纳年度监督管理费,认证中心组成检查组,到企业进行现场检查工作;

②现场检查时,对需要进行检验的产品,由检查组负责对申请认证的产品进行抽样并封样,送指定的检验机构检验;

③检查组根据企业材料、检查报告、产品检验报告撰写综合评价报告,报认证中心总经理批准;

④年度监督检查每年一次。

(3)复评认证:

认证标识 3 年到期的企业,应重新填写《ISO 14000 认证申请表》,连同有关材料报认证中心。其余认证程序同初次认证。

二、SA 8000 社会责任标准简介

SA 8000 是 Social Accountability 8000 的英文简称,即"社会责任标准",是全球第一个道德规范国际标准。其宗旨是确保供应商所供应的产品皆符合社会责任标准的要求。SA 8000 标准是一个通用的标准,不仅适用于发展中国家,也适用于发达国家;不仅适用于各类工商企业,也适合于公共机构。另外,SA 8000 标准还可以代替公司或行业制订的社会责任守则。其依据与 ISO 9000 质量管理体系及 ISO 14000 环境管理体系一样,也是一套可被第三方认证机构审核的国际标准。SAI(Social Accountability International)经过 18 个月的公开咨询和深入研究,于 2001 年 12 月 12 日发表了 SA 8000 标准第一个修订版,即 SA 8000:2001。SA 8000:2008 于 2008 年 5 月发布新标准,该新标准规定了到 2010 年 1 月 1 日所有的 SA 8000 证书要符合 SA 8000:2008 的要求。

1. SA 8000 的基本要素

SA 8000 以一致的标准指定了下列领域内的最低要求:

(1)童工:企业必须按照法律控制员工最低年龄、少年工的学校实习、工作时间和安全工作范围;

(2)强制雇佣:企业不得使用或支持使用强制劳工、在雇佣中使用诱饵或要求抵押金,企业必须允许雇员轮班后离开并允许雇员辞职;

(3)健康安全:企业需提供安全健康的工作环境、对事故伤害的防护、健康安全教育、卫生清洁维持设备和常备饮用水;

(4)联合的自由和集体谈判权:企业尊重全体人员组成和参加所选的工会并进行集体谈判

的权利;

（5）差别待遇:企业不得因种族、社会地位、国籍、伤残、性别、生育倾向、会员资格或政治派系等原因存在歧视;

（6）惩罚措施:不允许物质惩罚、精神和肉体上的压制和言词辱骂;

（7）工作时间:企业必须遵守相应法规,雇员一周工作时间不得超过60小时,加班必须是自愿的,雇员一周至少有一天的假期;

（8）报酬:工资必须达到法定和行业规定的最低限额,并在满足基本要求外有任意收入。雇主须提供津贴、处理和扣除额,不得以虚假的培训计划规避劳工法;

（9）管理体系:企业需制订一个对外公开的政策,承诺遵守相关法律和其他规定:保证进行管理的总结回顾,选定企业代表监督实行计划和实施控制,选择同样满足SA 8000的供应商;确定表达意见的途径并采取纠正措施;公开与审查员的联系,提供应用的检验方法并出示支持的证明文件和记录。

2. SA 8000 认证的作用

企业实施SA 8000社会责任标准并通过第三方的认证具有如下作用:

（1）减少国外客户对供应商的第二方审核,节省费用;

（2）更大程度地符合当地法规要求;

（3）建立国际公信力;

（4）适应消费者对产品建立正面情感;

（5）使合作伙伴对本企业建立长期信心。

三、CSC 9000T 中国纺织企业社会责任管理体系简介

CSC 9000T 是 China Social Compliance 9000 for Textile & Apparel Industry 的英文简称,即"中国纺织企业社会责任标准",是由中国纺织工业协会组织纺织企业参与制定的、用来规范中国纺织服装企业社会责任的管理体系,于2005年正式推出《CSC 9000T 中国纺织企业社会责任管理体系》。CSC 9000T 中国纺织企业社会责任管理体系旨在为企业规定有效的社会责任管理体系要素,既包括社会责任的具体要求,又涵盖建立企业社会责任管理体系的模式。这些要素可与其他管理要求相结合,帮助企业实现其社会责任目标与经济目标,满足预防风险和持续改进的要求。如同其他管理体系一样,CSC 9000T 不增加或改变企业的法律责任。

1. CSC 9000T 管理体系要求

其要求的内容如下:

（1）管理体系:企业应当在相关的中国法律法规和国际公约的基础上,按照本 CSC 9000T 的要求,制订、实施、保持并改进企业社会责任管理体系,提出具体的企业社会责任目标和指标,形成必要的文件,确定如何实现这些目标和指标的方式,并审核实施结果以达到持续改进的目的;

（2）劳动合同：企业招用员工时应当订立书面劳动合同；

（3）童工：严格禁止招用童工；

（4）强迫或强制劳动：严格禁止企业使用或支持使用强迫或强制劳动；

（5）工作时间：企业应当遵守国家法律、法规有关工作时间的要求；

（6）薪酬与福利：企业应当保证向员工支付的工资、福利待遇不低于法律、法规的要求，并且以货币形式支付；

（7）工会组织和集体谈判权：企业应当承认并尊重员工组织和参加工会以及进行集体谈判的权利；

（8）歧视：严格禁止企业因民族、种族、宗教信仰、残疾、个人特性等原因使员工受到歧视；

（9）骚扰与虐待：企业应当保障每位员工的身体与精神健康，禁止骚扰、虐待与体罚；

（10）职业健康与安全：企业应基于 PDCA 的运行模式，建立、实施、保持并改进职业健康与安全管理体系，为所有员工提供一个健康和安全的工作环境。

2. CSC 9000T 文件体系

CSC 9000T 管理体系所要求的文件应对企业运作进行有效控制，具体的文件体系包括：

（1）企业社会责任行为准则、目标和指标；

（2）对 CSC 9000T 管理体系要求的描述；

（3）CSC 9000T 要求的具体文件，包括记录等；

（4）企业为确保符合 CSC 9000T 管理体系的要求，进行有效规划、运行和控制所需的文件，包括记录等；

（5）记录文件包括抱怨投诉记录、培训记录、监测和测量记录、有关的合同方和承包方记录、偶发事件报告、应急准备试验记录、审核结果、管理评审结果、适用的法律法规要求记录、绩效记录、相关会议记录和利益相关者的交流记录等。

四、Oeko – Tex Standard 100 纺织品生态标签简介

Oeko – Tex Standard 100 是世界上最权威、影响最广的纺织品生态标签。悬挂有 Oeko – Tex Standard 100 标签的产品，都经由分布在世界范围内的十五个国家的知名纺织检定机构（隶属于国际环保纺织协会）的测试和认证。Oeko – Tex Standard 100 标签产品提供了产品生态安全的保证，满足了消费者对健康生活的要求。

1. 如何识别有效的 Oeko – Tex Standard 100 标签

在每一个 Oeko – Tex Standard 100 标签的下方，都有一个证书号码和认证机构的名称。核查证书号码和认证机构的名称可以识别有效的 Oeko – Tex Standard 100 标签。Oeko – Tex Standard 100 标签是世界范围内注册的标签，受《马德里公约》保护。

2. 证书号码的意义与证书的有效期

Oeko – Tex Standard 100 的证书号码提供了独一无二的证明，证明了在该产品认证时所有

按照 Oeko – Tex Standard 100 规定应该进行的测试全部都已经完成。Oeko – Tex Standard 100 证书的有效期是一年。一年期满,证书持有者需要续证。证书续期使用的许可也是在认证机构对认证产品进行必要的测试和认证后发出。新证书的有效期是在原有效期的基础上再延展一年。

3. Oeko – Tex Standard 100 标签产品标示的意义

该标签针对的是衣服对穿着者及其近身环境的影响而言。作为人体近身环境的一部分,服装对人体健康有重要的影响。经过 Oeko – Tex Standard 100 测试和认证的产品,保证不会对人体健康产生危害。

4. Oeko – Tex Standard 100 认证的适应企业

所有与纺织品的生产和销售有关的生产商、经销商都可以就产品来申请 Oeko – Tex Standard 100 认证,包括纤维、纱线、坯布、辅料、服装以及从事染整加工和其他与纺织品有关的生产商、经销商,都可向国际环保纺织协会的成员机构提出认证申请。

5. Oeko – Tex Standard 100 的测试项目

Oeko – Tex Standard 100 禁止和限制使用纺织品上已知的可能存在的有害物质,包括:甲醛、可萃取重金属、杀虫剂、除草剂、含氯苯酚、可分解的芳香胺染料、致敏染料、有机氯化物染剂、有机锡化物(TBT/DBT)、PVC 增塑剂、有机挥发气体等。

6. Oeko – Tex Standard 100 的标示等级

Oeko – Tex Standard 100 将纺织品分为四个等级是出于这样的考虑:婴儿需要特别的保护;由于纺织品同人体接触的程度不同,可造成的危害程度也就不同;与皮肤接触的范围越大、方式越直接,则可造成的危害程度就会越大,因而要求就应该更严格。为此,Oeko – Tex Standard 100 根据产品的最终用途将产品分为四个等级:婴儿用、直接与皮肤接触、不直接与皮肤接触、装饰用。

7. 使用 Oeko – Tex Standard 100 标签的产品

只有严格按照 Oeko – Tex Standard 100 中的规定,经过对有害物质的检验,并经过任意一家国际环保纺织协会的成员机构授权,才可以使用 Oeko – Tex Standard 100 标签标示产品。如果是最终成品,还包括组成该产品的所有配料和辅料,如拉链、纽扣、蝴蝶结、花边、缝纫线。

小结

1. ISO 9000 系列标准的产生和发展,以及企业推行 ISO 9000 标准对企业的持续发展具有重要的意义。

2. 准确理解 ISO 9000:2015 质量管理体系的七项质量管理原则是服装企业实施 ISO 9000 质量管理体系的重要基础。

3. 服装企业应充分认识质量管理体系的认证工作及其要点,使企业顺利通过机构的评审和认证并持续改进。

4.企业不仅要实施 ISO 9000 质量管理体系,同时其他的系列标准如 ISO 14000 环境管理体系标准、SA 8000 社会责任标准和 CSC 9000T 中国纺织企业社会责任管理体系等其他相关国际标准也应相应加以实施。

思考题

1.解释 ISO 9001:2015 质量管理体系的核心标准。

2.详述 ISO 9000 质量管理体系的七项管理原则。

3.详述 ISO 9000:2015 质量管理体系的文件化信息要求。

4.图文描述 ISO 9001:2015 标准中的"过程管制模式"。

5.解释以下各标准的含义:

(1)Oeko – Tex Standard 100;

(2)CSC 9000T;

(3)SA 8000;

(4)ISO 14001;

(5)ISO 9001:2015。

服装品质保障体系——

服装企业质量管理体系的建立与实施

课程名称: 服装企业质量管理体系的建立与实施

课程内容: 服装企业的组织和生产

服装企业质量管理体系及其成文信息

服装企业管理手册的编制

ISO 9000 质量管理体系的实施

质量管理体系认证

课程时间: 6 课时

教学目的: 让学生了解实施 ISO 9000 质量管理体系的服装企业组织机构与全过程运作,熟悉服装企业文件化系统的结构与体系文件的格式与编写要求,了解服装企业质量管理体系的建立与实施。

教学方式: 以教师课堂讲述为主,课堂讨论为辅,并查阅相关服装企业实施 ISO 9000 质量管理体系的运作与特点。

教学要求: 1. 明确服装企业的组织机构与全过程运作。

2. 熟悉服装企业 ISO 9000 质量管理体系的文件信息要求。

3. 了解服装企业质量管理体系的建立与实施。

第六章 服装企业质量管理体系的建立与实施

第一节 服装企业的组织和生产

服装企业大多数是以产品加工制造为主的劳动密集型企业,产品周期短、批量小、交货快、质量难于控制,给管理带来一定的难度。因此,服装企业要实施 ISO 9000 质量管理体系,首先要建立和健全企业的各项制度,保证企业生产的正常运行。

一、服装企业的组织机构

为了使企业内的成员能进行有效的工作,达到企业的目标,规范企业的运行方式,必须建立一个职能明确、层次分明、富有前瞻性、协调性及制约性的组织构架。由于企业的生产品种、生产方式不同,会有不同的组织形式,但哪一种组织形式最适合本企业的正常运转,并能确保 ISO 9000 质量管理体系的实施,则要根据各企业的实际情况来确定。

对于一家中小型的生产企业来说,金字塔综合组织形式较为合适。图 6 – 1 所示为已通过 ISO 9001 质量管理体系认证的服装企业的组织机构图,图中显示品质管理主管与副厂长同级,且直接由厂长领导,是企业总体委派的品质管理者代表,负责全厂的产品质量工作以及质量文件的处理工作。品质管理部门的人员配备较多,可见其重要性。当然,其他各部门的管理人员,对自己的工作范围与职责必须十分清楚,除做好自己的本职工作外,必须协助品质管理部门做好质量管理工作。品管部除了负责企业的产品质量控制与统筹工作外,还必须做好质量管理体系的文控工作,图 6 – 2 所示为品管部组织结构图,主要工作职责如下:

(1)组织管理手册的编写与审查工作;

(2)组织编写和管理各种程序文件、作业文件和质量记录文件;

(3)协助管理者代表做好内部审核的计划、组织和实施工作;

(4)负责质量管理体系文件的发放、回收和存储工作;

(5)负责规定原材料、半成品和成品的验收标准,并进行检查工作;

(6)对纠正和预防措施方案进行登记、检查和评价;

（7）负责产品样品、采购产品样品及主要原、辅材料的验证工作。

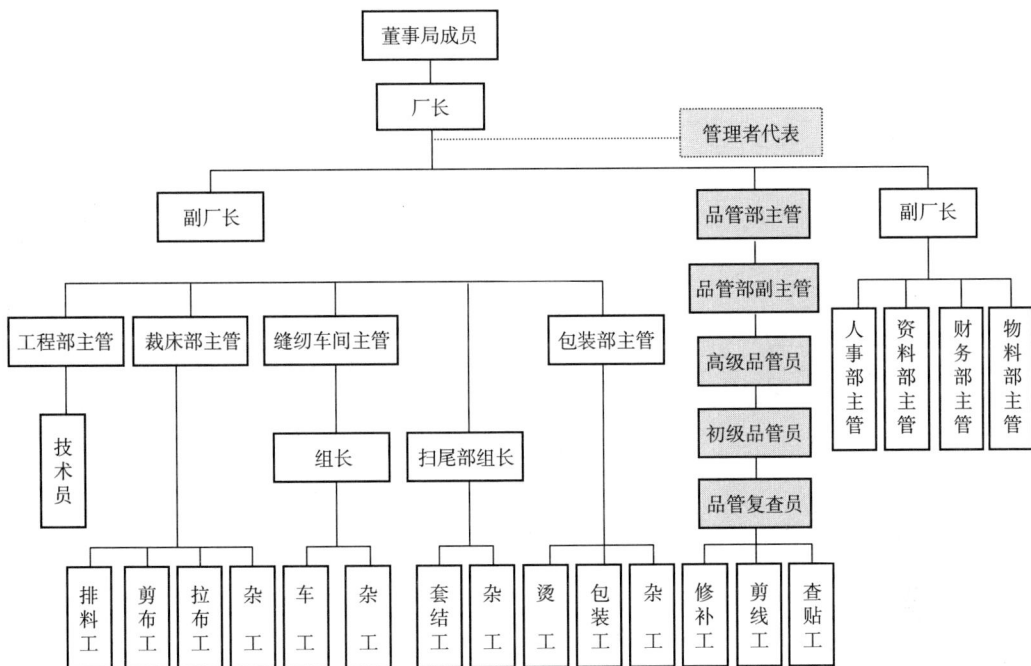

图6-1 组织结构框架

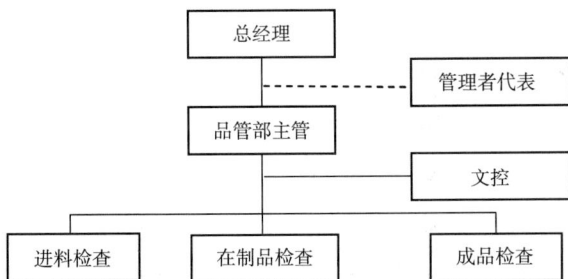

图6-2 品管部组织结构

二、服装生产的总流程

服装企业为了适应市场结构的变化,在激烈的市场竞争中立于不败之地,最关键的是制订企业卓越有成效的销售与生产计划。图6-3所示为服装产品的生产与品质控制流程图。企业在批量生产之前都要经过市场调查,掌握消费者的消费心理和服装流行趋势,设计出适合市场需要的新产品,由高层管理人员作出决策,再进行批量生产、投入市场。从新产品设计到工艺制作的各阶段,都应有"品质控制程序",才能保证高质量的产品投入市场,被消费者所接受。有关服装生产各阶段的品质控制在第三章已作详细介绍,在此不再重复。

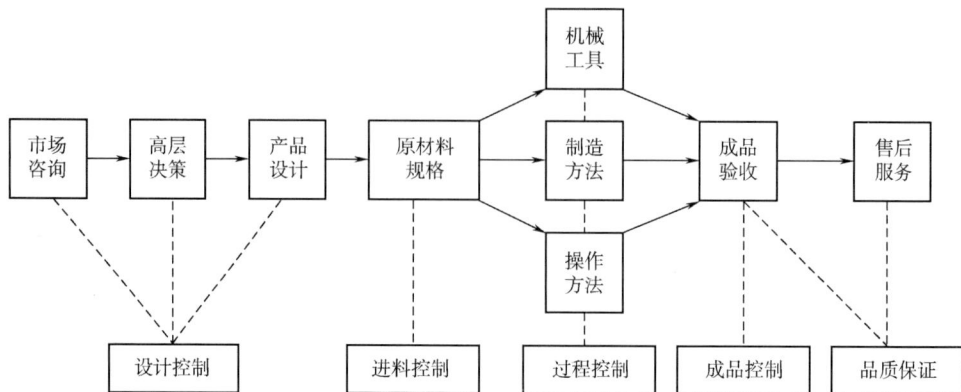

图6-3   生产与品质控制流程

对于来料加工的服装企业,首先要针对客户提供的样板,对其造型结构、工艺特点等加以分析研究,然后对产品的工艺规格、裁剪方案、缝纫技术、后整理、包装等各个生产环节制订出生产技术文件,以便控制生产进程、保证产品品质、符合客户要求。图6-4表示服装生产工艺与品质控制之间的关系。

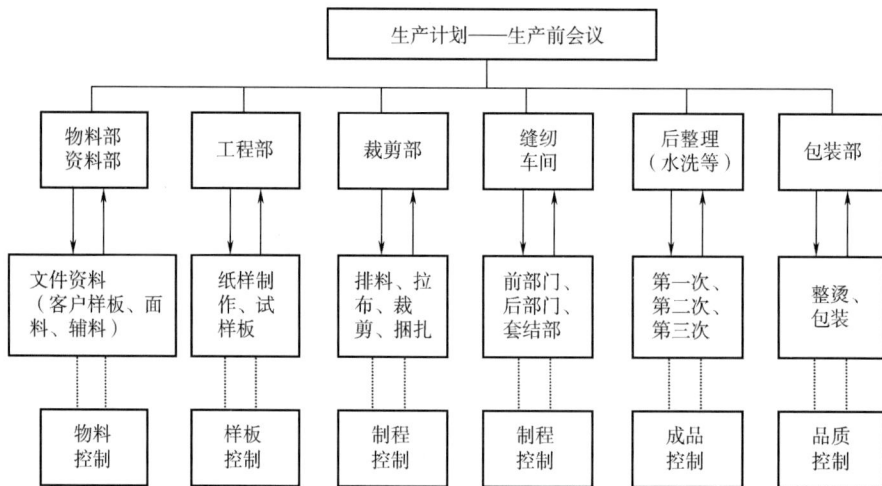

图6-4   服装生产工艺与品质控制

要推行 ISO 9000 质量管理体系,企业除了维持正常的运作和建立健全产品质量管理制度外,还必须遵循以下几个原则。

(1)企业在实行制度化质量管理体系的同时,各部门的工作编排与决策必须以保证产品的品质为大前提;

(2)所有员工都必须依照职位明细表的要求办事,同时要服从上级的其他各项工作安排;

（3）各层管理人员的责权范围要遵照企业规章所定的原则来制订；

（4）各部门的工作方针必须符合企业的总目标——ISO 9000 质量管理体系要求，注意互相协调，以大局为重。

第二节 服装企业质量管理体系及其成文信息

无论是出于论证需要还是出于管理需要，一个要实施 ISO 9000 质量管理体系的服装企业，都需要根据本企业的运作方式和特点，将各部门的运作经验加以总结，按系统化、规范化的要求，编写出一套完整的质量管理体系信息文件如编制管理手册，以便阐述其质量管理体系，维持企业的正常运作。

将质量管理体系予以"成文信息"是 GB/T 19001:2015 标准的基本要求，"成文信息"（Documented Information）适用于所有的文件要求，是其重要特点之一。因此，在 GB/T 19001:2008 中使用的"质量手册""程序文件"等强制性文件，在 GB/T 19001:2015 标准中已经取消该名称，文件和记录也不再作区分，"活动结果的证据"统一用"形成文件的信息"取而代之；文件化信息的要求也更加灵活和务实，方便组织理解和应用；体系不关注形式，而是更加关注运作活动的结果。保持"成文信息"，意思很明显，即不管采用何种方式，不管叫制度，还是程序，只要能把事情说清楚、容易理解、使用方便即可。将文件的命名权交给了企业，将原来的"质量手册"与"程序文件"以必要的方式保留，维护体系及过程的文件信息。当然，企业也可保留其旧版本"质量手册"等作为成文信息，也可以更换文件名字。例如将"质量手册"变更为"管理手册"，这样可以保持与其他管理体系标准相一致的共同内容。

一、质量管理体系与顾客要求的关系

质量管理体系与顾客要求（项目、合同、订单）存在一定的关系，可以从以下几个方面加以描述。

1. 质量管理体系能满足顾客要求

企业的质量管理体系只有一个，而面对的顾客却很多。企业可以根据其质量方针和以往顾客的要求以及今后顾客可能的要求，建立并完善其质量管理体系，使质量管理体系能基本满足各类顾客要求。

2. 顾客要求是质量管理体系的组成部分

每一个顾客都有自己的质量要求，这些要求中大部分是质量管理体系中已具备的内容，可见这些要求只占质量管理体系的一部分，而不是全部。

3. 顾客对质量管理体系有特殊要求

顾客的特殊要求是质量管理体系中不具备的内容，顾客对质量管理体系的特殊要求通过合同提出，是合同的一部分。

4. 特殊的质量要求通过质量管理和制订质量计划来实现

顾客的特殊质量要求如果是质量体系中不具备的内容,按质量管理体系的有关规定不能使之得以保证和实现,应通过品质管理的其他职能如制订品质计划来实现。

二、质量管理体系成文信息的重要性

ISO 9000 质量管理体系成文信息通常是以文字和表格的形式来体现,清楚、简要地表达了各种信息,表达了企业整体与各部门的工作实况,便于管理人员了解、掌握工作进度和产品的质量表现,从而作出客观的分析和理智的决定。ISO 9001:2015 版质量管理体系的文件系统变化,无疑对企业提出了更高要求,同时对认证机构也提出了新的要求,审核时应更加注重体系文件的有效性、适宜性。质量管理体系的成文信息对企业的管理十分重要,除了达到信息沟通、一致性证据、知识共享与宣传、保护组织的经验等目标外,还有以下两个方面的重要作用。

1. 对企业外部环境

(1)质量管理体系成文信息是实现顾客要求的基本需要。制订与完善体系文件信息,以确保体系的存在和顾客要求的实现,同时可以赢得顾客的信任;

(2)体系的文件信息是品质审核的证据。企业的成文信息可作为 ISO 国际标准化组织的稽核依据,认证机构稽核重点主要表现在:

①制程与制品是否符合 ISO 9000 各项条例规定;

②质量管理体系是否全面地、适当地指出品质标准;

③实际工作是否遵照标准程序操作;

④企业运作的结果是否显示质量管理体系有效运作。

2. 对企业内部环境

体系文件的建立,可以辅助企业在内部建立一套全面质量管理系统,使企业各部门的工作更加有效。具体表现在以下几个方面。

(1)便于按体系文件要求完成各项工作,使工作条理化、规范化,有章可循;

(2)只有将执行结果记录成才能证明已执行各项工作,使品质活动有据可查;

(3)通过体系文件评价工作业绩,找出工作体系改进的目标和方法;

(4)提供可靠的资料,加强各部门的沟通与合作;

(5)可预防各种错误的产生,降低损失;

(6)可作为员工培训的资料,提高学习效果。如果企业的人员技能较差或培训不充分,可以通过体系文件的学习得到提高,因而体系文件与技能、培训互相衔接。

三、质量管理体系成文信息的编写依据

1. 成文信息的基本分类

ISO 9001:2015 质量管理体系的成文信息,去掉了对体系文件的特定要求,将对文件的要求

分成两类。

(1)标准要求:本标准所要求的文件信息。

(2)组织运作文件:企业确定的为确保质量管理体系有效运行所需的形成文件的信息。不同企业的质量管理体系文件的多少与详略程度可以不同,主要取决于:

①企业规模、活动类型、产品和服务;

②过程及其相互作用的复杂程度;

③人员的能力。

此外,整个标准中要求的记录,已经不强制要求叫做记录,只要能提供出让人相信的证据就行,不用刻意去"做"记录。证据就宽泛得多,不单是文字、影像、声音可以作为记录,还可以是痕迹、外部信息、数据分析等,很多之前不能成为记录的证据,都能成为证据提供。

2.标准规定需形成文件信息的条款

ISO 9001:2015 质量管理体系标准全文共有 19 个地方提到应形成文件,其中明确规定的有18 项,如表 6 - 1 所示。

表 6 - 1 ISO 9001:2015 质量管理体系标准规定应形成的文件

序号	条款	描述	应形成的文件
1	4.3 确定质量管理体系的范围	质量管理管理体系范围应形成文件,描述质量管理体系的范围时,对不适用的标准条款,应将质量管理体系的删减及其理由形成文件	质量管理管理体系范围,并说明删减条款及删减理由
2	5.2 质量方针	质量方针应可获取并保持成文信息	质量方针
3	6.2 质量目标及其实施的策划	组织应将质量目标形成文件	质量目标
4	7.1.4 监视和测量设备	组织应保持适当的文件信息,以提供监视和测量设备满足使用要求的证据	规定监视和测量设备使用要求的文件,包括使用、维护、鉴定、校准等
5	7.2 能力	保持形成文件的信息,以提供能力的证据	能证明人员满足能力要求的记录,包括任职要求、人员技能档案、培训等
6	7.5.1 总则	组织确定的为确保质量管理体系有效运行所需的形成文件的信息	体系运行所需的其他必要文件
7	8.1 运行策划和控制	保持充分的文件信息,以确信过程按策划的要求实施	能证明过程经有效策划的相关记录
8	8.2.3 与产品和服务有关要求的评审	评审结果的信息应形成文件	产品和服务有关要求的评审报告
9	8.4.2 外部供方的控制类型和程度	建立和实施对外部供方的评价、选择和重新评价的准则,评价结果的信息应形成文件	对外部供方的评价报告

续表

序号	条款	描述	应形成的文件
10	8.4.3 提供外部供方的文件信息	应将监视结果的信息形成文件	对外部供方的业绩的监视报告
11	8.6.2 标识和可追溯性	在有可追溯性要求的场合,组织应控制产品的唯一性标识,并保持形成文件的信息	控制产品唯一性标识的文件
12	8.6.3 顾客或外部供方的财产	如果顾客、外部供方财产发生丢失、损坏或发现不适用的情况,组织应向顾客、外部供方报告,并保持文件信息	顾客或外部供方的财产丢失、损坏或发现不适用的相关记录
13	8.6.6 变更控制	应将变更的评价结果、变更的批准和必要的措施的信息形成文件	产品生产和服务的变更的评价、批准和采取的措施相关记录
14	8.7 产品和服务的放行	应在形成文件信息中指明有权放行产品以交付给顾客的人员	放行管理制度(规定放行人员职权)
15	8.8 不合格产品和服务	不合格品的性质以及随后所采取的任何措施的信息应形成文件,包括所批准的让步	不合格品处置记录
16	9.1 监视、测量、分析和评价	组织应建立过程,以确保监视和测量活动与监视和测量的要求以一致的方式实施。组织应保持适当的文件信息,以提供"结果"的证据	监视和测量记录
17	9.2 内部审核	保持形成文件的信息,以提供审核方案实施和审核结果的证据	内审方案和记录
18	9.3 管理评审	组织应保持形成文件的信息,以提供管理评审的结果及采取措施的证据	管理评审报告和纠正预防措施相关记录
19	10.1 不符合与纠正措施	组织应将以下信息形成文件: 不符合的性质及随后采取的措施; 纠正措施的结果	纠正预防措施相关记录,包括验证

四、服装企业质量体系文件的构成

1. 质量成文信息

根据 ISO 9001:2015 质量管理体系的成文信息要求,服装企业实施 ISO 9001 质量标准时,质量成文信息主要有如下几个:

(1)品质方针:对外以合理的成本为顾客提供符合他们要求的产品和服务,并能准时交货;对内可通过良好的管理方法,使员工能有效地工作,避免生产过程的延误及不必要的重复工作;

(2)品质目标:例如,客人投诉为 0.1%;准期出货率为 100%;合同缺货率为 ±1%;总损耗率为 1%;

(3)品质标准:书面形式的标准包括国际性标准以及本企业标准。所有现行的标准都应有

记录,而且只有记录的标准才可以使用,如《制造标准》《品质标准》等;

(4)品质权责文件:品质权责文件包括组织机构图及职位明细书,描述企业内所有品质责任人的组织及权责范围;

(5)品质证据:品质证据包括反映个别或某段时间内的产品品质情况信息及厂内质量管理系统执行情况信息。品质证据应由适当人员审签和保管,便以检查整个质量管理系统。

2. 制度性成文信息

对非新建的企业来说,体系所要求的企业制度性信息一般都有现成,没有了统一的格式,发挥空间大,但要求更严,具体包括如下:

(1)规章制度管理办法;

(2)企业管理制度;

(3)人事管理制度;

(4)招聘流程;

(5)培训管理制度;

(6)考核管理办法;

(7)其他。

对于企业现有的成文信息,如果把"规章制度管理办法"视作"管理手册",把"管理制度"等成文信息视作"程序文件",就无须重新编写各种文件。对非新建的企业来说,管理制度是有的,并非从零开始,对推行 ISO 9001 质量管理体系,就有了一定的基础和起点。

3. 电子文件

电子文件的改写、复制如果没有特定条件是无法留痕的,文件缺损更可能是灾难性的。对于组织内文件控制的权限是关键点。电子文件有不同的格式,具体如下:

(1)可编辑的 Office 文档、PDF 文件、图片、视频、音频、动画等;

(2)不可编辑的加密文件、流文件、源代码、云盘文件、编译文件等。

4. 外来文件

需要在组织内传达执行,不是体系要求的文件,主要有:

(1)政府、上级发布的红头文件、相关部门发布的法律法规、规章制度;

(2)与产品和服务有关的国家标准、行业标准、技术标准、产品标准、检验检测标准;

(3)产品涉及的国际法、国际公约、国外的法律法规;

(4)客户提供的设计图样、工艺文件、技术资料;

(5)合作伙伴、供应商提供的技术资料、报告等;

(6)大学、技术学校、研究机构、技能鉴定机构等提供的有关培训和能力培养方面的资料和要求;

(7)客户反馈和投诉;

(8)外部满意度的调查报告;

（9）收集的与产品和服务有关的报告；

（10）来自竞争对手的重要报告、新闻报道、通信、文献、技术资料等。

第三节　服装企业管理手册的编制

以服装企业"管理手册"作为编写案例进行分析，其他管理制度与各种成文信息由于企业之间各有不同、无法统一，在此不做具体案例编写与分析。服装企业"管理手册"主要根据服装企业的特点与总体目标编写而成，一般阐述企业的具体运作、品质方针与品质目标，为企业管理提供一个整体描述，也可作为实施和维持 ISO 9000 质量管理体系的审核文件。

一、管理手册的编写要求

1. 基本要求

管理手册的内容涉及一家服装企业的全部活动或部分活动。

（1）品质方针：服装企业的品质方针要从客户的需求出发，生产高品质的产品，并在市场上保持竞争优势；

（2）员工的岗位职责：必须以服装企业组织机构为出发点，列明强化品质的管理、执行、验证职责，以及权限和工作范围的相互关系；

（3）质量体系程序：必须说明管理手册编写、评审、修改和控制等规定法则；

（4）认证和提供评价需要：管理手册内容可以与选定的 ISO 9001 质量管理体系各条文清晰对应。

2. 基本性质

（1）指令性：管理手册是企业的法规性文件，强制各部门或个人坚决执行，以便配合 ISO 9001 质量管理体系的整体运作；

（2）协调性：管理手册的内容与服装企业的管理标准、工艺标准和各种运作程序保持一致的协调性；

（3）系统性：根据 ISO 9001 质量管理体系的各条文要求，并结合服装企业实际运作情况，对质量管理体系进行系统、完整和扼要的概述；

（4）先进性：把传统质量管理的简单控制方法提升为"预防为主，检验把关相结合"的控制原则。同时，还积极采用了各种统计技术，大大提高了产品质量、工艺技术与管理水平；

（5）可行性：服装企业的管理手册内容必须是动态的，而不是一成不变的。在实施过程中必须不断地发现问题，并不断地改善问题，将修改或补充部分加入管理手册的修订内容栏，以便确保手册在企业中持续有效运作；

（6）权威性：管理手册是属于企业的永久性文件，由企业高层领导（总经理）签批，所列内容

在本企业运作中具有一定的权威性;

(7)可查性:管理手册各项要求必须有明确的规定,便于有关人员监督检查和考核。

二、管理手册的编写程序

服装企业在编写管理手册时,应从本企业内部管理需要出发,以企业目前的管理水平、员工素质、质量意识和实践经验为基础,不应照抄标准条文,不能脱离现实,更不能照搬其他企业使用的管理手册。

1. 准备工作

(1)首先制订本企业的质量方针,以确保质量管理体系的顺利实施;

(2)在现有的质量管理职能的基础上,确定以 ISO 9001 为质量管理体系作为管理手册的基本内容,使企业所有运作都以 ISO 9001 质量管理体系为中心,形成企业运作的凝聚力;

(3)总结企业多年的运作经验,改良现有组织机构,建立一个适合 ISO 9001 质量管理体系运作的组织机构,并确定相关工作岗位的职责与范围;

(4)确定与编写整个企业的实用性作业程序,以便为编写管理手册提供支持性资料;

(5)结合 ISO 9001 质量管理体系的条文要求,确定手册的内容纲要。

2. 确定格式和结构

管理手册是属于企业的内部文件,不同企业可能有不同的结构模式。手册各页面格式可参照表 6 - 2 管理手册页面格式。

表 6 - 2　管理手册页面格式

××服装有限公司

管理手册

1 ………
　1.1 ………
2 ………
　2.1 ………
　　2.1.1 ………
　　…………
　　………………

章节			编号/ 版本	RKY - QM - 001/1.0
发布部门	系统部	批准:	日期:	第__页/共__页

管理手册的结构与内容,服装企业可以根据实际情况与企业本身的风格确定,大致包括:

(1)前言:

①封面:包括企业名称、手册标题、系列标准的版本、版本编号、批准人以及控制说明,如表 6 - 3 所示。

表 6 - 3　管理手册封面

×× 服装有限公司

《管理手册》

（据 ISO 9001:2015）

本《管理手册》属于 ×× 服装有限公司所有,未经本公司许可,
所有内容不准向外透露。

QM - 00

正本

章　节	前言/封面	编号/ 版本	RKY - QM - 001/1.0
发布部门	系统部	批准:	日期:	第 1 页/共 ___ 页

②目录:必须包含管理手册的章节题目、页码等内容,以便读者能迅速查阅了解所需部分内容,详细内容如表 6 - 4 所示。

表 6 - 4　管理手册目录

×× 服装有限公司

目　录

章节号	主题内容	相对应的 ISO 9001:2015 条文	备注
1	**前言**		V1.0
	管理手册封面		
	目录		
	文件修改记录		
	发布令		
	公司简介		
2	**规范性引用文件**	2	
3	**术语与定义**	3	
4	**组织环境**	4	
	理解组织及其环境	4.1	
	理解相关方的需求和期望	4.2	
	确定质量管理体系的范围	4.3	
	质量管理体系及其过程	4.4	
5	**领导作用**	5	
	领导作用和承诺	5.1	
	质量方针	5.2	

续表

××服装有限公司

目 录

章节号	主题内容	相对应的 ISO 9001:2015 条文	备注
6	**策划**	6	
	应对风险和机遇的措施	6.1	
	质量目标及其实现的策划	6.2	
	变更的策划	6.3	
7	**支持**	7	
	资源	7.1	
	能力	7.2	
	意识	7.3	
	沟通	7.4	
	形成文件的信息	7.5	
8	**运行**	8	
	运行策划和控制	8.1	
	产品和服务的要求	8.2	
	产品和服务的设计和开发	8.3	
	外部提供过程、产品和服务的控制	8.4	
	生产和服务提供	8.5	
	产品和服务的放行	8.6	
	不合格输出的控制	8.7	
9	**绩效评价**	9	
	监视、测量、分析和评价	9.1	
	内部审核	9.2	
	管理评审	9.3	
10	**改进**	10	
	总则	10.1	
	不合格与纠正措施	10.2	
	持续改进	10.3	
11	**附件**		
	附件1 质量管理体系职能分配表		
	附件2 质量发放记录		
	附件3 企业管理制度一览表		
	附件4 组织结构图		

续表

××服装有限公司

目　录

章　节	前言/目录	编号/ 版本	RKY – QM – 001/1.0
发布部门	系统部	批准:	日期:	第2页/共＿页

③文件修改记录:即以表格的形式说明手册的修改情况,内容包括章节、页码、修改内容、批准人以及日期等,详细内容如表6-5所示。

表6-5　文件修改记录

××服装有限公司

文件修改记录

章节	页码	内容修改摘要	审核	日期	备注

章　节	前言/文件修改记录	编号/ 版本	RKY – QM – 001/1.0
发布部门	系统部	批准:	日期:	第3页/共＿页

④发布令/批准页:即服装企业的最高领导(如总经理)对发布管理手册的有关声明与签批,如表6-6所示。

表6-6　管理手册发布令

××服装有限公司

发　布　令

　　本《管理手册》由公司管理代表主持编写,经公司最高管理层审定,符合"ISO 9001:2015质量管理体系 要求"的各条款要求与公司的实际情况。本手册将用于公司质量管理和对外提供质量保证,现批准发布V1.0版本,自××××年××月××日起实施。

　　在以后使用过程中,如果本《管理手册》有更改,则以最新版本为准。

编　写:(管理代表)　　　　　　　　　　审　核:(总经理)

日　期:_____　　　　　　　　　　日　期:_____

××服装有限公司

发 布 令

章　节	前言/发布令		编号/版本	RKY－QM－001/1.0
发布部门	系统部	批准：	日期：	第4页/共__页

⑤企业简介:简单介绍企业的性质、生产规模,建立 ISO 9001 质量管理体系的说明,以及地址与联系电话等。如表6-7所示。

表6-7　××公司简介

××服装有限公司

公 司 简 介

　　××服装有限公司,位于中国广东,于××××年××月投资兴办,主要生产业务是来料加工。公司拥有 600 余台缝纫设备,年产量达 160 万件以上,产品以出口美国、加拿大等国家为主,在国际市场上享有良好的声誉。公司现有员工 1100 多人,其中技术管理人员达 200 多人,主要生产梭织裤类、夹克与裙类产品等。

　　××服装有限公司主要目标是向客户提供优质产品和可靠的服务,以保持良好的声誉。为了达到目标,建立了符合 ISO 9001:2015 的质量管理体系。

公司地址:×××××××
电子邮件:×××××××
电　话:×××××
传　真:×××××

章　节	前言/公司简介		编号/版本	RKY－QM－001/1.0
发布部门	系统部	批准：	日期：	第5页/共__页

(2)规范性引用文件:简单描述公司推行质量管理体系是引用哪一个 ISO 9000 系列标准,以及各项条文与基本原理。如表6-8所示。

表6-8　规范性引用文件

××服装有限公司

引 用 标 准

　　本公司引用"ISO 9001:2015 质量管理体系 基础和术语"(参照附录一)的各项条文与基本原理,在全公司范围内进一步推行 ISO 9001:2015 质量管理体系。

章　节	2 规范性引用文件		编号/版本	RKY－QM－002/1.0
发布部门	系统部	批准：	日期：	第6页/共__页

(3)术语和定义:编入有关术语和定义,或一些 ISO 9000:2015 质量管理体系的基础和术

199

语,以便对管理手册的内容实现一致的理解。

(4)质量管理体系条文:按选定 ISO 9001 标准的各项要求,结合服装企业的实际情况,按顺序对各条文分章节进行详细叙述,删除或增加要素时必须做出说明。

(5)品质方针:包括服装企业总方针和品质目标,以及最高领导签批等内容。

(6)附录:质量管理体系职能分配表、管理手册的发放纪录、作业程序、组织结构图,以及有关标准等支持性文件资料均可列入附录内容。如表 6-9 所示。

表 6-9　质量管理体系职能分配

×× 服装有限公司

注:●表示主要负责部门　○表示协助部门

标准条款	管理层	行政部	生产部	业务部	质控部	工程部
4.1 理解组织及其环境	●	○	○	○	●	○
4.2 理解相关方的需求和期望	●	○	○	○	○	○
4.3 确定质量管理体系的范围	●	○	○	○	●	○
4.4 质量管理体系及其过程	●	○	○	○	●	○
5.1 领导作用和承诺	●	○	○	○	○	○
5.2 质量方针	●	○	●	○	○	○
5.3 组织的角色、职责的权限	●	○	○	○	○	○
6.1 应对风险和机遇的措施	●	○	○	○	○	○
6.2 质量目标及其实现的策划	●	○	○	○	●	○
6.3 变更的策划	●	○	○	○	○	○
7.1.1 资源 总则	●	○	○	○	○	○
7.1.2 人员	○	●	○	○	○	○
7.1.3 基础设施	○	○	●	○	○	○
7.1.4 过程运行环境	○	○	●	●	○	○
7.1.5 监视和测量资源	○	○	○	○	●	○
7.1.6 组织知识	○	●	○	○	○	○
7.2 能力	●	●	○	○	○	○
7.3 意识	○	●	○	○	○	○
7.4 沟通	○	●	○	○	●	●
7.5 形成文件的信息	○	●	○	○	○	○
8.1 运行策划和控制	○	○	●	○	○	○
8.2 产品和服务的要求	○	○	○	●	●	○
8.3 产品和服务的设计开发	○	○	○	○	●	○

续表

××服装有限公司

注:●表示主要负责部门 ○表示协助部门

标准条款	管理层	行政部	生产部	业务部	质控部	工程部
8.4 外部提供过程、产品和服务控制	○	○	○	●	○	○
8.5.1 生产和服务提供	○	○	●	○	○	○
8.5.2 标识和可追溯性	○	○	●	○	●	○
8.5.3 顾客或外部供方的财产	○	○	○	●	○	○
8.5.4 防护	○	○	●	○	○	○
8.5.5 交付后活动	○	○	○	●	○	○
8.5.6 变更的控制	○	○	●	○	○	○
8.6 产品和服务的放行	○	○	○	○	●	○
8.7 不合格输出的控制	○	○	○	○	●	○
9.1.1 监视、测量、分析和评价 总则	○	○	○	○	●	●
9.1.2 顾客满意	○	○	○	●	○	○
9.1.3 分析与评价	○	○	○	○	●	○
9.2 内审审核	○	●	●	○	○	○
9.3 管理评审	●	○	○	○	○	○
10.1 改进 总则	●	○	○	○	○	○
10.2 不合格与纠正措施	○	○	●	○	●	●
10.3 改进	●	○	●	○	●	●

至于表6-4管理手册目录中的"组织环境、领导作用、策划、支持、运行、绩效评价、改进"等内容,各服装企业必须根据本书光盘案例 ISO 9001:2015 标准条文进行编写,在此不作详细编写。

3. 收集参考性文件

(1)收集各部门现有的成文信息或表格,为编写管理手册提供基本的素材。

(2)收集外部服装企业的文件系统,在应用上只能作为一种参考性资料。

三、编写管理手册初稿

管理者代表(系统部经理或主任)根据收集的有关资料,以及已确定的作业程序和岗位职责等重要文件,结合本企业的实际运作,以通俗易懂的语言编写管理手册初稿。

四、系统审核管理手册初稿

企业高层领导在审核管理手册初稿时,必须重点审核品质方针与目标是否与企业方针、产品特性和员工素质等相适应,以确保品质目标能实现并达到高水平。

五、讨论审核管理手册

召集各质量管理委员会成员,由高层领导(总经理)主持,召开质量管理委员会会议,讨论该《管理手册》在实际工作中的可行性与存在问题,进一步审核修订该手册,确定完成稿。

六、批准、发布和使用

由高层领导(总经理)审批正本《管理手册》,系统部主任修改并打印正稿,然后在本企业全面发布进行使用。

第四节 ISO 9000 质量管理体系的实施

企业如何推广和实施 ISO 9000 系列标准,建立质量管理体系,必须考虑以下方面。

一、建立和健全质量管理体系的目的

企业的基本任务是向市场提供符合客户需求的产品,因此,生产的产品必须达到如下目的:

(1)满足规定的需要用途或目的;

(2)满足客户对产品质量的要求和期望;

(3)符合有关标准和技术规范要求;

(4)以具竞争力的价格及时供应市场;

(5)使企业获得良好的盈利。

为实现上述要求,企业必须确立质量方针和提出具体的质量目标,建立、健全质量管理体系,对影响产品质量和企业目标实现的技术、管理和人员进行有效地控制,以预防、减少、消除质量缺陷,以最经济的手段为用户提供满意的产品。

二、质量管理体系的特点

质量管理体系是为实施质量管理所需的组织结构、程序、过程和资源及其相应关系所建立的体系,一个企业的质量管理体系主要是为适应企业内质量管理的需要而设计的。质量管理体系比顾客的要求更广泛,是一个企业内部全体人员按之行事的工作系统,其内容应以满足质量目标的需要为准,具有如下特点:

（1）保证以质量为中心任务；

（2）工作不断改进，尤其是获证之后；

（3）是企业领导贯彻质量方针、政策的管理机构；

（4）是协调全体员工积极性并将之导向市场需求的有效途径；

（5）是外在的企业形象和内在的企业士气的资本；

（6）可以获得国际认证。

三、实施 ISO 9000 的组织机构

建立质量管理体系首先要建立管理组织，明确责任范围，给每个人以行动目标和行动方案。

1. 成立领导小组

推行 ISO 9000，领导是关键，要建立和实施质量管理体系的任何企业的领导，都应做出正确决策，统一思想，成立 ISO 9000 推广和实施小组，以便领导各项工作。成立 ISO 9000 实施领导小组，这是第一步，也是最重要的一步。领导小组应全面贯彻掌握 ISO 9000，必须是一个坚强精干的工作班子，主要领导都应当参加，领导小组必须真正想使自己的企业获得 ISO 9000 的国际认证，从而降低自己的生产成本，打开国际市场的销路，并且领导小组必须清楚所需要做的事情，把 ISO 9000 标准的第一条作为行动的指南。ISO 9000 标准第一条对领导小组的要求：

（1）领导小组必须制定出质量方针和目标，对质量作出承诺并写成文；

（2）领导小组必须保证各级人员都理解质量方针，并能坚持贯彻执行；

（3）领导小组必须对质量的管理、实现和验证工作的所有人员，规定职责、职权和相互关系；

（4）领导小组必须指定管理者代表，明确其职责和权力，以保证 ISO 9000 标准的要求得以贯彻执行；

（5）领导小组必须定期对 ISO 9000 标准所要建立的质量管理体系进行评审，保证质量管理体系的持续有效。

2. 成立工作小组

为了推行 ISO 9000 系列标准，应成立专门工作小组，负责推行 ISO 9000 中的组织协调工作，成为一个工作核心。该工作小组应保证所有相关部门、专职人员和工作骨干都能参与该项工作。

3. 委任管理者代表

应按标准要求设立管理者代表这一职位，并任命管理层人员承担该工作，管理者代表应是领导班子的成员之一，专门负责质量管理，具有丰富的管理经验及 ISO 9000 实施经验，管理者代表应有如下职责：

（1）协助管理者按标准的要求建立质量保证体系；

（2）组织协调质量管理体系的实施和维护；

(3)主持内部质量审核工作,向管理者报告体系执行情况,以便评审和改进;

(4)就质量管理体系有关方面事宜与外部联系。

4. 成立质量审核小组

按 ISO 9000 要求,应成立本企业内部的审核小组,定期开展内部质量审核工作。成立内部小组前,首先要派骨干人员甚至管理者代表参加评审员培训,参加培训的人员就可成为企业贯彻质量管理体系的骨干。可成立多个内部质量审核小组,由不同部门的人员互相审核。

领导要建立企业质量管理组织,规定其责任范围。同时,必须认识到建立质量管理体系并不是质量管理组织能单独完成的,有关部门都应参与。在质量管理体系建立之初,协调各有关部门行动起来的责任在领导,当体系建立起来之后,日常协调工作则主要由质量管理组织去完成。每个企业都有自己不同质量目标、质量方针和政策,因而也有对各部门不同的质量要求和任务分配。

四、质量管理体系诊断

质量管理体系诊断就是检查企业质量管理体系的实际状况,找出与即将实施的质量标准体系要求的差距,并提出解决的方式和方法,开始内部质量审核。诊断人员可以是企业内部指定人员也可以是委托外部机构的人员。

1. 诊断目的

通过质量管理体系诊断,可达到以下目的:

(1)明确质量管理体系与标准的符合性,找出与标准之间的差距及形成差距的原因;

(2)选择合适的质量管理体系模式及补充要求;

(3)识别、确定对质量管理体系进行修改的内容,如体系标准条文、机构调整内容、体系文件清单等。

2. 实施诊断的过程

诊断工作一般应按预先选择的质量管理体系为标准,按顾客要求和与产品有关的一些基本法规等进行,一般应包括以下几个基本步骤:

(1)确定诊断小组;

(2)确定诊断依据和诊断对象;

(3)制订诊断计划及诊断用的工作文件;

(4)现场检查;

(5)提交诊断报告,包括诊断结论、质量管理体系文件清单,以及需新编和修订的文件清单等。

五、质量管理体系设计

质量管理体系设计的初始阶段应根据收集到的资料,分析质量管理体系结构,确定企业的质量方针和质量目标,设计质量环,对质量管理体系要素进行评价。选择和分析质量管理体系设计条款,确定质量活动接口和质量责任分配,提出质量管理体系设计方案。

1. 选择质量管理体系标准

(1)ISO 9000 系列标准自 2000 年改版至今,ISO 9000 系列的质量管理体系只有一个,即所有企业只能选择 ISO 9001:2015 质量管理体系为标准。详细标准条文参照网络 ISO 9001:2015 标准条文。

(2)质量管理体系条款选择。企业根据需要可删去所选择标准中包含的某些质量管理体系条款,亦可根据产品特点和顾客要求,对质量管理体系条款做必要的补充要求。

2. 设计并调整组织机构

明确各组织机构的特点,并对各部门划分职责范围,做好各部门之间的衔接。

3. 确定并编写文件系统

质量管理体系文件包括表述质量管理体系和提供质量管理体系运行见证的文件。文件的主要作用是通过沟通统一行动,从而产生增加价值的效果。文件在实现产品质量和质量改进、培训、可追溯性、提供客观证据、体系评价五个方面起作用。ISO 9000 系列标准的文件系统一般包括质量手册、程序文件与质量文件三层结构。

六、质量管理体系试运行

只有当质量手册、程序文件、工作指导书,以及表格和记录文件等都编制完成之后,质量管理体系才正式建立起来,可以开始新的质量管理体系的运行。为使新的质量管理体系得到有效执行,还必须开展一系列工作。

1. 运行前的培训与宣传

为了推行 ISO 9000 系列标准,提高产品质量,应开展 ISO 9000 系列标准的有关培训工作。

(1)培训项目:包括 ISO 9000 基础知识培训、领导层人员培训、文件编写技能培训,以及内部审核员培训等;

(2)培训内容和要求:各岗位人员学习新体系对该岗位工作要求;各岗位管理人员准确掌握有关程序运行要求;特殊岗位人员须接受考核等;

(3)宣传内容:质量方针、质量管理体系运行计划、主要体系文件内容等。

2. 质量管理体系文件的传达

在实施前将质量管理体系文件要求和要点传达到组织的各有关部门,要求正确、严格地执行,传达的内容包括:

(1)质量手册:手册的特点、使用、保管要求等;

(2)程序文件:各作业程序的特点、应注意的问题、形成的记录、各程序之间有关的接口等;

(3)质量文件:各操作者针对工作指导书、检查要求等内容,需掌握的关键问题,如何记录以及报告不合格等;

（4）体系运行的特别要求：运行中需注意的一些衔接性问题。

3.试运行

试运行是质量管理体系由不完善到完善、由不配套到配套、由不习惯到习惯、由无记录到记录完整、由不符合到符合的过渡过程。通过试运行，可以达到：

（1）补充完善基础工作；

（2）修改体系文件；

（3）积累运行证据。

4.内部质量审核

在试运行过程中，可制订并执行专门的滚动式内审计划，及时纠正各种不合格，也要按要求至少进行一次集中式的内部质量审核，至少安排一次管理评审，以评价新体系的有效性和适用性，同时积累一次活动证据。为了能一次性通过认证，可在外部审核之前，由内部审核联合外部机构进行模拟审核或请认证机构进行预审，以判定申请正式认证通过的可行性，并促进质量管理体系的改进。

第五节　质量管理体系认证

质量管理体系认证是由可以充分信任的第三方证实经鉴定的某产品或服务符合特定标准或规范性文件的活动，其目的在于通过审核、评定和事后监督等方式来证明供方的质量管理体系符合某种质量保证标准，对企业的质量保证能力给予证实。一般由国家或政府认可的组织去担任这个"第三方"，也称为"认证机构"，例如，SGS 瑞士通用公证行、ISO YES 国际认证联盟、CQC 中国质量认证中心等。目前，全世界已有近 100 个国家和地区正在积极推行 ISO 9000 国际标准，约有 40 个品质体系认可机构，超过 20 多万家企业拿到了 ISO 9000 品质体系认证证书。

一、认证前的准备

一般来说，正式申请认证前，申请认证的企业可以进行一次初步检查，或称"认证彩排"，通过初步检查，与认证机构初次会面，企业可以知道是否"准备好"，也开始熟悉认证机构的工作程序、步骤和特点等。

在国际认证机构的帮助下，再次修改《质量手册》，同时抓紧内部质量审核，管理评审、管理者代表和工作小组要向管理层汇报质量管理体系的建立、运行和内部质量审核的情况，仔细深入检查"写下的是否做到了"，以及系统运行的有效性，不断检查与改进自己的质量管理体系，以便正式申请认证。

二、获得质量管理体系认证和注册资格的程序

根据 ISO/IEC 指南 48《第三方对供方质量体系进行评定和注册指南》规定,质量管理体系的认证一般实施程序有以下几个步骤:

1.企业提出认证申请

企业填报申请表,提出质量管理体系认证申请,需提供的申请材料有:

(1)申请审核的范围和时间;

(2)体系文件和有关资料。

2.认证机构审查申请材料

认证机构对申报材料进行审查,必要时进行初访,如果不予受理,则书面通知申请者并说明理由。

3.签订合同

如果认证机构受理企业的申请,由认证机构提交合同文本,约定审核时间,由双方协商并授权签字。

4.认证机构的审核准备

(1)成立审核小组;

(2)审核小组制订审核计划;

(3)审核小组分配审核任务;

(4)审核员准备审核文件等。

5.实施审核

审核小组实施审核,即对企业进行全面检查评定。一般来说,审核小组必须先和企业的管理层开个短会,企业领导介绍企业的管理情况、组织结构、质量管理体系等,然后审核小组开始检查。审核小组按照 ISO 9000 的条款逐条检查、核对,查看每个质量系统是否与 ISO 9000 的要求相一致,是否在按照系统工程、作业程序上写的去做。

6.审核小组出审核报告

审核小组检查完后,报告企业领导层他们的评定结果,同时审核小组根据在企业现场的全面检查情况编制审核报告,审核报告上报认证机构和受审核方。

7.纠正措施跟踪

经过审核小组的检查,企业一般都会有几条"不一致"被查出,需要改正。审核小组提出纠正措施要求,受审方也要制订纠正措施计划并实施。有的认证机构一定要等到这些"不一致"被改正之后,才发给认证证书。

8.颁发证书

认证机构通过严格审核后,对申请单位符合标准要求的颁发证书,并对以后运行的质量管理体系进行监督。当企业收到认证证书后,其名称就被列入认证公司的"ISO 9000 认证供应商

名录"中,企业获得 ISO 9000 的国际认证,标志着进入了世界一流公司质量管理的行列。

三、认证机构的选择

一个企业的质量管理体系建立和运作起来之后,向国际认证机构提出认证申请,约定检查和评审时间。由于认证机构可选择的多样性,企业应本着对自己有利的原则选择认证机构,一般从以下几个方面考虑:

(1)顾客要求;

(2)企业所在地区,选择认证机构原则上就近就便;

(3)认证机构的认证范围和有效性;

(4)认证费用。

四、认证注册后应做的工作

1. 质量管理体系的保持和提高

加强日常检查工作,及时检查现场中出现的问题,不断改善和巩固;进一步完善体系文件,加强协调监督工作;定期开展内部质量审核和管理评审工作。

2. 做好向认证机构的通报工作

当产品、体系文件、人员、机构发生重大变化时,及时以书面形式向认证机构报告。

3. 接受监督检查

按认证机构规定,认证注册后接受监督性检查,及时纠正检查中提出的问题。

4. 定期缴纳认证注册管理费

按认证机构的有关规定和双方协定,缴纳认证注册管理费用。

5. 到期重新申请

获证有效期限一般为三年,在认证有效期终止的某个适当时间之前,以书面形式向认证机构申请延长有效期和质量管理体系复审。

小结

首先论述了服装企业的组织机构和全面运作过程,介绍了服装企业质量管理体系的成文信息与结构,并以服装企业管理手册为案例,详细分析了质量管理体系文件的要求与编写,以及 ISO 9000 质量管理体系的实施和认证。

思考题

1. 以一家服装生产企业为例,给出组织架构图,并解释其品质控制部的主要工作职责。

2. 以图示方式,详述品质控制在服装生产环节的具体操作。

3. 解释服装企业推行 ISO 9000 质量管理体系应遵循的原则。

4. 解释质量管理体系与顾客要求的关系。

5. 解释 ISO 9001:2015 质量管理体系的成文信息对企业内外环境的作用。

6. 举例说明 ISO 9000 质量管理体系的成文信息构成。

7. 简述质量管理体系成文信息的基本分类。

8. 以一家服装生产企业为例,列举主要的制度性成文信息。

9. 根据 ISO 9000:2015 质量管理体系具体条款与要求,结合一家零售服装企业的实际运作,编写一份管理手册。

10. 服装企业应如何开展质量管理体系的实施工作?

11. 详述 ISO 9001 质量管理体系的认证过程。

服装品质保障体系——

全面质量管理

课程名称: 全面质量管理

课程内容: 全面质量管理的基本内容

全面质量管理的组织与实施

全面质量管理调查分析与改进

服装生产企业的全面质量改进案例分析

课程时间: 4 课时

教学目的: 让学生了解全面质量管理的基本含义,了解如何组织全面质量管理在企业的实施,并将各种质量改善技术结合在质量管理实践中,使学生在今后的生产中更有效地应用。

教学方式: 以教师课堂讲述为主,学生课堂讨论为辅,并查阅各国相关的全面质量管理模型与标准。

教学要求: 1. 熟悉全面质量管理的基本含义。

2. 明确各国质量管理模式与标准的共同点与区别。

3. 明确全面质量管理的组织与实施。

4. 掌握各种质量调查与改进技术在全面质量管理中的有效应用。

第七章　全面质量管理

全面质量管理(Total Quality Management)简称 TQM。它是提高产品质量,提高企业整体素质,提高企业经济效益的有效方法,它的推行标志着质量管理学发展的一个新阶段。鉴于服装企业面临着次品率较高的质量问题,应建立一个较为完善的质量管理体系,即目前国际上推行全面质量管理体系。TQM 实际上是将老式管理中的"事后把关"转移为"事先预防",即事先采取措施,对设计、操作、工艺、设备以及生产不平衡等造成不良产品的因素实行控制,使这些质量因素处于最佳、最稳定的状态,从而可以稳定产品质量。为了更好地解决质量问题,各服装企业可选择 TQM 作为企业的管理系统,全面推行品质管理。

第一节　全面质量管理的基本内容

一、全面质量管理的概念

1. 全面质量管理的定义

目前,对于全面质量管理的定义,国际上还没有一个统一的说法。最早提出全面质量管理概念的是费根堡姆,他给全面质量管理下的"定义"是:"全面质量管理是为了能够在最经济的水平上和考虑满足用户要求的条件下进行市场研究、设计、生产和服务,把企业内各部门的研制质量、维持质量和提高质量的活动构成为一体的一种有效体系"。费根堡姆的观点要求在产品形成的早期就建立质量管理体系,而不是在既成事实后再做质量的检验和控制。国际标准 ISO 8402:94 质量管理和质量保证 术语对全面质量管理下了如下的"定义":全面质量管理是一个以质量为中心,以全员参与为基础的一种组织管理途径,目的是通过顾客满意和本组织所有成员及社会受益而达到长期成功。这一定义意味着企业要想在激烈的市场竞争中长期占据优势地位,就必须实施质量经营战略,以质量作为一切工作的核心,通过全员参与的质量管理和控制,以高质量的产品和优质的服务使顾客得到最高的满意度,最终使得企业获取最大的经济效益。

全面质量管理过程的全面性,决定了全面质量管理的内容应当包括设计过程、制造过程、辅助过程、使用过程等四个过程的质量。有时把全面质量管理或它的一部分称为全面质量、公司范围内的质量管理(CWQC)、TQC 等。

2. 全面质量管理的核心思想

企业的一切活动都围绕着质量来进行。从概念上讲，全面质量管理集中体现了现代质量管理的理论体系和工作方法。因此，全面质量管理是企业质量管理的"纲"，企业只有认真贯彻全面质量管理的思想，按照全面质量管理的工作方式进行质量管理，才能保证以最经济的方式生产出用户满意的产品。目前，很多企业都在实施 ISO 9000 质量管理体系，在质量管理体系的建立和运行过程中，一定要将全面质量管理的思想融合进去，要充分利用全面质量管理的理论和工作方法。事实上，也有一些学者认为，ISO 9000 质量管理体系是对全面质量管理理论和方法的标准化，这一说法尽管有失偏颇，但也有一定的道理。

二、全面质量管理的特点

全面质量管理的特点主要体现在全员参与、全过程控制、管理对象的全面性、管理方法的全面性和经济效益的全面性等几个方面。

1. 全员参与的质量管理

产品质量的好坏，是许多生产环节和各项管理工作的综合反映。企业中任何一个环节、任何一个人的工作质量，都会不同程度地直接或间接地影响产品质量。全面质量管理中的"全面"，首先是指质量管理不是少数专职人员的事，它是全企业各部门、各阶层的全体人员共同参加的活动。但全面质量管理也不是"大家分散地搞质量管理"，而是"为实现共同的目的，大家有系统地共同搞质量管理"。因此，质量管理活动必须是使所有部门的人员都参加的"有机"组织的系统性活动。同时，要发挥全面质量管理的最大效用，还要加强企业内各职能和业务部门之间的横向合作，这种合作甚至已经逐渐延伸到包括企业外的用户和供应商。

2. 全过程控制的质量管理

产品质量首先在设计过程中形成，并通过生产工序制造出来，最后通过销售和服务传递到用户手中。在这里，产品质量产生、形成和实现的全过程，已从原来的制造和检验过程向前延伸到市场调研、设计、采购、生产准备等过程；向后延伸到包装、发运、使用、用后处理、售前售后服务等环节；向上延伸到经营管理；向下延伸到辅助生产过程，从而形成一个从市场调查、设计、生产、销售直至售后服务的寿命循环周期全过程。为了实现全过程的质量管理，就必须建立企业的质量管理体系，将企业的所有员工和各个部门的质量管理活动有机地组织起来，将产品质量的产生、形成和实现全过程的各种影响因素和环节都纳入到质量管理的范畴，才能在日益激烈的市场竞争中及时地满足用户的需求，不断提高企业的竞争力。

3. 管理对象的全面性

全面质量管理的对象是质量，而且是广义的质量，不仅包括产品质量，还包括工作质量。只有将工作质量提高，才能最终提高产品和服务质量。除此之外，管理对象全面性的另一个含义是：对影响产品和服务质量因素的全面控制。影响产品质量的因素很多，概括起来包括人员、机器设备、材料、工艺方法、检测手段和环境等方面，只有对这些因素进行全面控制，才能提高产品质量和工作质量。

4.管理方法的全面性

尽管数理统计技术在质量管理的各个阶段都是最有效的工具,但由于影响产品质量因素的复杂性,既有物质的因素,又有人员的因素;既有生产技术的因素,又有管理的因素,因此,要搞好全面质量管理,就不能单靠数理统计技术。应根据不同的情况,针对不同的因素,灵活运用各种现代化管理方法和手段,将众多的影响因素系统地控制起来,实现统筹管理,全面管好。在全面质量管理中,除统计方法外,还经常用到各种质量设计技术、工艺过程的反馈控制技术、最优化技术、网络计划技术、预测和决策技术以及计算机辅助质量管理技术等。

5.经济效益的全面性

企业是一个经济实体,在市场经济条件下,它的主要目的是获得最大的经济效益。全面质量管理中经济效益的全面性,除保证制造企业能取得最大经济效益外,还应从社会的角度和产品寿命循环全过程的角度考虑经济效益问题,即要以社会的经济效益最大化为目的,使供应链上的生产者、储运公司、销售公司、用户和产品报废处理者均能获得最大效益。

三、全面质量管理的核心观点

全面质量管理充分体现了现代质量管理的基本原则,它所强调的核心观点在各种现代质量管理模式中均有体现。其核心观点主要包括:用户至上的观点、一切凭数据说话的观点、预防为主的观点、以质量求效益的观点和以零缺陷为目标的观点。

1.用户至上的观点

从全面质量管理的定义可看出,它的核心是满足用户的需求,为用户提供最大限度的满意。全面质量管理所指的用户包括企业内用户和企业外用户两大类。企业内的用户指的是"下一道工序",在企业的生产流程过程中,前道工序是保证后道工序质量的前提,如果某一道工序出现质量问题,就会影响到后续过程甚至产品的质量。因此,应在企业的各个工作环节都树立"为下道工序服务的思想",使每道工序的工作质量都能经受住下道工序"用户"的检验。企业外的用户是企业的生命线,因为没有用户,企业就无法获利,就会面临破产的命运,所以,满足用户的需求,其主要目的就是要赢得用户。如果将企业外的用户再进行分类的话,可以把直接使用企业产品的用户称为"最终用户",而把那些不直接使用企业的产品但却受到产品影响的用户称为"公共用户",如被动吸烟者就应该属于卷烟厂的公共用户。随着"绿色产品""绿色营销"等概念的出现,人们保护生态环境的意识不断增强,产品质量的概念也更加广义化,产品质量不但要满足最终用户的需求,还要满足公共用户、环境保护以及资源优化利用等方面的要求。ISO 9000:2015中提出的七项质量管理原则的第一条就是"以顾客为中心",这一原则就来自全面质量管理的理念。

2.一切凭数据说话的观点

凭数据说话就是凭事实说话,因为数据是对客观事物的定量化反映。在企业的生产现场,往往存在着许多技术和管理的问题,影响着产品的质量、成本和交货期。要解决这些问题,需要收集生产过程中产生的各种数据,对它们进行加工、整理、分析,得到过程质量信息。为了达到"一切凭数据说话"这一目标,就必须保证数据的准确性、及时性、可靠性、全面性和系统性。ISO 9000:2015 七项质量管理原则中就提到"循证决策",此处所指的"证"就是意味着要对有效的数据和信息进行分析,以得到能够反映企业实际情况的"证据",这是正确决策的基础。

3. 预防为主的观点

好的产品质量首先是设计出来的,其次才是制造出来的,但质量无论如何都不是检验出来的。通过检验最终把关不能保证和提高产品质量,只能防止不合格品流入下一道工序或进入用户手中。而对于已经出现的不合格品,不论是报废还是返工修理,都会给企业造成经济损失。因此,不论是在保证产品质量方面,还是在提高企业的经济效益方面,"以预防为主"的观点都是非常重要的。全面质量管理就是把质量管理工作的重点从"事后把关"转移到"事先预防"上来,从管"结果"变为管"因素"、管过程,强调"第一次就把事情做对",从源头控制过程质量。

4. 以质量求效益的观点

传统的质量管理理论认为,质量管理是只投入不产出,质量管理水平的提高只会提高质量成本。事实上,这一观点是错误的,提高经济效益的巨大潜力蕴藏在产品质量之中,此观点已经被世界上许多成功企业的经验所证实。著名的质量管理专家朱兰博士曾说过:"在次品上发生的成本等于一座金矿,可以对它进行有利的开采"。企业可以以质量求效益的另一个依据是,改进质量可大大提高用户满意程度,从而争取到更多的用户,使该产品在市场上的销量迅速增加,有利于发挥规模经济效益。因此,企业必须充分认识到效益来自于质量,以质量求效益是企业取得长足发展的必由之路。

5. 以零缺陷为目标的观点

以零缺陷为目标是管理观念上的革命。长期以来,人们认为不合格品是不可避免的现象,因此,为了既降低生产成本,又能使用户得到一定限度的满足,在工作中设定了"可接受的质量水平"。但是,这一做法却是与全面质量管理的观念背道而驰的。著名的质量管理专家克劳士比认为,"可接受的质量水平"如"合格品率"是鼓励人们生产废次品。在全面质量管理中,人们强调"尽善尽美",强调以零缺陷作为工作目标。诚然,人们可能永远不会把一件事情准确无误地做好,但是,这种追求尽善尽美的精神却是至关重要的,因为只有具有这种精神,人们才可能真正将一件事情做好。以零缺陷为目标是降低成本、及时交货、提高效益的保证。克劳士比曾经说过:"要第一次就把事情做对,否则返修的费用是很高的,会带来极大的损失并延误交货期。"在《质量是免费的》一书中,克劳士比纠正了"质量是昂贵的"这一错误观念,他认为:虽然质量不是礼物(可以不劳而获),但它却是免费的,真正昂贵的是不符合质量标准的事情,是没有在第一次就把事情做对。事实上,如果企业没有实现零缺陷管理,就必须通过测试、检验、返修、售后服务、退货处理来挽回可能为用户造成的损失,而且由此也会给自己带来巨大的损失。以零缺陷为目标是"预防为主"观念的集中体现。质量管理的目的就是在企业的各个环节建立一个防止缺陷发生的机制,要实现这个目标,必须抓住将来可能出现的问题开展预防工作,以便通过现在的努力实现事先预防,在将来获得高效益的回报。要实现零缺陷,就要从各个环节着手,在每道工序都做到"不接受缺陷,不制造缺陷,不传递缺陷"。

全面质量管理的核心概念还包括:重视质量成本、以工作质量为重、注重团队成员的合作、强调领导的示范作用、强调生产一线工人参与质量控制等方面。

四、全面质量管理的综合理念

1. 高层管理人员直接领导与参与

传统的质量管理一般授权给质量控制部门去进行,而全面质量管理则一定要高层管理人员直接领导、亲自统筹。一般来说,应由企业总经理领导并组织高层小组共同策划并推动品质管理的全面运作,推进全面质量管理。

2. 上下一心,群策群力

企业全体员工上下一心、群策群力是实施全面质量管理的关键。首先,全体员工都要明确企业的目标、方针、策略;其次,全体员工必须充分投入工作,显示一种全员参与的意识。通常有两种方法可以达到全员参与的目的,一种是采取强制手段;另一种则是承诺方式,使员工完全自发地参与。要推行全面质量管理应争取员工发自内心的承诺,必须把企业的目标与员工的利益结合起来,提高员工的全面品质管理意识,促使员工积极参与企业的管理。而绝不能采取强制手段使其被迫执行。

所谓群策群力,是指不同工作阶段的员工在不同工作岗位所表现的团队精神。"群策"是指各个部门共同策划,"群力"是指全体员工共同执行。要鼓励和促进各部门之间的协作。

3. 具有竞争力的成本

一个企业如果能成功地推行全面质量管理,一方面一定要在全面质量管理上作重大投资;另一方面要有效地改善成本结构,使产品成本更具竞争力。"企业推行全面质量管理必导致成本上升"的说法只是一种错觉,从长远计划来看,生产总成本应是降低的。

4. 高质量的产品与服务

高质量的具体含义要根据市场定位、顾客期望、竞争环境等因素来决定。今天产品质量高的企业,在市场竞争中未必永远是高质量。企业只有不断地创新来保持产品的领先地位,不断强化和提供优质服务,才能有效地适应千变万化的市场竞争,使自己立于不败之地。

5. 物有所值的良好声誉

实施全面质量管理的目的,就是以各种手段和方法来满足顾客的要求,在顾客中建立物有所值和优质服务的良好声誉。

概括地说,全面质量管理本质上是实践问题,是质量管理学的基本原理与理论在企业保证和提高产品质量过程中的具体运用。其核心是强调提高人的工作质量、保证工序质量,并以此保证产品质量,达到全面提高企业和社会经济效益的目的。其基本特点是从过去的事后检验、把关为主转变为以事前预防、改进为主,发动全员参加,依靠科学的理论、程序和方法,使生产、经营、服务的全过程都处于良性受控状态。

五、全面质量管理的任务

企业推行全面质量管理的目的是保质、保量,及时地生产满足用户要求的产品。可通过三个方面达到目的:

(1)认真贯彻执行"质量第一"的方针;

(2)充分调动企业各部门和全体员工关心产品质量的积极性;

(3)切实有效地运用现代科学和管理技术做好设计、生产、服务、市场研究等方面的工作,加强预防性和预见性,控制影响产品质量的各种因素。

因此,在推行全面质量管理时,应该注意做到"三全一多样"。"三全"即全过程的、全员的、全企业的质量管理;"一多样"即运用的方法多种多样,需因地制宜。正确理解"三全"的各自含义,对切实有效地开展全面质量管理具有重大意义。

1. 全过程质量管理

产品的质量是企业生产经营的成果。"全过程"指产品质量形成和实现的过程。这一过程包括若干环节,而每个环节又有各自的质量职能。其中也涉及企业内部及企业外部(如供应厂商等)。

在服装企业中,全过程质量管理是要求把不合格品消灭在质量形成的过程中,贯彻以预防为主的管理原则。一方面把管理工作的重点从管理事后的产品质量转到控制、管理事前的设计和生产过程的质量上来,在生产过程的一切环节加强品质管理,消除产生不合格品的种种隐患,做到"防患于未然";另一方面,要逐步形成一个包括市场研究、研制设计到销售使用全过程的品质保证体系。

2. 全员质量管理

产品质量的优劣涉及企业里上至总经理,下至工人的全体员工对产品质量的认识和与此有密切关系的工作质量的好坏,提高产品质量需要依靠全体员工的共同努力,以自己优异的工作质量来确保优质产品的生产。因此,全员质量管理所包含的不仅是全体员工参加企业管理这个一般的含义,更主要的是在强调必须对企业的全体员工进行质量管理教育,从而提高质量管理意识,使每个员工都树立"质量第一"的思想,保证和提高产品质量。

3. 全企业质量管理

全企业的质量管理主要是从组织管理这个角度来理解。每个企业都可以分成上层管理、中层和基层(下层)管理,其中每一层都有自己的质量管理活动,其活动重点有所不同:上层侧重于质量决策,并协调和统一组织企业各部门、各环节、各类人员的管理活动,保证实现企业经营管理的最终目的;中层侧重于执行其质量职能;基层(一般指生产单位)则侧重于严格按照规定的技术标准进行生产。

4.采用多种方法进行质量管理

随着现代化大生产和科学技术的发展及人们生活水平的提高,对产品的性能等方面的质量要求也大大提高,检验测试的工作量成倍增加,相应地对质量管理也提出了许多新的要求,促使企业在使用严密的质量保证体系的同时,充分利用现代科学的一切成就,采用一套科学的管理方法。

各服装企业在开展全面质量管理时,企业领导需制订质量方针、目的和计划;建立和健全质量保证体系;定期审核质量保证体系的运转情况及开展全面质量管理的效果;在抓质量管理的教育培训的同时,还要着重抓质量管理的基础工作。

六、全面质量管理与 ISO 9000 系列标准的关系

前面介绍过 ISO 9000 系列标准,那么 ISO 9000 系列标准与全面质量管理之间有什么关系?推行全面质量管理与推行 ISO 9000 质量体系有无冲突?

1.ISO 9000 系列标准是 TQM 的组成部分

ISO 9000 系列标准是质量体系的范畴,而全面质量管理属品质管理范畴,是一种管理模式,其中质量体系是品质管理的部分内容。所以 ISO 9000 系列标准是 TQM 的一部分,ISO 9000 是质量管理的基本要求,只要求企业稳定组织结构,确定质量体系的要素和模式就可以贯彻实施。企业要推行全面质量管理,可以在通过 ISO 9000 系列标准认证以后,结合 ISO 9000 质量体系的各项具体要求,开展更有效的工作,再实行全方位的质量管理模式。

2.ISO 9000 系列标准与 TQM 遵循相同的原理和指导思想

TQM 在理论中遵循“朱兰质量螺旋曲线”规律,ISO 9000 系列标准遵循质量环的原理,而质量环是质量螺旋曲线的俯视投影,其本质都是描述质量形成的规律。贯彻 ISO 9000 系列标准和推行 TQM 之间不存在截然不同的界限,只有把两者结合起来,才是现代企业质量管理深化发展的方向。

ISO 9000 系列标准与 TQM 除遵循相同的原理外,还具有相同的指导思想:

(1)目的一致。两者都是为了产品质量符合要求。在实现方法上,都使用了 PDCA 质量环运行模式;

(2)全面性要求一致。两者都要求实行生产全过程的控制;

(3)宗旨一致。两者均是以预防为主,均需要制订各种工作程序,做好预防工作;

(4)领导是关键。高层管理人员都必须高度重视计划的推行,亲自筹划,亲自参与;

(5)统计技术的应用。两者均要求有效地应用各种统计技术,做好各生产环节的质量统计与分析工作;

(6)讲求经济效益。两者的最终目的均是降低生产总成本,提高产品质量和企业的经济效益。

3. ISO 9000 系列标准与 TQM 的不同点

(1)目标不一致:TQM 计划管理活动的目标是改变现状。一次计划作业只限于一次,目标实现后,再进行下一次的计划管理活动。下一次计划管理活动,虽然是在上一次计划管理活动结果的基础上进行的,但绝不是重复与上次相同的作业。而 ISO 9000 质量管理活动的目标是维持标准现状,其目标值为定值。其管理活动是重复相同的方法和作业,使实际工作结果与标准值的偏差量尽量减少。

(2)工作中心不同:TQM 是以人为中心,ISO 9000 是以标准为中心。

(3)执行标准及检查方式不同:实施 TQM 企业所制订的标准是企业结合其自身特点制订的自我约束的管理体制;其检查对象主要是企业内部人员,检查方法是考核和评价(方针目标讲评,QM 小组成果发布等)。ISO 9000 系列标准是国际公认的质量管理体系标准,它是供世界各国共同遵守的准则。该标准强调由公正的第三方对质量体系进行认证,并接受认证机构的监督和检查。

总之,ISO 9000 系列标准与全面质量管理是相互依存、相辅相成、殊途同归的。认为两者互相排斥或用一者代替另一者都是不对的。两者都很好地体现了现代质量管理理论中全员参加、全过程控制、重视预防、不断改进的思想,在企业的管理工作中应把两者紧密地结合起来,不能顾此失彼。应该指出的是,在品质管理和品质保证范畴,ISO 9000 只规定了应该做什么,没有规定如何去做,也没有说明为什么要做。这是因为"如何去做"涉及许多因素,如工业类别、组织规模及文化背景等,因此,ISO 9000 避开了有关"如何做"这个敏感问题。但在品质管理实践中,困难的问题恰恰是"如何做"。实际上,"如何做"正是 TQM 关于方法论的研究,而"为什么要做"是 TQM 理论和方法研究的基础问题,这也正是 ISO 9000 和 TQM 具有相同目标又不属于同范畴的显著特点。

第二节　全面质量管理的组织与实施

一、开展全面质量管理的基本要求

企业开展全面质量管理必须具备一些基本条件、基本手段和基本制度,才能达到预期效果。因此,全面质量管理需开展以下几个方面的工作。

(1)承诺:这是最重要的一条,高层管理人员要有推行全面质量管理的承诺。同时,高层管理人员之间也必须步伐一致去推动这一工作的开展,以此感染和带动其他同事,共同推行全面优质管理。

(2)倾听顾客心声:推行全面质量管理,首先要了解顾客的真正需要,倾听顾客的意见,实行全面的顾客导向。

（3）教育及培训：落实、推行全面质量管理的第一步行动，就是教育全体员工提高品质意识，因而需要向各管理人员、全体员工介绍本企业的发展方向、品质政策及目标。此外，还需为各级员工提供必要的培训，让他们掌握必需的知识和技术以胜任新的工作。

（4）招聘和入职培训：全面质量管理有一个基本的概念，就是"第一次便要做好"。招聘工作也是如此，务必使招聘的员工适合企业要求，同时入职培训也是十分重要和必不可少的。

（5）人际关系技巧：根据调查显示，对于推行全面质量管理的企业来说，在产品质量研讨会上能否提出反馈意见，能否耐心倾听并采纳顾客对产品的要求，这一切都需要具备较高的人际关系技巧。因此，为有关领导和人员提供人际关系技巧训练，对于推行全面质量管理是具有一定帮助的。

（6）督导技巧：每个管理人员必须接受适当的训练，掌握督导技巧，使下属不断提高工作能力，让员工充分发挥合作精神，经常保持求胜的斗志。要一级一级地发挥督导的功效，使整个企业顺利运行。

（7）教练技巧：管理人员应是一名熟练掌握教练技巧的教练，这对职位高的管理者更显重要。教练作用发挥得好，可以使下属的本领不断提高，并能增强企业的合作精神，保持求胜的斗志。

（8）团队精神：全面质量管理通常建立在共同合作的基础上，因此，加强团队之间的沟通和合作对推行全面质量管理有着重要的影响。

（9）奖励：推行全面质量管理其中一个重要的保证，就是实行奖励制度，包括工资、奖金、工资调整标准、晋升标准等，必须将这些制度与全面质量管理的要求与期望相结合，以提高全员的积极性。

（10）改进活动："不断改进"概括了全面质量管理的所有内容。事实上，如果要保持竞争优势，必须在不断改进的速度上比竞争对手快。因此，所有推行全面质量管理的公司、企业都必定要有一套完整的计划去推动不同层次、不同形式的小组（部门）作出改进。

（11）标准及尺度：任何推行全面质量管理的企业或公司，首先要量度的是品质成本，这是比较容易表现品质改善及成本下降状况的指标；其次，顾客的满意程度对制订产品及服务的品质标准也有重大的参考作用。

（12）市场策略：品质策略与市场策略是不可分割的，只有在高层管理人员亲自领导及策划全面质量管理的情况下，才能有效地把市场策略及品质策略结合起来。

事实上，单靠个人力量来推行全面质量管理是不可行的，在高层管理人员的领导及参与下，通过全体员工上下一心、群策群力，以具竞争力的成本，提供高品质且不断改进的产品及满意的服务，在客户中建立物有所值的良好声誉，才是全面质量管理的精髓所在。

二、全面质量管理的模式

1. 管理模式

全面质量管理包括管理方式和控制方法两大内容。管理方式是指对质量形成全过程实施

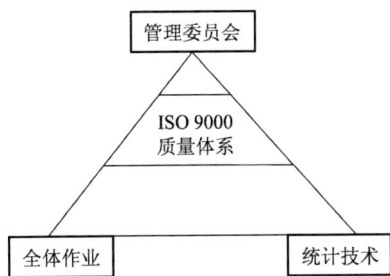

图7-1 全面质量管理模式

管理的模式(设计、制作工程等管理),其具体形式是品质保证体系,控制方法是指管理活动中常用的工具。图7-1表示了全面质量管理系统的金字塔模式。由此模式,可以进一步了解全面质量管理的实施情况。

(1)管理委员会:服装企业要实施全面质量管理的管理系统,首先要成立由高层领导组成的管理委员会。管理委员会主席通常由企业总经理出任,直接负责推行全面质量管理,并委派一人作为管理者代表,全权负责产品质量问题和各种质量文件的处理工作。委员会成员由各部门主任以上职员及其他有关人员组成,委员会将定期举行会议(通常一两个星期举行一次),检查工作的进程,指出有关质量问题,并协调各部门共同解决质量问题,使各项工作顺利进行,保证产品的质量。

(2)品质保证体系(ISO 9000系列标准):品质保证体系是全面质量管理系统中的具体形式,是企业的整体目标。例如,选择ISO 9000系列标准作为全面质量管理的品质保证体系,企业全体员工都必须树立ISO 9000系列标准的理念,把其作为奋斗目标及一种凝聚力,产品质量就可以得到长期保证。服装企业一般选择系列标准中的ISO 9002标准较为合适,其各项工作与各种活动都必须在严格的文件管理下完成,才能更好地保证全面质量管理的推行,从而起到稳定产品质量的效果。ISO 9000系列标准的重要文件有品质手册、作业程序、作业指导书以及各种质量文件等,其具体内容在第六章已作详细介绍。其实,随着社会的进步,人们对绿色环保也提出更高的要求,有些服装企业已经选择ISO 14000系列标准作为实施全面质量管理的品质保证体系。

(3)全体作业:全体作业又称全员的质量管理,是指为了满足顾客需要,所涉及的企业内部员工及外部的相关人员都要参与全面质量管理计划的实施,除了本企业的全体员工外,还包括供应商、分销商及代理商等。当然,企业内部上下各级员工是最重要的一部分,一定要充分发挥他们的主动性、积极性、创造性、合作性,从而形成一种有效的全面参与的管理方法。

(4)统计技术:全面质量管理是相对统计质量控制而言的,只用“数量统计”方法还不能满足产品高质量的要求,还必须以组织管理为手段,在基层中建立质量圈(QCC,Quality Contral Circle),应用各种统计技术如PDCA循环、数量统计方法、价值分析法、运筹学方法以及老七种工具和新七种工具等一些方法。也可通过质量圈小组活动,提高现场作业员工的工作积极性,将现场作业中的质量意识、寻找问题的意识以及改进期望有机地结合起来,使企业的管理工作趋向合理化。

另外,品质控制等部门的中层管理人员必须掌握各种质量统计技术的应用与分析,利用各种统计技术收集有关数据(如服装中的跳线、污浊、破烂等疵点比例),将繁复的数据转化为简单的图表;加强对各种质量因素的分析并采取应变措施,有效地防止次品的产生。

2. 基于质量管理奖的评审模式

对于如何衡量 TQM 实施的效率,在发达国家早就采用了基于质量管理奖的评审标准与模式,如美国波多里奇奖(Malcolm Baldrige National Quality Award)、欧洲质量奖(EFQM European Quality Award)、日本戴明奖(Deming Prize),以及香港特别行政区优质奖(HKMA Quality Award)等为代表的"优秀业绩标准"。在全球经济一体化的影响下,我国也产生了相应的"全国质量管理奖"的评审标准。图 7 – 2 所示为全国质量管理奖"五要素"关系图。以上各国和各地区的质量管理奖评审标准,都是以全面质量管理的理论和方法为基础产生的。

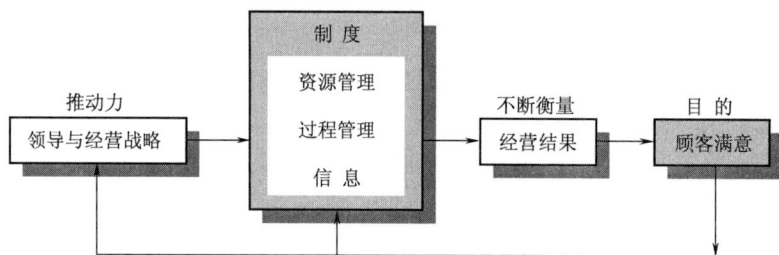

图 7 – 2　全国质量管理奖"五要素"关系

有关各国的质量管理奖的详细评审标准,都具有相似之处,在此不作详细阐述,只提供美国波多里奇奖与中国全国质量管理奖评审标准比较(表 7 – 1),以做参考。企业只有实施了 TQM 管理模式,通过质量奖评审组织机构的审核,才能获得相关质量管理奖。全国质量管理奖由中国质量协会主办,评审机构由质量管理奖审定委员会和质量管理奖工作委员会两级机构组成。其中质量管理奖审定委员会由政府、行业、地区主管质量工作的部门负责人及有权威的质量专家组成,质量管理奖工作委员会由具有理论和实践经验的质量管理专家、质量工作者和评审人员组成。

表 7 – 1　美国波多里奇奖与中国全国质量管理奖评审标准比较

序　号	波多里奇奖(1000 分)	全国质量管理奖(1000 分)
1	领导(120 分)	领导和经营战略 (200 分)
2	战略策划(85 分)	资源管理 (130 分)
3	以顾客和市场为关注焦点(85 分)	过程管理(210 分)
4	信息和分析(90 分)	信息 (60 分)
5	以人力资源为重点(85 分)	经营结果 (400 分)
6	过程管理(85 分)	
7	经营结果(450 分)	

三、推行全面质量管理的步骤

企业要推行全面质量管理,必须在高层管理人员大力支持的基础上进行,且各项工作必须循序渐进,才能达到全面质量管理的目标。

图7-3表示了实施全面质量管理的具体步骤,总体可分为酝酿期、决策期、起步期和推行期四个阶段。

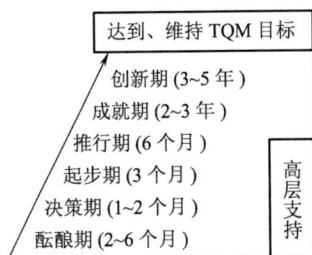

图7-3 实施TQM的步骤

1. 酝酿期

在酝酿期间,企业应了解、探讨全面质量管理的概念及其适用性,这是企业推行全面质量管理所必须的阶段。

(1)酝酿期的活动:在酝酿期间,企业必须开展一系列宣传活动,使全体职工对全面质量管理有所了解,并提高认识。

①企业应委派有关管理人员参加某些全面质量管理的研讨会、讲座等;

②购买有关全面质量管理的书刊、杂志,在企业内部开展宣传、阅读活动;

③举行企业内部研讨会,学习和讨论全面质量管理的原理以及其他企业的推行经验;

④组织有关人员探访某些已经推行全面质量管理的企业,进一步了解实施全面质量管理的全过程;

⑤了解同行业情况,调查推行全面质量管理情况及有关的成效;

⑥邀请专家来企业举行内部研讨会,探讨企业推行全面质量管理的可行性,并了解有关的费用;

⑦在企业内部开展小组讨论活动,起草有关推行全面质量管理的计划书,供高层管理人员讨论。

(2)高层管理的投入:对酝酿期的各项活动,必须由高层管理人员亲自领导和参与,只有在刚开始推行时就积极投入,以后的工作才能更加顺利。

2. 决策期

决策期是推行全面质量管理的最关键性阶段。企业是否推行或何时推行全面质量管理等策略,都必须在此阶段作出决定。要客观、有效、冷静地进行决策。

企业在制订决策之前,可采用研讨会的形式进行讨论。研讨会可由顾问、专家主持,高层管理人员参与,让大家共同构思本企业的目标;或由企业最高决策者推出构思,其他参与者进行讨论、补充、修改,然后根据集体意见,共同规划企业未来的目标。再经过一两个星期的深入探讨,最后作出是否推行全面质量管理的决策。

3. 起步期

一旦开始推行全面质量管理,就必须按部就班地进行一连串的工作。

(1)成立管理委员会:首先应成立一个由高层管理人员组成的全面质量管理委员会。管理委员会主席可由企业总经理(或厂长)担任,成员可由各部门负责人组成,人数为7~12人。委员会定期举行会议,商讨有关质量等问题。

(2)委派管理者代表:由总经理或厂长委派一名高层管理人员作为管理者代表,负责具体推动及执行管理委员会的决议,主管全面质量管理的统筹工作。管理者代表的职位较为重要,必须由具有较高的领导才能,且深受同事尊重的管理人员担当。

（3）推行全面质量管理评核:在适当阶段,由管理委员会负责,进行一次全面的评核,从而可以找出需要改善的地方。评核内容包括以下几项:

①高层领导:评核高层管理人员对企业推行全面质量管理各要素的明确程度;以顾客为导向的质量观能否与企业领导、管理和监管功能互相融合;评核企业的品质政策及各项改善行动是否将社会义务与公民应尽的责任相联系。

②资讯系统:评核该企业是否有足够的资讯系统来收集有关产品的质量表现、顾客反应、作业流程、成本与财务有关数据,并进行分析与统计,推动资料管理,改善产品的质量,从而进一步改进企业的运作与竞争能力。资讯系统要保证数据的可靠性、真实性、一贯性以及快捷性。

③品质策略的策划:评核企业如何制订短期与长期的品质策略,以达到顾客满意的要求。

④人力资源的发展与管理:企业如何使各员工的才能得到充分的发挥,实现顾客所需的产品质量和企业目标;同时评核企业是否建立及维持一个良好的环境,使所有员工都可以全面参与质量管理,并促进个人与企业的共同成长,如员工的教育与培训、员工的表扬与福利等制度。

⑤程序质量管理:程序管理是企业为了追求更高的产品质量以及更佳的企业运作所使用的各种程序。评核内容包括供应商供应的产品质量、程序质量的研究与发展、生产与传递的程序管理以及其他各种作业程序的表现。

⑥品质成果:将企业现时的品质水平与同行业中主要竞争对手作比较,评核企业现时的产品质量以及运作的表现与趋势。

⑦顾客导向及满意程度:评核企业与顾客的关系及其对顾客需求的满足程度,确定现时市场趋势所采用的留住顾客的方法;企业对顾客作了哪些有关产品质量与服务的承诺,以提高顾客对本企业的信赖与信任程度。

（4）倾听顾客心声:企业通过小组讨论、个人接触等方式,进一步调查了解顾客目前对企业产品质量与服务质量的评价,然后将调查结果加以整理分析,并向企业内部各级员工传达,以增强他们的顾客导向性,从而改变他们对顾客的态度和行为。

（5）了解竞争对手的动态:在推行全面质量管理的起步期内,必须充分了解竞争对手是否在推行全面质量管理？其效果如何？员工及顾客的反应如何？高层管理人员的决心有多大？等。通过了解竞争对手的情况,帮助企业制订策略性质量目标,以及帮助员工加强内部沟通,增强斗志,使企业争取在市场上立于领导地位。

（6）制订品质政策:重新考虑现在及未来的竞争环境,由管理委员会草拟一份品质政策。

（7）制订策略性的品质目标:有了品质政策之后,就需制订策略性的品质目标,这是较为关键的一步。

（8）品质保证体系证书的申请:目前,品质保证体系证书有多种,如 ISO 9000 品质保证体系。企业在推行全面质量管理之前,可先申请 ISO 9000 系列标准证书,也可两者同时进行。总之,品质保证体系证书与全面质量管理是相辅相成的,企业可以根据自己的实际情况,选择申请证书的合适时间。

(9)分析品质成本:产品的品质成本包括预防成本、评估成本和失败成本三大类。必须分析各类成本支出的比例,将总成本控制在最低水平,这也是一项非常重要的工作。

(10)制订品质改善指标:为了反映品质改善的进度,应制订一系列品质改善指标,具体包括次品率、返工率、退货率、投诉次数、顾客满意程度等。

(11)摸清员工的接受程度:在推行全面质量管理的起步阶段,不同部门、不同阶段的员工接受、投入工作的程度会有很大的差异,管理委员会的成员应经常深入各阶层,倾听员工的意见和建议,摸清员工的接受与投入程度,然后通过各种方式加深他们对全面质量管理的认识,帮助他们改变旧观念与行为。

(12)检查现存委员会的功能:全面检查企业内不同委员会的功能、存在的价值等,撤销无必要继续存在的委会员,并保证保留的委员会其方针与全面质量管理相辅相成。

(13)确定几项攻关的改善项目:在起步阶段,提出几项当前最为关键的难题作为改善项目,然后,组织攻关小组集中精力加以解决,以便使企业上升到全面质量管理的新阶段。

4. 推行期

在推行期的最初阶段,为了保证正常工作秩序和统一员工的思想认识,企业必须先建立全面质量管理的导航系统。

(1)向企业全体员工宣布全面质量管理的推行计划:在企业高层负责人的主持下,以简单而隆重的方式向全体员工宣布全面质量管理的推行计划,其采取的方式可以是集会、通告或录像播放等。各企业可根据自己的组织机构来选择适当的方式,但必须清晰明了,对员工有震慑力。

(2)分层向下传达要求与步骤:即先由企业行政总经理向所有企业负责人传达,企业负责人向各部门传达,最后由部门负责人再向下传达。传达时要讲求技巧和方法,具有一定说服力,使员工认同并接受。

(3)进行基础培训:在推行全面质量管理计划中,进行基础培训以提高员工素质是一项较为重要的工作,包括以下内容:

①领导才能培训:使每一位管理人员转化为管理者,懂得如何去启发、引导与激励下属群策群力,不断改进。

②顾客导向:改变员工的基本心态,使他们明白顾客的期望与需求的重要性,培养员工处处从顾客角度考虑问题的习惯。

③不断改进:向员工介绍一些改进工作质量的方法和工具,使员工明白和理解不断改进工作质量的重要性。

④全面参与:激发员工主动投入工作,提高其参与各项活动的积极性。

(4)委派及培训督导员:督导员是指督导各项目小组工作的人员(如质量圈中的督导员),

在全面质量管理的推行过程中担任着非常重要的角色。督导员通常由一些较高层的管理人员担任,并受过专门训练,能够协调、引导各小组成员参与工作。

(5)增强企业市场信息的交流:企业有关部门需定期整理和分析市场情报,系统地向企业其他部门及员工介绍市场信息情况,以保证企业上下员工都了解市场和顾客的需求变化及需求趋势。

(6)成立攻关小组:根据在起步期所提出的几项攻关改善项目,成立几个攻关小组。各小组成员可来自管理委员会及其他委任成员,组长可采取选举或委任的方法产生。各小组成员在组长的领导下,务求在最短时间内攻克难关,寻找出解决问题的方法和步骤。

(7)重新制订入职培训计划的内容:为了配合全面质量管理的实施,需重新编制入职培训计划,如:

①企业的传统运作过程;

②企业成就;

③企业的长远、近期规划和目标;

④全面质量管理计划的要求。

(8)检查现有奖励制度:根据工作的实际表现,对质量改善有贡献的部门或个人和对企业推行全面质量管理有贡献的部门或个人,应进行适当奖励。根据不同时期的情况,对其奖励制度应作相应的调整,以表示企业处理此问题的态度。

(9)重新确定聘任和晋升标准:在聘任新员工时,应该考虑该员工是否有高度的上进心和不断改进的习惯。在晋升更高一级的职位时,更应考虑此员工是否全心全意支持全面质量管理计划的推行。

(10)成立全面质量管理评议会:可由企业各部门不同级别的代表作为全面质量管理评议会成员,评议会人数为 20～30 人,主席可由一位高层管理人员担任。成立评议会的目的主要在于方便管理委员会与各级员工之间的沟通。评议会成员可以随意提出有关全面质量管理的问题并发表意见,对一些措施或政策提出自己的观点和看法。

(11)庆祝企业获得初步成绩:在推行全面质量管理的中期或后期,在企业获得初步成效之时,为了鼓舞员工的志气,增强企业团结合作的气氛,加深员工对开展全面质量管理活动的良好印象,应举行一些简单的颁奖活动,表扬和奖励对推行全面质量管理有较大贡献的部门和个人。

在全面质量管理的成就期和创新期间,企业需更加注意市场环境的变化,始终以顾客为导向,坚持以 PDCA 程序办事,做到不断改进和提高,使企业在市场竞争中立于不败之地。

总之,全面质量管理突出以顾客为导向,强调主动、充分了解顾客现在及潜在的需求;另外,各项工作必须不断改善。

四、实施全面质量管理的要点

(1)顾客至上:全面质量管理工作必须面向顾客,要乐于为顾客服务,敢于对顾客负责并随时随地接受顾客的评价与监督。

（2）领导职责：企业在推行全面质量管理计划时，领导必须履行其职责和义务，自觉自愿地积极参与，给予时间和资金支持，充分、正确理解 TQM 概念，亲自参与制订 TQM 计划并督促计划的实施，持续不断地改进质量，组织各级人员进行培训，提高其全面质量管理意识。

（3）群众（员工）参与：实施 TQM 要组织各级人员投入到 TQM 的相应工作中，并形成一种团队精神，改善全员参与的环境并在质量管理方面赋予每个人特定的职责和权限。

（4）树立系统观点，建立品质保证体系：建立适宜的品质保证体系，协调企业各项活动计划；制订品质方针，确定品质管理方向和目标；成立品质管理委员会，对品质问题进行分析，对各级人员进行培训，以提高品质意识和工作能力。

（5）对过程进行控制：在实施 TQM 时，要明确活动过程，并对过程环节进行有效控制；通过过程的控制实现其任务产出。

（6）用数据说话：数据是进行全面质量管理的依据和实况记录，必须如实记录并不断对其加以分析研究。

（7）不断改进：对全面质量管理中存在的问题进行持续的改进，对产品不断进行革新和试验，以提高其品质。

（8）互惠互利：实施全面质量管理需要企业内外人员的大力支持，在企业获得较好经济效益的同时也要兼顾到这些人的利益。

总之，要建立全面质量管理的新概念，必须以质量为中心，以全员参与为基础，使企业长期受益并获得成功。

五、实施全面质量管理的技术

1. 采用 QM 小组

（1）QM 小组的概念：质量管理小组（Quality Management Group，简称 QM 小组）是职工参与全面质量管理，特别是质量改进活动中的一种非常重要的组织形式。QM 小组是团队工作方式中的一种，它是目标管理、行为科学在企业质量管理工作中的综合运用，是一种非常重要的群众性的质量管理方法。石川馨在《QC 小组活动的基本管理活动》（以往国内把"质量管理小组"翻译成 QC 小组）一书中指出，QM 小组的宗旨是调动人的工作积极性，充分发挥人的能力，创造尊重人、充满生气和活力的工作环境，有助于改善和提高企业员工素质。

（2）QM 小组活动的步骤：质量管理小组的活动应遵从科学的程序和方法，以事实为依据，用数据说话，才能达到预期目标，取得有价值的成果。QM 小组活动的步骤主要包括：成立 QM 小组、选择课题、确定目标、分析原因、制订对策、组织实施、检查效果、巩固成果、成果总结。

①成立 QM 小组：QM 小组一般由 6～10 人组成，配备一名组长、若干名副组长。人员一般应来自工作现场，特殊情况也可包括其他部门的人员。小组组长是核心人员，应由热爱本职工作、业务知识丰富，又具有一定的组织和领导能力的优秀员工来担任。

②选择课题:QM 小组的活动是否能取得成功,选题很重要。为了达到预期目标,首先应该分析研究生产现场存在的问题,要选择生产现场中急需解决或解决后可以明显提高生产现场质量管理水平的问题;其次,选择的课题要具体明确,避免空洞模糊,否则容易使研究工作无从入手,结果难以取得实效;最后,选题要从题目做起,先易后难,这样可以积累经验,鼓舞士气,增强小组成员从事课题研究的信心。

③确定目标:选题选定后,就必须确定需要改善的目标。目标的确定能为 QM 小组活动指出明确的方向,也为今后对 QM 小组活动效果的评定提供了依据。目标的确定要切实可行,尽量具体化、细化,以便实施。

④分析原因:任何问题都有其产生的原因,QM 小组在选择课题、确定目标后,应从人、机、料、法、环、测等方面进行分析,从中找出造成质量问题的原因。另外,在分析原因时,要积极运用质量管理方法,如分层法、因果图、系统图、关联图等方法。

⑤制订对策:问题找出后,就要针对存在的问题,制定对策。对策内容应包括落实实施人员、制订工作计划、进行经费预算、紧急措施的确定等。

⑥组织实施:实施是 QM 小组活动最重要的一步,这一环节做得好才能使 QM 小组的活动有意义。在实施时应该注意的是,一方面,要严格按计划行事;另一方面,要积极动员全体成员,做到全员参与。只有这样才能确保实施效果。

⑦检查效果:检查的目的是确认实施的效果。其方法是通过对活动前后的对比,分析活动的效果。具体可以用控制图、直方图等方法。如果出现活动结果未达到预期目标值的情况,就应该进行分析研究,再回到前面的步骤,这样反复进行,最终会取得预期的效果。

⑧巩固成果:巩固成果就是把活动中有效的实施措施纳入有关的管理和技术文件之中,形成新的标准,为将来的工作提供指导,避免同类问题的再次发生。

⑨成果总结:活动取得成效后,要及时进行总结。可以从活动的程序、使用方法、取得的成果、活动过程中碰到的困难、存在的问题等方面进行总结。对于好的经验、做法,应写成研究论文给予发表,以便及时推广。另外,在这一阶段,还应考虑下一步的工作计划,即制订新的目标,以便开展新的 QM 小组活动。

2. 质量功能展开

(1)质量功能展开的概念:质量功能展开(QFD,即 Quality Function Deployment)是把顾客(用户、使用方)对产品的需求进行多层次的演绎分析,转化为产品设计要求、零部件特性、工艺要求、生产要求的质量工程工具,用来指导产品设计和质量保证。这一技术产生于日本,在美国得到进一步发展,并在世界范围内得到广泛应用。QFD 产生初期,主要用于产品设计和生产的质量保证,但几十年来不断向管理、服务业等各个领域渗透,表现出广泛的适应性。广义的QFD,可以理解为一种采用矩阵的形式量化评估目的和手段之间相互关系的分析工具。

(2)质量功能展开的指导思想:QFD 体现了以市场为导向,以顾客要求为产品开发唯一依据的指导思想。在先进的设计方法体系中,QFD 技术占有举足轻重的地位,它是开展设计的先导步骤,通过对顾客需求的逐层展开来确定产品研制的关键环节、关键的零部件和关键工艺,从而为稳定性优化设计的具体实施指出了方向,确定了对象。

采用 QFD 技术使产品的全部研制活动与满足顾客的要求紧密联系,从而使顾客满意,提高了产品的市场竞争能力,保证产品开发一次成功。根据报道,运用 QFD 方法,产品开发周期可缩短 1/3,成本可减少 1/2,质量大幅度提高,产量成倍增加。质量功能展开是开展 6σ 设计必须应用的最重要的方法之一。在识别顾客需求阶段,QFD 是强有力的工具。

(3)QFD 的基本方法:为了适应市场竞争,必须以顾客需求为导向进行产品开发。QFD 的基本原理就是用"质量屋(Quality House)"的形式(图 7-4),量化分析顾客需求与工程措施间的关系度,经数据分析处理找出对满足顾客需求贡献最大的工程措施,即关键措施,从而指导设计人员抓住主要矛盾,开展稳定性优化设计,开发出满足顾客需要的产品。

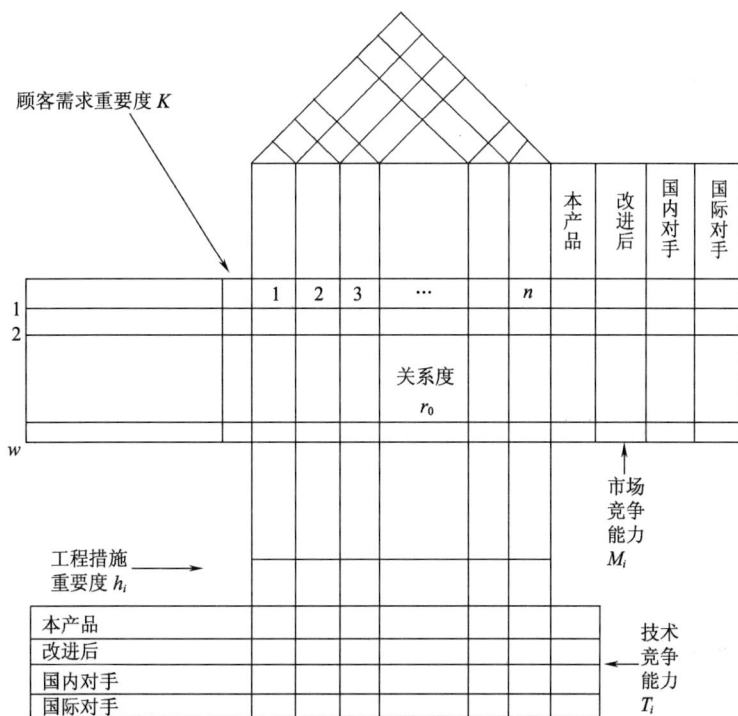

图 7-4 质量屋

质量屋也称质量表(Quality Chart 或 Quality Table),是一种形象直观的二元矩阵展开图表。其基本结构要素如下:

①质量屋的结构借用了建筑上的称谓,易懂好记,并形象地喻示 QFD 方法的结果是使顾客可以在质量大厦的庇护下,满意地享用他们所需要的产品或服务。

②采用质量屋的形式进行矩阵展开,不但直观易懂,而且所能处理和分析的信息量比 QC(Quality Control)老七种工具中的鱼骨图(因果图)等要大得多,在处理的深入程度和量化程度上也要好得多。

③左墙为顾客需求及其重要度(K)。

④天花板为设计要求或质量特性。为了建立质量屋,开发人员必须掌握第一手的市场信息,整理出该产品的顾客需求,评定各项需求的重要程度,填入质量屋的左墙。从技术角度,为满足上述顾客需求,提出对产品的设计要求(工程措施),明确产品应具备的质量特性,整理后填入质量屋的天花板。

⑤质量屋的房间用于记录顾客与工程措施之间的关系矩阵。

⑥屋顶用于评估各项工程措施之间的相关程度(r_0)。

⑦在质量屋的地板上填入工程措施的指标及其重要度(h_i)。

⑧地下室为技术竞争能力(T_i)评估矩阵。

⑨右墙为市场竞争能力(M_i)评估矩阵。

给产品的市场竞争能力和技术竞争能力进行评估打分,填入质量屋右墙和地下室的相应部分。质量屋的构造完成。

质量功能的展开应用可贯穿企业管理的全过程,企业可通过逐步建立各级质量屋,以此为纽带,把其他的 QC 质量工具联系起来,发挥综合效力,从而达到企业全面质量管理与质量改善的目的。

第三节　全面质量管理调查分析与改进

产品的质量代表了一个企业的技术水平、生产水平和管理水平,产品质量的提高,意味着经济效益的提高。要想使企业立于不败之地,必须不断地强化品质管理,提高产品质量。

一、不同类型的质量管理水平

在现实生活中,企业存在三种不同类型的质量管理水平。

1. 问题已经暴露并可能再次发生,需要立即改进的企业

在有些企业中,出现客户要求退货或索赔现象呈上升趋势,订货急剧减少,检验时发现大量不合格品,外观物料成批不合格等现象,致使生产停顿。这类企业必须对设计、供应、生产、检验、销售等各部门全体员工进行动员、调整,经过全体职工的共同努力,迅速解决存在的问题。

2. 质量管理认识上还存在误区的企业

把慢性的不良现象和长期存在的次品问题看成是不可避免的,不重视品质的全面提高,认为次品进行返修和客户索赔、退货在所难免,认为不合格材料可凑合使用等。企业存在这些想法,就会允许不良现象长期存在,那么推行全面质量管理很难有成效。

这类企业要想推行全面质量管理体系并提高产品的质量,首先应该认真对待产品质量,改

变品质管理观念。其次,确切把握存在的问题。了解存在问题的方法很多,如把索赔数据及废品率、次品率、返修率及损失金额等数据收集起来,用统计方法进行统计和分析,即可找出存在的问题。最后,采取措施,改进质量。

3. 质量比较稳定的企业

这类企业的各工序都处于严格控制状态,品质稳定且能满足客户要求,生产比较顺利。这种情况下可由企业自己来设置一些问题,以进一步改进质量,提高经济效益。

二、全面质量管理情况的调查方法

要全面了解企业的质量管理状况,应从上到下、从粗到细、从前至后顺序进行。

1. 经营管理人员的态度

(1)企业领导和部门负责人是否正确理解质量管理,对保证和提高产品质量是否积极、认真;

(2)为了保证和提高产品质量,是否对在职人员、后备人员抓紧教育和训练;

(3)对协作单位是否认真审核、评价和提供技术指导。

2. 质量管理组织及其运行情况

(1)整个品质管理组织与企业规模是否适应;

(2)是否有一个以品质管理为中心的主管部门,是否成立了推行全面质量管理计划的机构;

(3)各有关部门在品质管理上的职责是否明确,业务能否顺利开展,有无足够能力,各部门之间的协调配合是否良好。

核心问题是要有一个以品质管理为中心的主管部门,以便各有关部门之间能够密切合作。

3. 质量管理制度调查

调查内容包括如下方面:

(1)产品的质量标准;

(2)日常生产活动标准化制度;

(3)原材料管理制度;

(4)工序管理制度;

(5)机械设备的管理制度;

(6)产品成品管理制度;

(7)工艺技术文件修改制度;

(8)资料管理制度;

(9)产品检验制度;

(10)品质管理业务监督检查制度。

对上述制度的建立和贯彻执行情况进行调查和分析。

4.具体调查

（1）产品设计是否正确,设计能力是否适应,客户要求改进之处能否及时改进;

（2）产品质量标准是否明确具体,内容上有无问题,是否经济合理,能否执行;

（3）物料采购、验收、保管的方法与要求能否顺利执行;

（4）有无生产作业标准、工序检验标准,是否按标准生产并使生产处于稳定状态,是否按标准检验并记录,不合格品处理是否得当,包装设计是否经济合理;

（5）产品的质量是否符合品质标准,检验和试制情况如何,客户有何意见及对意见的处理办法;

（6）企业产品质量在行业中所处的地位和主要差距。

特别应注意的是,企业应建立产品批号管理制度,一旦发现不合格产品时,能够做到按批号追查。如当客户将不合格品退回时,一看其批号,就能找到生产者、检验者和销售者,以便进行跟踪追查。

三、改进全面质量管理工作的关键

企业要推行与改进全面质量管理的各项工作,必须切实做好各项基础工作,不断完善质量管理体系,做好各方面的组织协调工作,把技术和经济统一起来。关键要点如下:

（1）重视制度,实施标准化;

（2）企业上下树立"质量第一"的观念;

（3）建立一个有效的质量管理体系;

（4）重视执行和监督;

（5）重视不断改善。

总之,借标准化维持品质,也应借不断地改善来增进品质,以提高产品质量,提高企业的经济效益。

第四节　服装生产企业的全面质量改进案例分析

在本书的第二章已阐述了有关质量管理工具的基本概念与应用,在此只介绍个别质量管理工具在实施全面质量管理时的综合应用。

一、采用 QC 工具,全面分析服装产品质量

1.采用亲和图分析各质量属性

根据相关服装产品的特性与质量要求,首先采用亲和图对服装产品的主要问题进行归纳总结(图7-5),分析各质量属性与问题的亲和性。

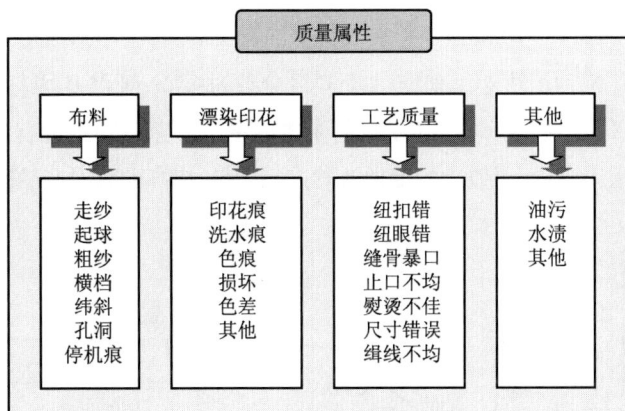

图 7-5 质量属性亲和

2. 采用检查表收集数据

采用检查表,可以收集并掌握第一手资料。如表 7-2 所示的次品检查表,记录了在×年×月期间,某企业生产了 28 个款式,数量为 71528 件,其中次品为 1159 件,次品率为 1.6%。

表 7-2 ×××产品次品检查   ×年×月统计

疵点类型		数量与百分比				
		累计（件）		总数	百分比	累加百分比
布料	粗纱	⊬⊬⊬ ⊬⊬⊬ ⊬⊬⊬ ⊬⊬⊬ ……	182	487	42%	42%
	停机痕	⊬⊬⊬ ⊬⊬⊬ ⊬⊬⊬ ⊬⊬⊬ ……	76			
	走纱	⊬⊬⊬ ⊬⊬⊬ ⊬⊬⊬ ……	135			
	起球	⊬⊬⊬ ⊬⊬⊬ ⊬⊬⊬ ……	56			
	其他	⊬⊬⊬ ⊬⊬⊬ ……	38			
印花漂染	染色痕	⊬⊬⊬ ⊬⊬⊬ ⊬⊬⊬ ⊬⊬⊬	159	409	35%	77%
	洗水痕	⊬⊬⊬ ⊬⊬⊬ ⊬⊬⊬ ⊬⊬⊬	97			
	色痕	⊬⊬⊬ ⊬⊬⊬ ……	79			
	损坏	⊬⊬⊬ ⊬⊬⊬ ……	38			
	其他	⊬⊬⊬ ⊬⊬⊬ ……	36			
手工艺	缝骨暴口	⊬⊬⊬ ⊬⊬⊬ ⊬⊬⊬ ⊬⊬⊬ ……	127	198	17%	94%
	止口不均	⊬⊬⊬ ⊬⊬⊬ ⊬⊬⊬	52			
	其他	⊬⊬⊬ ⊬⊬⊬ ……	19			
污渍	油污	⊬⊬⊬ ⊬⊬⊬ ⊬⊬⊬	55	65	6%	100%
	水渍	⊬⊬⊬ ⊬⊬⊬	10			
产量 = 71528 件		总次品 = 1159 件				
		次品率 = 1.6%				

3. 采用帕累托图调查主要问题

根据表7-2所示的×××产品次品检查表提供的有关资料,制作帕累托图(图7-6),找出影响服装产品质量的主要因素。由图显示,疵点 A 布料百分数为42%,疵点 B 印花漂染百分数为35%,A 与 B 累加百分数为77%,应该是影响产品质量的主要因素。应充分利用现有的人力物力,重点解决影响产品质量的 A 类因素,从而可以大幅度地改善产品质量,提高顾客对产品质量的满意度。

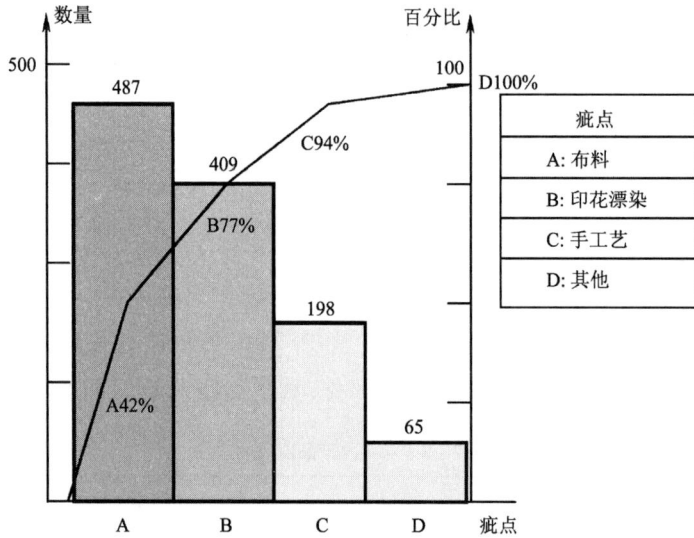

图7-6 帕累托图

4. 采用特性要因图分析各级原图

通过头脑风暴法与小组讨论法,对有关数据进行分析讨论,找出造成问题的主要原因。图7-7所示的特性要因图对布料疵点进行了详细的原因分析,最后了解到布料问题主要来源于布料供应商。

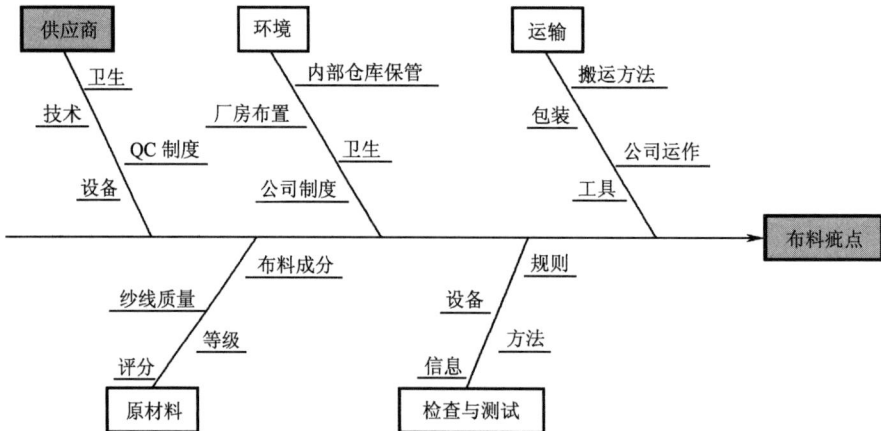

图7-7 特性要因图

5.采用关联图分析主要问题的原因

关联图是指用连线图来表示事物相互关系的一种方法,也称为关系图法。如图7-8所示,图中各种因素 A、B、C、D、E、F、G 之间有一定的因果关系。其中因素 B 受到因素 A、C、E 的影响,它本身又影响到因素 D,而因素 D 又影响着因素 C 和 G……找出因素之间的因果关系,便于统观全局、分析研究以及拟定出解决问题的措施和计划。

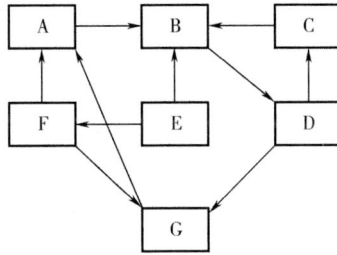

图7-8 关联图

图7-9 显示关联图在企业中的实际应用。该图从布料供应商的角度考虑问题,由引起问题点(布料疵点)的原因中找出直接影响问题点的原因,再将找出的原因视为结果,再找出其原因。影响布料疵点的关联因素共有 7 个,其中主要疵点是粗纱、停机痕、走纱、起球等,而且所有这些问题都是由供应商在制造时所导致。因此,为提高产品的质量,提高顾客对产品质量的满意度,必须选择正确的布料供应商。

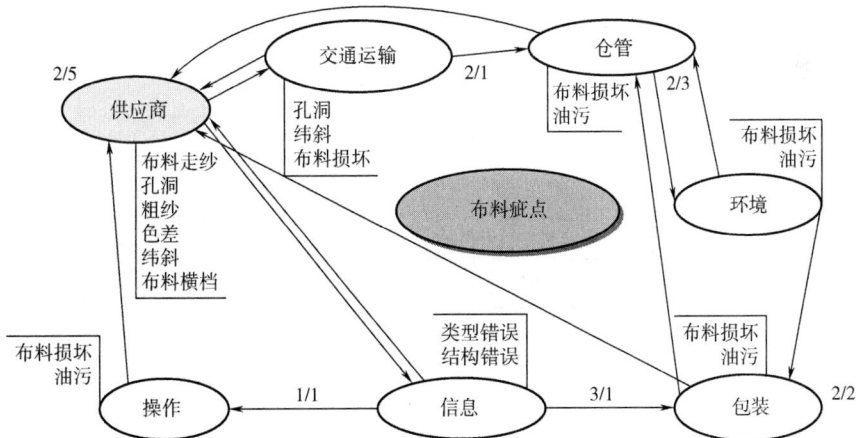

图7-9 面料疵点与供应商的关联分析

注:供应商的"2/5"中,2 表示"出",5 表示"进",其他同理。

二、采用 QC 工具,改善服装产品质量

1. 采用系统图法评估与选择供应商

为了确保进料质量,必须根据产品与原材料质量的需求,对供应商进行实地考察,并对各项要求进行合理评估。采用系统图法(图7-10),可以分析供应商的具体情况,系统地整理有关问题的原因,以便可以解决布料质量问题。

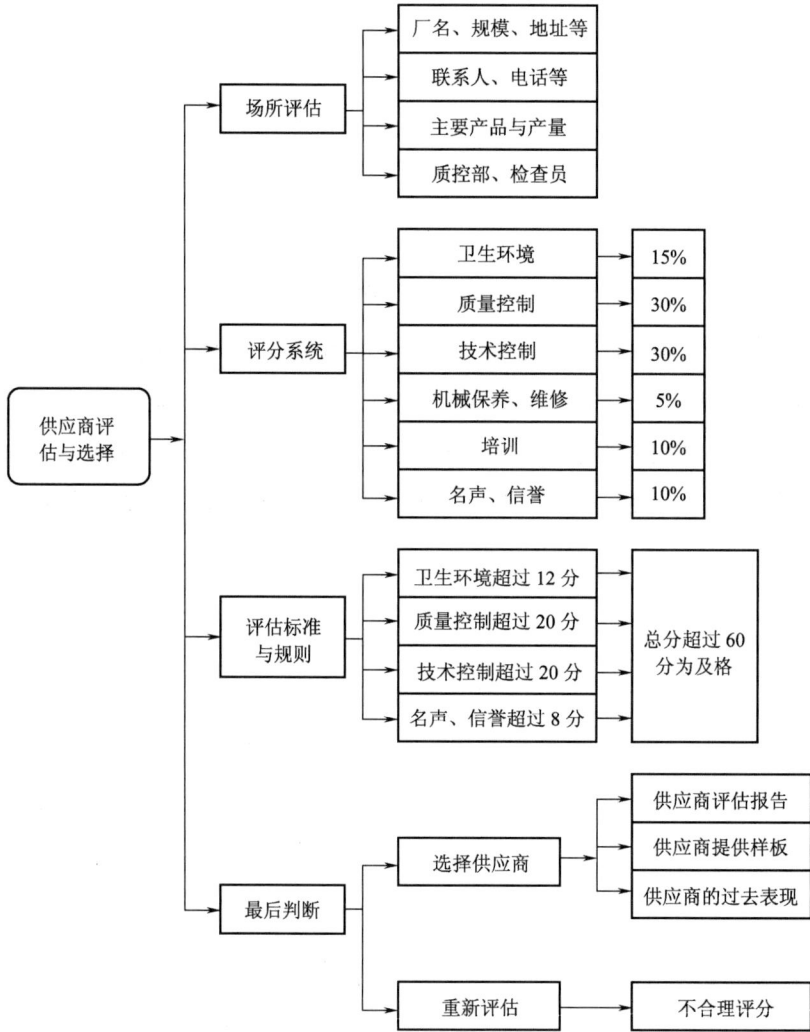

图 7 - 10　供应商评估的系统

通过各项评估,可以选择合格的供应商,稳定布料的质量,从而可以提高产品的整体质量,进一步提高顾客满意度。

2. 采用 PDPC 法确定进料检查

采用 PDPC(Process Decision Program Chart)法,可以根据进料程序的动态进展,对布料质量设定各种不同的可能结果,并通过判断选择更好的过程方法(图 7 – 11)。

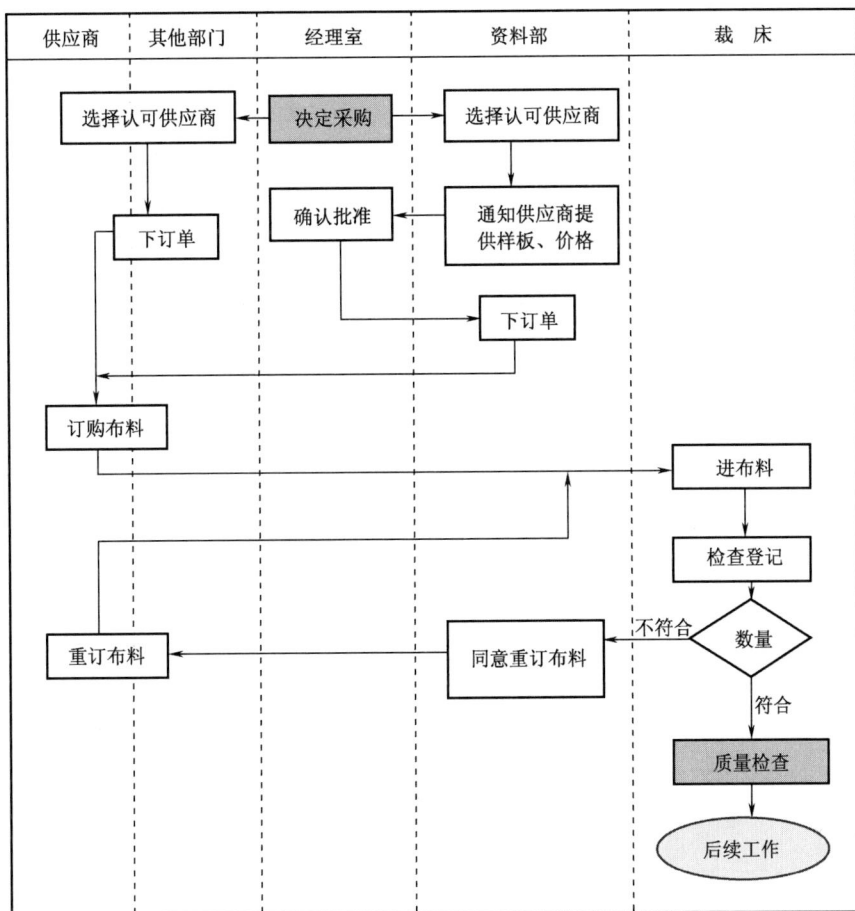

图 7 – 11 PDPC 法的进料程序

然后,根据订购布料未完成的程序,采取下一个连续的 PDPC 法进行布料检查(图 7 – 12),确保采购的布料合乎质量要求。

通过 PDPC 法的程序控制,可使运作更加规范化,稳定产品的质量,使顾客对产品的质量更加满意。

3. 采用箭头图法确定布料检查工作指示

为了确保布料质量符合标准,可以考虑采用箭头图法(图 7 – 13)建立检查工作指示。只有 QC 部门布料的抽样检查工作保证布料合格,才能进入生产部门,但检查工作一定会额外增加成本,因此采用箭头图法必须做好适当控制,将成本控制在适当范围。

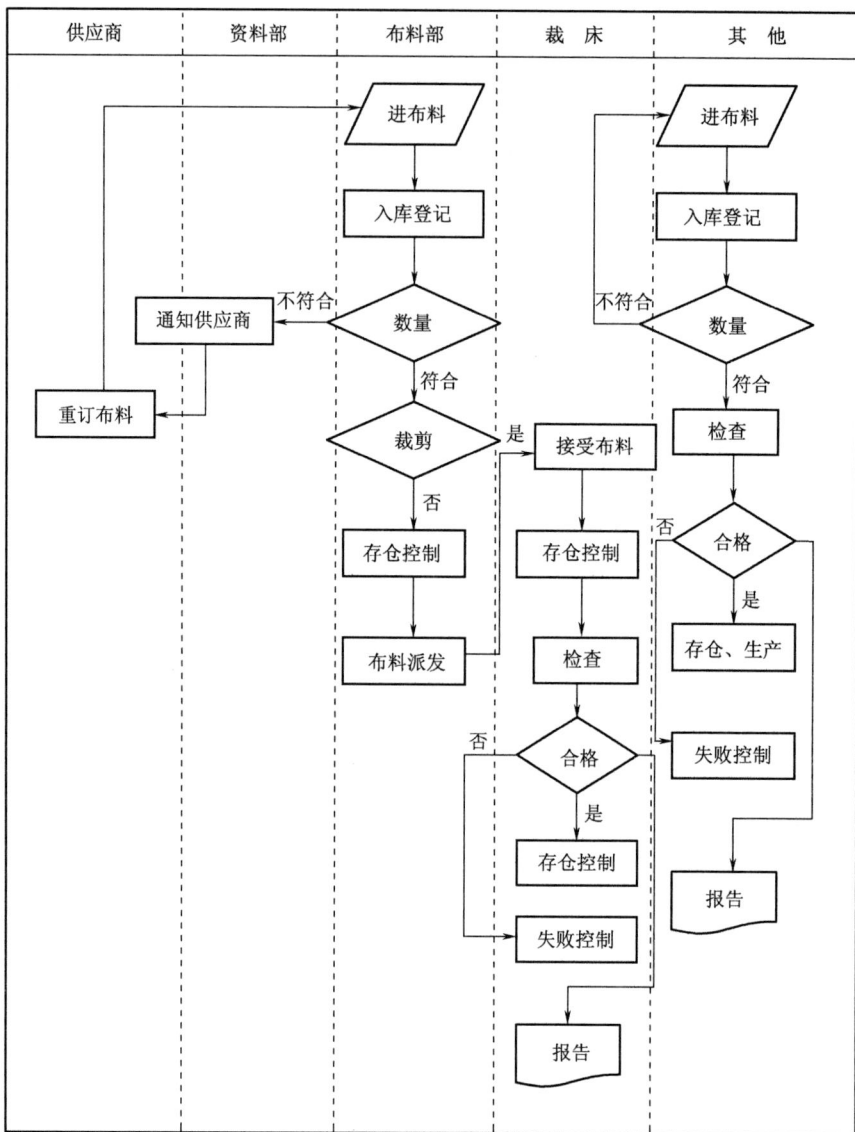

图 7 - 12　PDPC 法的进料检查程序

三、QFD 方法在休闲服产品开发上的优化应用

为了使休闲服产品在设计上能符合顾客与市场的需求,除了采用规范的产品设计程序外,还可以采用 QFD 程序方法。

1. 产品设计程序

为了满足顾客与市场的需要以及配合 QFD 程序方法的有效应用,必须建立产品设计程序(图 7 - 14),采用不同的市场资讯渠道了解市场,搜集市场上不断变化的信息,以此作为产品设计时的主要依据。

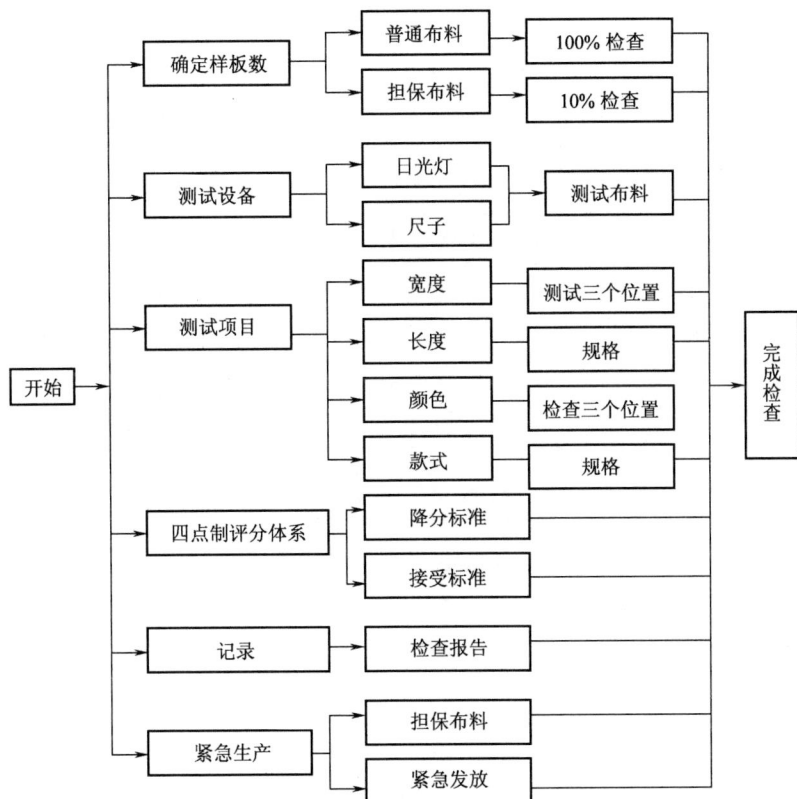

图 7 - 13 箭头图法工作指示

2. 顾客对产品质量的属性要求

采用 QFD 程序方法进行产品设计时,通过适当的市场调查并结合顾客对产品质量的属性要求与相关资料(如表 7 - 3 所示的休闲服产品质量的属性要求),假设重要性的数值在 0 ~ 10 的范围内。此外,还必须对竞争对手进行调查,同样了解他们的顾客对产品质量的属性要求,以便取得更大的竞争优势。

表 7 - 3 休闲服产品质量的属性要求

顾客要求	衡量得分(设定值)(10 = 非常重要, 1 = 非常不重要)
质量	9
款式	8
价格	7
舒适合体	6
体现个性	5
品牌知名度	4

3. QFD 产品设计的实践操作

根据顾客对休闲服装的要求,采用 QFD 程序方法,从款式设计到生产进行整个循环的实践

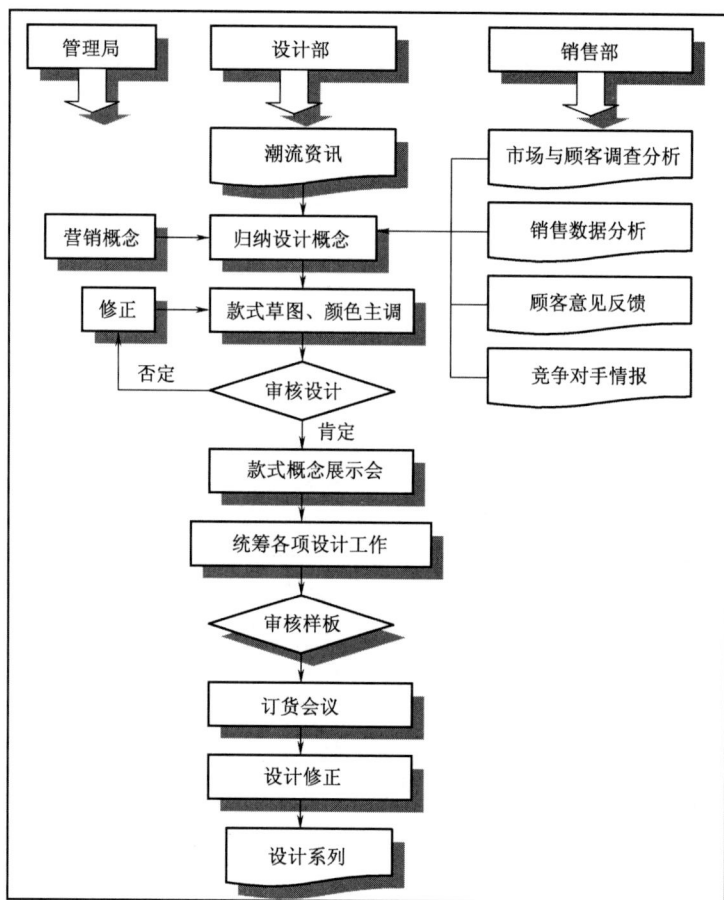

图 7-14 产品设计程序

操作,逐步完成 QFD 的产品开发程序(图 7-14)。

(1)矩阵 1:根据顾客对休闲服装的要求,确定有关的设计要求,并通过 QFD 小组的商讨研究,进一步确定各要素的关联重要性。以下为具体的估算方法。

①"关系强弱指标"的假设:

◎为强,占 5 分;

○为中,占 3 分;

△为弱,占 1 分;

空格为不相关,占 0 分。

②关系矩阵的估算公式:质量属性数值 = ∑重要性 × 关系强弱指标

例:|原材料值| = 9×5 + 8×3 + 7×5 + 6×5 + 5×5 + 4×5 = 179

同样方法,可以估算其他矩阵值,具体数值参照矩阵1(图7-15)。根据估算所得矩阵值的大小,将设计要求要素进行排序,最终确定"原材料"是顾客需求的主要设计要素,而原材料主要是指面料,其中也包括辅料。下一步,进入第二阶段的矩阵估算。

关系强弱指标			设计要求							评估
◎ 强 5 ○ 中 3 △ 弱 1 不相关 0		重要性(1~10)	原材料	潮流资讯	设计师技能	设备/CAD等	生产体系	管理技术	营销体系	── Jeanswest ── Baleno ···· Giodano
顾客要求	质量	9	◎	◎	◎	◎	○	△	△	
	款式	8	○	○	○	◎	◎	◎		
	价格	7	◎	○	△	△	○	△	◎	
	舒适合体	6	◎	△	○	○	△	△	○	
	体现个性	5	◎	△	○	○	△	△	△	
	品牌知名度	4	◎	△	△	△	△	△	△	
绝对值			179	105	113	137	103	71	66	竞争对手比较
排序			1	4	3	2	5	6	7	

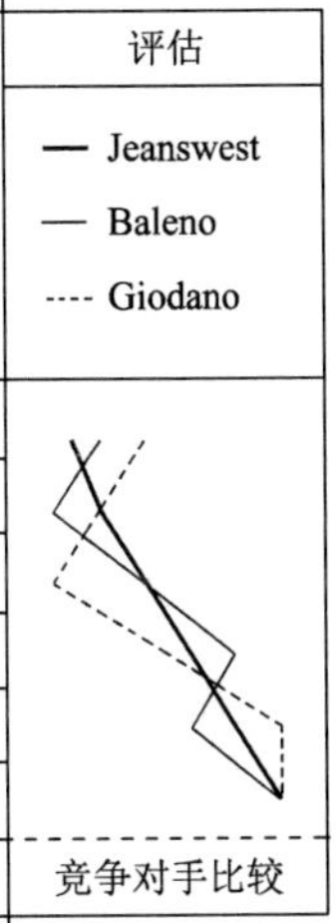

图 7 – 15 顾客要求与设计要求比较

（2）矩阵 2：将休闲服装的部件可以归类定义，如自由搭配系列（包括男女上装、下装等休闲系列）、组合套装、传统套装等。同样，通过 QFD 小组的商讨，确定关系矩阵的强弱指标，并通过估算得出各部件的属性数值。由矩阵 2（图 7 – 16）可知"自由搭配系列"是在休闲款式中最重要的考虑要素，因此，只有进一步考虑"自由搭配系列"的工艺要求，才能满足顾客的进一步需求。

关系强弱指标			部件要求			评估
◎ 强 5 ○ 中 3 △ 弱 1 不相关 0		重要性(1~10)	自由搭配系列	组合套装	传统套装	── Jeanswest ── Baleno ···· Giodano
设计要求	原材料	179	◎	◎	◎	
	设备/CAD等	137	○	○	○	
	设计师技能	113	○	○	△	
	潮流资讯	105	◎	○	△	
	生产体系	103	△	△	△	
	管理技术	71	△	△	△	
	营销体系	66	△	△	△	
绝对值			2410	2200	1764	竞争对手比较
排序			1	2	3	

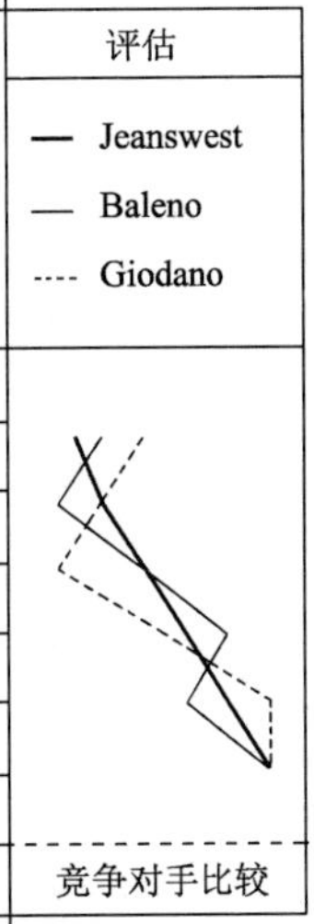

图 7 – 16 设计需求与设计特性比较

(3)矩阵3:服装制作工艺的要求一般可考虑制作规格、检验标准、样板、尺寸等,通过小组讨论,确定关系矩阵的强弱指标,并通过估算得出各工艺要求的属性数值。由矩阵3(图7-17)可知,"制作规格"是工艺要求中最重要的考虑要素。

关系强弱指标

◎	强 5
○	中 3
△	弱 1
	不相关 0

		工艺要求				
部件要求	重要性(1~10)	尺寸	制作规格	检验标准	样板	评估: — Jeanswest — Baleno ---- Giodano
自由搭配系列	2410	○	◎	◎	◎	
组合套装	2200	○	◎	◎	○	
传统套装	1764	○	◎	○	○	
绝对值		19122	31870	28342	23942	竞争对手比较
排序		4	1	2	3	

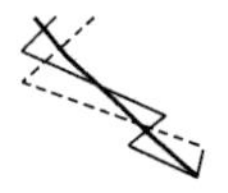

图7-17 部件要求与工艺要求比较

(4)矩阵4:通过最后阶段矩阵4(图7-18)的分析,已经确定了工艺与生产的各项主要要求。要最大限度地达到顾客的需求,提高顾客的满意度,企业在生产上就必须建立一个质量管理体系(如ISO 9000:2015质量管理体系),采用先进的软硬件设备(如CAD/CAM系统),并且进行必要的工业工程的研究。

关系强弱指标

◎	强 5
○	中 3
△	弱 1
	不相关 0

		生产要求			
工艺要求	重要性(1~10)	先进设备	工业工程	质量管理体系	评估: — Jeanswest — Baleno ---- Giodano
制作规格	31870	◎	◎	◎	
检验标准	28342	○	○	◎	
样板	23942	◎	◎	○	
尺寸	19122	○	△	◎	
绝对值		421452	383208	468496	竞争对手比较
排序		2	3	1	

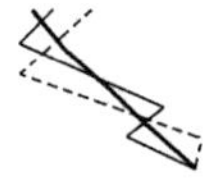

图7-18 工艺要求与生产要求比较

以上QFD产品设计的四矩阵法是其中一种形式,企业可根据实际运作考虑是否采用其他质量属性与矩阵方法。

四、善用 PDCA 循环,不断改善

全面质量管理模式是一个长期策略,企业要发展,就必须不断改善,而 PDCA 循环(图 7 - 19)就是一个质量改善策略,也是全面质量管理所应遵循的科学程序,而全面质量管理活动的全部过程,就是质量计划的制订和组织实现的过程,这个过程就是按照 PDCA 循环,不停顿地、周而复始地运转。PDCA 循环是美国质量管理专家戴明博士提出的,所以又称为戴明循环。

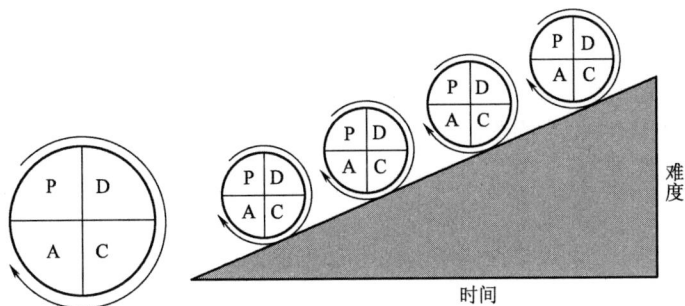

图 7 - 19 PDCA 循环

企业推行全面质量管理时,PDCA 循环是提升产品质量的一种科学方法。例如,在工艺改进中按照 P、D、C、A 四个环节来展开并运用相关管理技术进行持续改善,效果显著。同样,企业发展策略同样能充分体现出 PDCA 循环原理的应用,使企业不断改善,达到顾客全面满意,如以下某企业发展策略:

人无我有:产品创新与区域突破,建立绝对优势;

人有我优:改善产品与服务的质量,控制成本,达到"物有所值"的相对优势;

人优我转:企业转型,寻求结构性的优势。

小结

本章首先介绍了全面质量管理的各种基本概念以及全面质量管理与 ISO 9000 的关系;而后比较详细地讨论了全面质量管理的组织、推行全面质量管理的步骤与实施模式;最后采用案例形式进一步讨论了质量改进的分析方法。

思考题

1.解释全面质量管理的基本含义。

2. 结合服装企业,详述全面质量管理的特点。

3. 解释服装企业全面质量管理"零缺陷"的管理理念。

4. 服装企业实施全面质量管理,如何做到"上下一心,群策群力"这一综合理念?

5. 解释全面质量管理与 ISO 9000 系列标准的关系。

6. ISO 9000 与 TQM 有何本质的区别。

7. 用图示方法解释全面质量管理的基本模式。

8. 举例说明 QM 小组在服装企业的有效应用。

9. 解释质量功能展开 QFD 的概念,并说明其指导思想。

10. 解释服装企业存在的不同类型的品质管理水平。

11. 改进全面质量管理工作的关键有哪些?

12. 举例说明 QC 工具在全面质量管理中的有效应用。

13. 以休闲服为例,图示说明 QFD 在休闲服产品开发上的优化应用。

14. 图示解释 PDCA 循环。

15. 以一服装企业为例,说明"人无我有、人有我优、人优我转"的发展策略。

16. 通过互联网进一步了解与比较以下各国质量管理奖评审标准:

(1)美国波多里奇奖;

(2)欧洲质量奖;

(3)日本戴明奖;

(4)香港特别行政区优质奖;

(5)中国全国质量管理奖。

17. 简述服装企业推行全面质量管理的基本步骤。

服装品质的保证和维护——

服装品质成本管理

课程名称:服装品质成本管理

课程内容:品质与品质成本的关系

品质成本的基本概念

服装品质成本管理职能与程序

品质成本核算

品质成本分析和报告

品质成本的计划与控制

课程时间:4课时

教学目的:让学生掌握品质成本与成本管理的基本概念和方法;掌握品质成本的组成;理解最适宜的品质成本及品质成本特性曲线;了解品质成本控制计划、品质成本分析和核算的意义。

教学方式:以教师课堂讲述为主,学生课堂讨论为辅,并查阅相关品质成本管理的相关资料。

教学要求:1.掌握品质成本与成本管理的基本概念和方法。

2.掌握品质成本的组成。

3.理解最适宜的品质成本及品质成本特性曲线。

4.了解品质成本控制计划、品质成本分析和核算的主要内容。

第八章　服装品质成本管理

品质成本管理是全面质量管理的重要组成部分,它是编制品质计划、确定品质方针、进行品质决策的重要依据。服装企业开展品质成本研究是企业品质管理的一项重要工作。通过对质量成本的控制、统计、核算、分析,有助于企业发现降低成本的途径,企业提高经济效益,走质量效益型企业的发展道路。

第一节　品质与品质成本的关系

企业要改进质量,无论是改进有形产品的品质,还是改进无形产品的品质,都要付出一定的代价。随着社会科技的发展和消费者对品质要求的提高,品质成本的投入是不可避免的。品质成本的投入,既要满足顾客的相对需求,又要满足企业增长利润的内在要求,必须正确处理品质与品质成本之间的关系。

一、品质效益与品质损失的关系

企业的经济效益同许多因素有关,但比较重要的因素是产品的质量和品质管理。如果把提高效益作为目标,则产品质量就是最根本的因素。一个产品质量不高的企业,很难有好的经济效益。"提高经济效益的巨大潜力蕴藏在产品的质量之中",只有减少与品质有关的损失,对效益的增长才有贡献,损失和效益是对立的统一体。

生产过程中的不良品损失,不仅仅属于企业内部的品质损失范畴。事实上,品质损失应该是产品在整个生命周期过程中,由于品质不满足规定要求,对生产者、使用者和社会所造成的全部损失之和,它存在于产品的设计、生产、销售、使用的全过程,涉及生产者、使用者和整个社会的利益。

生产者的品质损失指因产品的质量不符合要求,在出厂前和出厂后两方面的损失,它包括有形的损失和无形的(隐形的)损失。有形损失是指可以通过价值计算的直接损失,如废品损失、返修损失和销售中的包装修理、退货、赔偿、降级降价损失,辅助生产中的仓储、运输及采购中的某些损失等。据统计,生产和销售中的损失约占总损失的90%,其中废次品、返修返工、包装不良等又是主要因素。无形损失分为两种,一种是指由于产品质量不好,影响企业的信誉,使订货量减少,市场占有率降低。这种损失是巨大的,且难于直接计算,其对于企业的影响可能是致命的,有时可能导致企业的破产。还有一种无形损失,就是不合理地追求过高的品质。这种不顾用户的实际需要,制订了过高的内控品质标准的现象,通常被称之为"剩余品质"。这种剩余品质无疑会使生产者花费过多的成本,以不必要的投入造成了无形损失。为减少这种损失,在产品开发设计时必须事先做好认真的调查,制订合理的品质标准,进行价值分析,减少不必要的功能,使功能与价格相匹配,以提高品质的经济性。事实上,提高品质水平,就可能要增加投入,这样就必然会使成本增加从而导致价值和价格的提高。

二、品质与产品成本的关系

产品的质量与产品成本之间存在一定的依存关系。在一般情况下,企业要改进和提高产品质量就要多支付研究试验费;要培训和提高工人的技能,就需投入相应的时间和费用;要加强检验环节工作,严格把关,消除废次品和返修,就需多耗用检验工时和返修工时;要多增加破坏性试验,就要多消耗材料、能源,多投入质量费用等。因而在一定时期内,产品的质量水平越高,产品成本投入就越大。但产品质量取得稳定提高以后,消灭了废次品,减少了返修工时,就会降低产品的成本,达到产品质量与产品成本的统一。

在产品价格一定的情况下,改进和提高品质,减少废品和返修品,可以直接减少合格品所负担的废品损失,因而降低产品成本。同时,由于消灭了废次品,提高了合格产品的产量,因而可以间接减少单位产品所负担的计划工资和固定费用的份额,大大降低产品成本,以达到产品质量与产品成本的统一。

产品质量水平低,是不是就会降低产品的成本?事实也并非如此,产品质量水平低,一方面是生产过程中废次品多,造成成本提高;另一方面是产品质量不符合规定标准,产品销售后就要发生用户索赔、降价处理和"三包"的损失,必然加大成本。同时废次品多,合格品产量减少,使单位产品所负担的计时工资和固定成本相对提高。可见,不是产品质量水平越低,产品成本越低,而是产品质量水平越低,产品成本越高。

产品质量水平与产品成本水平的依存关系和因果关系是有条件的。在产品质量水平提高到一定程度时,如仍用增加投入可控制成本的办法提高产品质量水平,反而效益差,不能达到预期效果。

产品成本及其内涵的品质成本是一个客观的经济范畴,存在于企业生产经营活动的各项耗费和损失之中。在通常情况下,有的品质成本被其他耗费和损失所掩盖;有的由于现行财会制度不要求单独核算,所以没有以独立的成本形式反映出来,因而在实际工作中,失去控制与监督。随着品质管理意识的加强和企业内部责任会计制度的建立和发展,要求在提供产品成本信息的同时,还必须提供品质成本的信息,以便加强内部控制、改进和提高产品的质量、降低成本、提高企业的经济效益。

三、品质成本与产品成本的关系

品质成本客观上以独立的成本形式存在,但它基本上包含在产品的完全成本之中,两者既有区别,又有联系。

产品成本是指在一定时期内生产和销售某种产品所花费的各项费用的总和,是按国家统一规定的成本开支范围及成本计算方法进行计算的。品质成本主要是由于产品的质量原因所形成的一切费用。强调品质成本的目的在于强化企业内部各部门的质量责任,考核企业全面质量管理的经济效果,促进产品质量的提高。品质成本管理的重点在于核算差异,明确品质责任部门的责任,揭示矛盾,及时采取措施,防患于未然,从而有助于改进和提高产品的质量。

从价值补偿方面考虑,产品成本是生产耗费的尺度,是补偿的尺度,是制订产品价格的最低经济界限。而品质成本中属于成本开支范围内的显见成本,需要从价值上得到补偿。对于属于产品的质量成本,而实际并未支付,但仍应计算的降级折价损失和品质事故的停产损失等隐含成本,则不需要从价值上得到补偿,也不包含在产品成本之中。

品质成本与产品成本由于各自包含的内容不同,资金来源不同,现行成本管理的规定不同,核算方法与形式也就不同。

品质、成本、效益之间存在着密切的联系。全面质量管理的目标,就在于用最经济的手段生产出用户满意的产品,探求品质与成本统一的最佳质量水平,这既是质量经济学研究的内容,是企业提高经济效益和社会效益的关键,又是当前加强企业管理的当务之急。企业要对社会和用户负责,不仅需核算产品成本,考虑产品价值,而且要从社会的角度考虑产品的使用价值,生产出高质量产品,以物美价廉的产品满足社会的需要。

第二节　品质成本的基本概念

20 世纪 50 年代,美国质量管理专家朱兰和费根堡姆等人首先提出了品质成本的概念,进而把产品的质量同企业的经济效益联系起来,这对深化品质管理的理论、方法和改变企业经营观念都有重要意义。随着科学技术的发展,品质的竞争日益激烈,品质成本的内涵也得到了扩展。

一、品质成本的定义

品质成本是指企业为了保证和提高产品或服务品质而支出的一切费用,以及因未达到产品品质标准,不能满足用户和消费者需要而产生的一切损失。我国国家标准 GB/T 19000—ISO 9000(等同于ISO 9000系列国际标准)对品质成本的定义是:将产品质量保持在规定的质量水平上所需的有关费用,它是企业生产总成本的一个组成部分。上述两个定义虽在表达上有所不同,但本质上是相同的。

此外,美国质量管理协会主席哈林顿于 1987 年在他的著作《不良品质成本》一书中提出,品质成本应改为"不良品质成本",以免人们将品质成本误解为高质量产品需要的是高成本。其定义为:使全体雇员每次把工作做好的成本、鉴定产品是否可以接受的成本和产品不合乎公司(企业)和用户期望所引起的成本之和。

二、品质成本研究的目的和任务

1.品质成本研究的目的

品质成本研究的目的是要提高企业品质管理工作和产品质量的经济性。因此,开展品质成本研究的意义可归纳为以下几点。

(1)扩大预算项目,对成本进行控制:许多企业对检验和试验费早有预算,但对于工厂废品和产品返修费却没有预算。因此,应扩大预算项目,把保证和提高产品质量的有关预算项目包括进去,以利于对成本费用的控制。

(2)挖掘潜力,寻求降低成本的机会:通过品质成本的分析、研究,可寻求降低成本的机会和途径。

(3)加强品质考核,更好地满足用户要求:为了满足用户要求,必须建立品质成本,加强品质考核,建立品质考核制度。在考核各项保证和提高品质措施的效果时,要探索最适宜的品质成本,要经济而又合理地确定满足用户要求的质量水平。

(4)确定品质成本目标,促进上层领导重视品质:进行品质成本研究、分析,要明确品质成本目标,有针对性地进行品质成本管理,品质管理者除用专业术语表达品质状况外,还要用利润、投资回报率等数据向上级领导表达见解和建议,以得到领导的支持。

2.品质成本研究的任务

(1)建立识别品质经济薄弱环节的工具。如品质成本可采用报告的形式或数据报表的形式,使得薄弱环节一目了然。

(2)对品质成本的数据结构、来源以及发展趋势作出描述、分析,并找出不经济的原因及其影响因素。

(3)进行费用和效益计算,对解决问题的多个对策方案进行综合评价,追求高效益和可操作的统一。

三、品质成本的构成

根据国际标准组织的规定,品质成本由两部分构成,即运行品质成本和外部品质保证成本。而运行品质成本包括:预防成本、鉴定成本、内部故障成本和外部故障成本。其构成如图8-1所示。

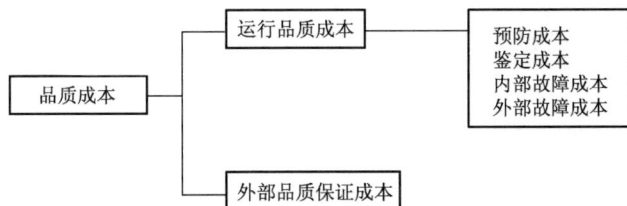

图8-1 品质成本构成

1. 运行品质成本

即企业达到和保证规定的品质水平所耗费的费用,包括:

(1)预防成本(Prevention Cost):用于预防不合格品与故障等所需的费用。

(2)鉴定成本(Appraisal Cost):评定产品是否具有规定的品质要求所需的费用。

(3)内部故障成本(Internal Failure Cost):交货前由于产品或服务不满足规定的品质要求所造成的损失。

(4)外部故障成本(External Failure Cost):交货后由于产品或服务不满足规定的品质要求所造成的损失。

2. 外部品质保证成本(External Assurance Quality Costs)

按用户提供有关客观证据的要求而作的演示和证明所发生的费用。它包括特殊的和附加的品质保证措施、程序、数据、证实试验、评定等费用。

四、品质成本的特点

品质成本属于企业生产总成本的范围,但它又不同于其他的如材料成本、运输成本、设计成本、车间成本等的生产成本,因而需要有不同的核算方法。概括起来,品质成本具有以下特点:

(1)品质成本只是针对产品制造过程的符合性质量而言:在设计已经完成、标准和规范已经确定的条件下,才开始进入品质成本计算。因此,品质成本不包括重新设计和改进设计以及用于提高质量等级或质量水平而支付的费用。

(2)品质成本是那些与制造过程中出现的不合格品密切相关的费用:如预防成本就是预防出现不合格品的费用,鉴定成本是为了评定是否出现不合格的费用等。

(3)品质成本只是制造过程中与质量有关的全部费用的一部分:这部分费用是制造过程中同质量水平(合格品率或不合格品率)最直接、最密切的那一部分费用。其他的费用如工人生产时的工资或材料费、车间或企业管理费等,都不计入品质成本,它们都是正常生产前所必备的条件。

计算和控制品质成本,目的在于用最经济的手段达到预定的质量目标。因此,应从上述角度来确定品质成本的项目和成本量。

五、品质成本费用的组成

由于每个企业自身性质、规模、产品类型以及成本核算制度的差别,品质成本项目的设置并不完全相同,但都具有一定的共性。

1. 预防成本

(1)品质工作费:企业质量体系中为预防发生故障,保证和控制产品质量而开展的品质管理工作所需的各项费用。

(2)品质培训费:为达到品质要求、提高职工素质、改进品质的目的而对有关人员进行品质意识、品质管理以及有关技术方面的培训所发生的费用。

（3）品质奖励费：对改进和保证品质有贡献的集体或个人进行奖励的费用。

（4）产品评审费：对新产品开发或品质改进的设计方案进行评价,对试制产品的质量进行评审和试验等所发生的费用。

（5）品质改进措施费：制订和贯彻各项品质改进措施的费用,如组织品质改进活动、改变产品设计、调整工艺、加强工序控制、进行技术改造等所需的费用。

（6）工资及附加费：各级从事专职品质管理工作的人员工资及附加费用。

（7）品质情报信息费等。

2. 鉴定成本

（1）检测试验费：对进厂的原材料、外购协作件、配件、工具以及生产过程中的在制品、半成品和成品等,按品质标准进行检测、试验,对检测设备进行保养、维修、校正等所发生的费用。如进货检验费、工序检验费、成品检验费、检测试验设备标准维护费、试验材料费及劳务费等。

（2）检测设备折旧费：用于品质检测的设备折旧和大修理折旧费。

（3）办公费：为检验、试验等工作而发生的办公费用,如办公场所、办公设备以及日常办公开支等。

（4）工资及附加费：专职检验和计量人员的工资和附加费。

3. 内部故障成本

（1）废品损失：因无法修复或在经济上不值得修复的缺陷,导致在制品、半成品和成品报废而造成的损失。

（2）返工损失：对不合格的在制品、半成品和成品进行返工并使之达到使用要求所发生的一切费用。

（3）停工损失：由于品质故障引起的停工损失。

（4）复检费用：对修复后的在制品、半成品和成品进行检查和试验所发生的有关费用。

（5）品质故障分析处理费：对企业内部品质故障进行分析处理所发生的费用。

（6）产量损失：因品质故障造成产量下降而发生的损失。

（7）品质降级损失：在制品、半成品和成品的质量未能达到计划等级规定的质量要求而降级使用造成的损失。

4. 外部故障成本

（1）索赔费用：产品交货后发现质量缺陷而赔偿用户损失的费用。

（2）退货损失：产品交货后发现质量缺陷而造成用户退货、换货所发生的损失。

（3）保修费用：在保修期内或按合同规定为用户提供修理服务的费用。

（4）诉讼费用：产品交货后用户因质量缺陷而提出申诉,企业为处理申诉而发生的费用。

（5）产品降价损失：产品交货后发现质量低于规定标准而作降价处理所引起的损失费用。

5. 外部品质保证成本

（1）提供证据费：按合同要求向用户提供品质保证计划、程序、数据等文件所发生的费用。

（2）专项措施费：按合同要求制订和实施特殊的品质保证措施所发生的费用。

（3）特殊试验费：按合同要求对产品进行附加的证实试验和评定所发生的费用。

（4）质量体系认证费：为满足用户要求而进行质量体系认证所发生的费用。

品质成本的构成中，每项成本各占多少比例，至今尚需要进一步探讨。有专家认为一般商品的品质成本构成比例大约是：预防成本10%，鉴定成本25%，内部故障成本57%，外部故障成本8%。表8-1所示为我国某服装厂有关品质成本构成情况的实际资料。

表8-1　某服装厂品质成本构成

品质成本构成	金额（元）	占总品质成本比例（%）	占销售收入比例（%）
预防成本	2 029.00	2.38	
鉴定成本	6 717.80	7.88	
内部故障成本	75 661.20	88.75	3.17
外部故障成本	844.00	0.99	0.035
总品质成本	85 252.00	100.00	

六、品质成本费用的分类

品质的成本费用项目种类很多，为了进行合理的管理和有效的控制，对其进行科学的分类是必要的。品质成本费用的分类可有不同的标准，通常可按下列方法进行分类。

1. 按品质成本作用分

按其作用，品质成本可分为控制成本与故障成本（损失成本）两类。控制成本是指预防成本加鉴定成本，是对品质进行控制、管理和监督所花的费用，通过其增减变动对产品质量的结果成本产生影响。故障成本又称控制失效成本或结果成本，是因为品质达不到既定要求而造成的内部和外部损失。这种划分可以深入研究品质成本内部各部分的变动规律。适当增加控制成本的支出，减少结果成本的发生，就能实现以"预防为主"的品质管理要求，达到降低总成本的目的，并能借助成本优化、提高产品质量。但如果不适当地增加控制成本，反而可能使品质总成本增加，从而降低企业的经济效益。所以，品质成本管理的一个重要任务，就是要合理掌握控制成本的大小，即找到控制成本在品质总成本中的合适比例，使品质总成本达到最小值。

2. 按品质成本存在形式分

按品质成本存在的形式可分为显见成本与隐含成本。显见成本（Explicit Cost）是企业在生产经营过程中实际发生的有形损失，是现行成本核算中需要计算的部分。隐含成本是一种实际发生但并未支付的无形损失，即使企业效益减少的费用。这一部分被减少的收入不直接反映在成本核算中，如产品由于品质问题而发生的降级降价损失、停工损失等均属此类费用。这种划分对品质成本核算提出特殊的要求，对于开展成本管理非常重要。

3.按产品形成过程分

从产品形成的过程划分,品质成本可划分为:产品设计、工艺质量成本,材料、能源、采购质量成本,生产制造质量成本,销售服务质量成本等不同阶段的成本。按形成过程进行品质成本分类,有利于实行品质成本控制。

4.按品质成本内容分

如前所述,品质成本由预防成本、鉴定成本、内部故障成本、外部故障成本和外部品质保证成本五个部分组成。品质成本费用分类之间的相互关系如图8-2所示。

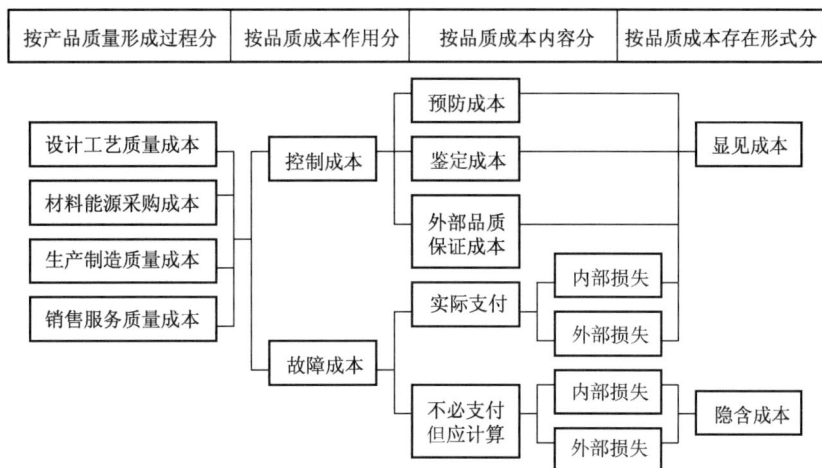

图8-2 品质成本费用分类之间的相互关系

第三节　服装品质成本管理职能与程序

一、品质成本管理的意义

品质成本管理就是一个组织对品质成本进行预测、计划、核算、分析、控制和考核等一系列有组织的活动。其中,品质成本核算是开展品质成本管理的基础,分析与控制是品质成本管理的重点。大力开展品质成本管理,对提高产品质量和服务质量以及提高经济效益具有十分重要的意义。

(1)有利于控制和降低产品成本:开展品质成本管理工作,可分析出各类品质成本的比例关系,从而能具体地了解在哪些方面存在降低品质成本的潜力,使企业可集中力量,采取有效措施,对品质成本进行控制,从而达到降低产品成本的目标。

(2)有利于品质管理的推行:通过计算产品的品质成本,使企业领导具体地看到产品质量和品质管理中的问题给企业经济效益带来的影响,就能使他们警觉起来,从经济效益的角度重视产品质量,因而能进一步推进企业的全面质量管理工作。

(3)有利于企业的成本控制:开展成本管理,可以按确定的品质成本项目,把质量效益用会计凭证反映出来,形成一个包括品质成本在内的成本核算体系,最终使品质成本与日常的成本管理工作结合起来,把品质管理与管理会计结合起来,而使企业更全面实行成本控制,挖掘品质管理潜力,保证企业的经济效益。

(4)有利于强化质量责任制:通过品质成本分析,可以客观地确定品质活动中的不合理环节,促进相关部门质量责任制的落实。

(5)有利于对品质活动效果的评价:通过品质成本分析,所提供的数据可作为评价企业质量活动效果的依据,有助于提高品质管理水平。

二、品质成本管理的职能

品质成本管理包括以下三项职能:品质成本的预测和计划、品质成本分析和报告、品质成本的控制与考核。

1. 品质成本的预测和计划

(1)品质成本预测即根据企业的历史资料、品质方针目标、国内外同行业的品质成本水平以及产品的质量要求和用户的特殊要求等,通过分析各种质量要素与质量成本的变化关系,对计划期的品质成本作出估计。这些品质成本的预测资料是编制品质成本计划的基础,也为品质改进计划的制订提供了依据。

(2)品质成本计划是在预测的基础上,针对质量与成本的依存关系,用货币形式确定生产合格产品时在质量上所需要的费用计划。主要包括产品的单位质量成本计划、总质量成本计划、质量费用计划、四项品质成本的构成比例计划、品质改进措施计划等。品质成本计划一旦确定,就成为品质成本的目标值,可作为实施品质成本管理时进行检查、分析、控制和考核的依据。

2. 品质成本的分析和报告

(1)品质成本分析的目的,是通过品质成本核算所提供的数据信息,对品质成本的形成、变动原因进行分析和评价,以找出影响品质成本的关键因素和管理上的薄弱环节。品质分析的主要内容有:品质成本的总额分析、品质成本的构成比例分析以及品质成本与比较基数(如销售收入、产品总成本、总利润等)的比较分析。

(2)品质成本报告是根据品质成本分析的结果,向领导及有关部门汇报时所作的书面陈述,以作为制订质量方针目标、评价质量体系的有效性和进行质量改进的依据。品质成本报告大致包括以下的内容:品质成本计划的执行和完成的情况与预期的对比分析;品质成本四个组成项目构成比例的变化分析;品质成本与相关经济指标的效益对比分析;典型事例及重点问题的分析及解决措施;效益判断的评价和建议。

3. 品质成本的控制和考核

(1)品质成本控制是以品质成本计划所制订的目标要求为依据,采取各种手段,把影响质量总成本的各个成本项目控制在计划范围内的一种管理活动。品质成本控制一般分为三个步骤:

①事前控制:即将品质成本计划所定的成本指标,分解、展开到每个部门、班组和个人,作为对各单位或岗位的控制标准,以便对他们的费用开支进行检查和评价。

②事中控制:这是指按生产经营的管理过程进行品质成本控制,即按产品开发、设计、采购、制造、销售服务等阶段的品质成本的要求,分别进行检查和控制。这是品质成本控制的重点和主要控制手段。

③事后控制:这是指对品质成本计划执行结果的检查和处理。通过查明实际成本偏离计划的问题和原因,来采取切实可行的改进措施,以保证品质成本计划的实现。

(2)品质成本考核就是对品质成本责任单位和个人的品质成本指标完成情况进行考察和评价,以达到鼓励和鞭策全体员工不断提高质量成本、管理绩效的目的。品质成本的考核应定期进行,并应与经济上的奖惩办法相结合,这样才能充分发挥它的作用。

为了对品质成本实行控制和考核,企业应建立品质成本责任制,即在将品质成本指标分解落实到各有关部门和个人时,应明确他们的责任、权利,形成统一领导、部门归口、分级管理的品质成本管理系统。

三、品质成本管理的程序

企业在开展品质成本管理工作过程中,如已达到用品质成本计划控制品质成本的阶段,则企业品质成本管理的程序一般可分为以下几个步骤:

1. 进行宣传教育

首先,对企业的领导和管理人员进行品质成本管理重要意义的教育。其次,对企业的统计与财会人员进行教育,以使他们掌握品质成本的基本概念和方法。

2. 调查研究,确定品质成本构成的项目

通过对企业内部和外部调查,研究哪些项目对品质成本影响较大,确定品质成本构成项目,制订各种统计表及科目代号。

3. 制订品质成本管理的有关制度

(1)建立品质成本科目。

(2)规定与品质成本管理有关的部门的职责、权限、任务及相互之间的业务关系。

(3)规定品质成本管理有关人员的职责范围和工作标准。

(4)规定有关记录、表格的填写方法、报送时间及传递流程。

(5)指定品质成本管理负责部门及负责人应承担的工作任务、职责和权限。

4. 品质成本的统计与核算

按照确定的质量成本科目,收集品质成本的数据,进行品质成本的统计与核算。

5. 品质成本分析和报告

各部门按规定的期限对品质成本进行统计、核算后,并做出报告;财务部门根据核算汇总进行品质成本分析,并向厂长及有关部门提出正式报告,报告的频次和方式根据企业的具体情况决定。

6. 制订品质成本计划,进行目标成本分解

(1)企业制订目标品质成本,并将目标成本层层分解,使各部门、各环节明确自己应达到的目标。

(2)各部门制订降低品质成本计划及品质改进措施计划。

7. 对品质成本计划和品质改进措施计划的要求加以实施和控制

当实际偏离计划要求时,要分析原因,采取措施,予以纠正,并把存在的问题向有关部门进行信息反馈,以便调整计划或采取其他措施,保证计划的实施。

第四节　品质成本核算

品质成本核算就是对产品形成全过程,即从投产前的技术准备过程、生产制造过程到产品销售过程的品质进行成本核算。它是用货币形式反映产品的质量状况,是进行全面质量控制的依据。正确核算产品的品质成本是正确编制品质成本报表,对成本进行控制,反映品质成本计划执行情况和为企业经营决策提供品质经济信息的主要依据。

一、品质成本核算的要求

品质成本核算先由各核算网点进行,再由企业财会部门统一核算。要对品质成本进行核算,首先需做好以下几项工作。

1. 明确规定品质成本开支的范围

品质成本开支的范围一般有以下几个方面:

(1)开展全面质量管理活动所耗用的材料、辅料、配料、办公费、差旅费、劳保费及低值易耗品摊销等。

(2)用于对材料、半成品、成品、外购件、生产设备进行品质检测的仪器仪表、量具的购置费、校准费、中小修理费、折旧费等。

(3)成品、半成品及其外购件试验费、评审费等。

(4)品质管理人员的工资、附加费及用于品质管理先进单位和个人的奖励支出等。

(5)产品成品出厂前,由于质量缺陷造成的材料损失和人工损失等费用。

(6)产品出售后的包修、包换、包退费用及其各种赔偿费用。

(7)QC 小组活动经费。

(8)不必支付而应计算的质量事故的停工损失、减产损失,由于不符合品质标准而发生的降级、降价损失等。

（9）废品的修复费用或报废损失。

（10）新产品投产前进行质量评审所支付的费用。

（11）为保证或改进产品的质量所支付的费用等。

（12）其他与品质管理有关的费用。

2. 需要划清的费用界限

（1）划清品质成本中显见成本与隐含成本的界限。

（2）划清品质成本中计入产品成本和不应计入产品成本的界限。

（3）划清各种产品的品质成本界限，以及完工产品和在制产品之间的品质成本界限。为了简化计算，月末在生产产品成本中可不计算品质成本。

（4）划清品质成本中可控制成本与控制失效的结果成本之间的界限。

3. 不重复，不遗漏

4. 便于核算，便于进行品质分析

二、品质成本核算的数据

1. 品质成本数据的记录

品质成本数据是指品质成本的构成项目中各项目在报告期内所产生的费用数额。因此，记录品质成本数据是企业研究品质成本的基础工作。品质成本数据的记录要注意以下两点。

（1）不要重复记录：如出现废品，不能既记录废品损失，又记录因此而增加的物料、人工及其他基本费用的支出，从而造成一次质量故障重复记录两笔损失。

（2）不要错漏记录：如果企业在采纳用户的品质改进建议时，对用户实施奖励等发生的费用，应属于预防成本，而不能作为公关费用另立开支。

2. 原始凭证

为了正确记录品质成本数据，可将品质成本的发生划分为两大类：计划内品质成本和计划外品质成本。根据品质成本构成项目的特点，预防成本和鉴定成本以计划为主，而故障成本则以计划外为主，外部品质保证成本可根据合同的要求全部纳入计划内。因此，外部品质成本、预防成本和鉴定成本只需要按计划从企业原有的会计账目中提取数据做好记录，不必另外设立原始凭证。而故障成本可根据发生损失的情况，通过设计的原始凭证做好记录。记录故障成本数据的原始凭证主要有以下几种：

（1）计划外生产任务单。

（2）计划外物料领用单。

（3）废品通知单。

（4）停工损失报告单。

（5）产品降级降价处理报告单。

（6）计划外检测和试验通知单。

（7）退货、换货通知单。

（8）索赔、诉讼费用记录单。

这些记录品质数据的原始凭证具有一些共同的内容：日期、产品名称、规格、数量、费用金额、原因分析、责任部门、审核部门等。

三、品质成本核算

为了正确进行品质成本核算，为企业实施品质改进指明方向，可设置"品质成本"一级科目，即"产品质量费用"总账，用于归集属于品质管理的各项费用和损失。这个总账户既核算实际支付的显见成本，又核算未经支付但必须计算确定的隐含成本。然后，在总账户下设预防费用、鉴定费用、内部损失、外部损失、外部品质保证成本 5 个二级科目。

产品质量费用各二级账户下设若干明细账户和费用项目专栏，将直接发生的费用按产品分别进行明细核算，间接费用在产品间进行分配。不属于品质费用的生产费用，仍在原规定的生产费用账户核算。

因此，凡属于成本项目的品质成本按有关项目设专栏进行核算，不属于品质成本的一般成本仍在有关生产费用账户中按成本项目进行核算。隐含成本的核算要区分情况，只计金额不分成本项目进行核算。

确定品质成本中各项费用和损失的计算与分配办法是必要的。在实际工作中，各项费用往往同时发生并混合在一起，产品的品质成本不仅要和一般成本分离，而且有的费用还要在产品之间进行分配，如预防费用和检验费用中的品质培训费、品质研究费、工序检验费等，应先从一般成本中分离并汇集起来，然后再按一定标准在各产品之间进行分配。

正确核算产品的废品损失是品质成本核算的关键。在企业生产过程中，所发生的废品损失一般分为料废和工废两类性质。料废不仅包括废品原每单位发生的材料、工资等费用，还包括该单位以前和以后直至发现料废为止各工序的有关费用。工废则不仅包括责任单位的材料工资等费用，还包括该单位的前各工序的有关费用。因此，废品损失核算是一个经济责任划分和归属问题，应与责任单位的经济责任和经济利益结合起来。各车间发生的废品先由检验人员进行鉴定，确定原因，明确责任，核实数量，再由各车间核算人员根据料废和工废的区分，按额定成本计算废品损失，分别填写"废品损失计算表"，月末汇集到企业财务部门，由财务部门负责在各车间之间进行结算、调整，以便确定整个企业的废品损失。此外，对可修复废品的返修费用，也要查清责任单位予以结算，以便更好地贯彻经济责任制。

第五节　品质成本分析和报告

品质成本分析是综合运用企业内部提供的有关品质成本资料，结合有关产品质量信息，对企业全面质量管理的经济效果进行分析研究。因此,品质成本分析是品质成本管理中的一个重要的环节,缺少这一环节,品质成本核算也就失去了存在的意义。品质成本分析的目的之一在于找出品质成本的最佳区域,使企业能运用全面质量管理的先进方法加强基础管理工作,以最少的投入取得最好的产品质量;目的之二还在于找出发生品质费用的因素和影响产品质量的原因,为产品质量的提高和深化全面质量管理提供依据。

一、品质成本分析

1. 品质成本分析的内容

(1)品质成本总额分析:计算本期间内(年度或季度、月度)品质成本总额,并与上期品质成本总额进行比较,以了解其变动情况,进而找出变化原因和发展趋势。

(2)品质成本构成分析:分别计算内部故障成本、外部故障成本、鉴定成本以及预防成本占运行品质成本的比率,运行品质成本、外部品质保证成本各占品质成本总额的比率。通过这些比率分析,可知运行品质成本的项目构成是否合理,以便寻求降低品质成本的途径,并探寻适宜的品质成本水平。

(3)故障成本分析:主要揭示产品质量缺陷和品质管理工作的薄弱环节。

①责任部门的故障成本分析:对责任部门的故障成本进行汇总分析,可以掌握各部门的品质管理和品质保证情况,既可以促进各部门自觉加强其品质工作,又有利于企业领导对各部门品质工作的监督和控制,及时帮助各部门抓好品质整改工作。

②按产品分类进行汇总分析:对故障成本的发生金额按产品分类进行汇总,计算各类产品的故障成本和占各自销售额的比重,然后根据计算结果作排列图进行 ABC 分析,并结合产品的具体情况提出进一步重点研究的目标。

③外部故障成本分析:同样的产品质量缺陷,交货前和交货后所造成的损失是不同的,外部损失远远大于内部损失,这就是要单独对外部故障成本进行分析的原因。

2. 品质成本分析工作的重点

通过同历史资料的分析比较,与同行业的比较,与不同产品的比较,可以揭示出提高产品质量、降低品质成本的潜力所在。一般来说:

(1)当内外部障碍成本 >70%,预防成本 <10% 时,分析工作的重点应放在研究提高质量的措施和加强预防工作上。

(2)当内外部障碍成本接近于50%,预防成本接近于10%时,分析工作重点应放在使质量维持和控制在现有水平上。

(3)当内外部障碍成本 <40%,鉴定成本 >50% 时,分析工作重点应放在巩固工序控制的成效和减少检验的程序上。

3. 品质成本分析注意要点

在我国很多企业已建立了品质成本,但有仍相当多的企业未能收到实效。开展品质成本分析研究工作,应注意如下问题。

(1)不要单纯追求建立品质成本的会计账目,而是使之同分析利用成本数据结合起来。

(2)要把明确品质责任同采取改进品质的措施结合起来。

(3)品质成本的数据不强调100%准确,在数据的收集和分析中,注意由粗到细、由浅入深,逐步扩大范围。

(4)品质管理部门要与财务部门密切合作,共同搞好品质成本分析。

(5)逐步建立品质成本的数据系统,使收集、分析和上报品质成本数据制度化、系统化。

4.品质成本分析方法

品质成本的分析方法主要有指标分析法、品质成本趋势分析法、排列图法和灵敏度法四种。这里主要介绍排列图分析法。

排列图分析法就是应用第二章讲述的排列图原理对品质成本进行分析的一种方法。应用这种方法,特别是当品质成本类型位于品质改进区域内,而工作重点应放在改善产品质量和提高预防成本上时,其效果更为显著。图8-3所示为某牛仔服装厂各车间品质成本分布排列图,图中显示占品质成本总额比率最大的是整烫车间,其次是水洗车间和套结车间。图8-4是根据内部故障成本分析所得的排列图,图中显示内部故障成本的关键项目是废品损失和降级损失两项。

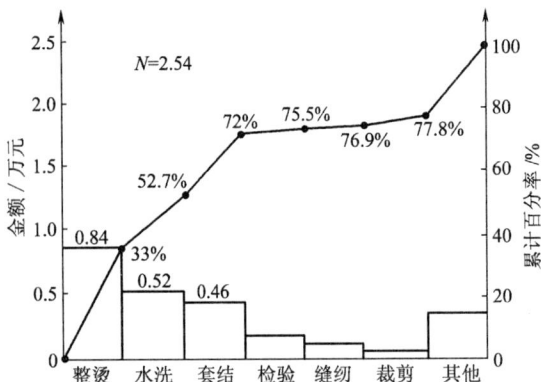

图8-3 各车间品质成本排列

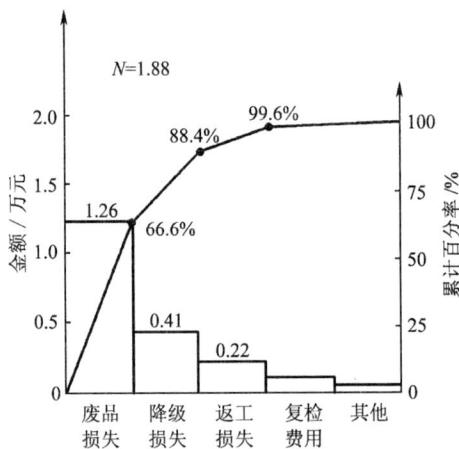

图8-4 内部故障成本排列

采用排列图进行分析,不仅可以找出主要矛盾,而且可以层层深入,连续进行追踪分析,以便最终找出真正的问题。如上例,首先采用排列图找出影响内部故障成本的关键项为废品损失;然后,继续采用排列图分析各部门(车间)所发生的废品损失金额在废品损失总额中所占的比率,找出关键项,再根据这个关键项继续采用排列图,一直分析到每个产品,每道工序,每个工位的操作者,直到最后定出所采取的改进措施为止。

二、品质成本报告

品质成本报告是根据品质成本分析的结果,向领导及有关部门汇报时所作的书面陈述,以作为制订品质目标、评价质量体系的有效性和进行品质改进的依据。

1. 品质成本报告的基本内容

品质成本报告是一份将计划期内和计划年度内品质成本发生金额的汇总数据、原因分析以及品质改善对策等汇集一体的书面文件。其内容一般由三个部分组成。

(1)品质成本数据,包括:

①计划期内品质成本发生额、构成项目金额和计划年度内品质成本累计额等;

②相关指标:产值品质成本率、销售品质成本率、利润品质成本率、总品质成本率等;

产值品质成本率 = 品质成本总额/产值总额 ×100%

销售品质成本率 = 品质成本总额/销售收入总额 ×100%

利润品质成本率 = 品质成本总额/销售利润总额 ×100%

总品质成本率 = 品质成本总额/成本总额 ×100%

③按部门(车间)和产品分类汇总的故障成本金额;

④按品质缺陷、产品分类、用户地区汇总的外部故障成本金额。

(2)品质成本分析:对品质损失造成的损失金额进行分析,找出造成损失的原因。

(3)品质改进建议:根据品质成本分析结果提出的品质改进建议,可供企业领导和各有关部门参考和选择。品质改进建议的范围大致有:

①减少品质缺陷的改进建议;

②品质成本构成的合理化建议;

③与质量体系要素有关的改进建议;

④品质成本研究工作的改进建议。

当然,品质成本报告的内容应根据报告呈送对象而有所不同。如送高层领导的报告,应以简明扼要的文字、图表说明企业品质计划执行情况及趋势,着重指出报告期内改进品质及降低成本方面的效果及进一步改善的建议。送中层部门的报告,可按部门或车间的实际需要提供专题分析报告,使中层领导从中明了本单位的主要改进项目。品质成本报告的频次,对高层领导,通常以一季度一次为宜;对中层或基层单位,以一月一次为好,甚至可以每旬一次,以便及时为有关领导和部门的决策和控制提供依据。

2. 品质成本报告的形式

品质成本报告形式可分为报表式、图表式和陈述式三种。

(1)报表式:采用表格形式整理分析数据,便于人们简单明了地掌握品质成本的全貌。

(2)图表式:采用排列图、时间序列图、因果分析图等各种图表形式分析整理有关数据,便于人们一目了然地抓住问题的关键。

（3）陈述式:通过文字表述来表达品质成本的现状、存在的问题和改进建议。

在实践中,上述三种报告形式是综合使用的,其目的是要引起企业领导和各有关部门的重视,便于开展品质改进活动。表8-2为某企业的品质成本月度报告。

表8-2　品质成本月度报告　　　　　　　　　　单位:元

序号	类　别	002	003	005	008	010	012	其　他	总　计
1.1	品质管理		10 311			28 784			39 095
1.2	生产过程研究								
1.3	质量数据信息设备				30 032				30 032
1.4	培训			1 009					1 009
1.0	预防成本		10 311	1 009	30 032	28 784			70 136
2.1	来料检验					4 568			4 568
2.2	校准与维护		2 937						2 937
2.3	生产测试	1 017	52 256			16 717			69 990
2.4	专门测试与审查								
2.0	鉴定成本	1 017	55 193			21 285			77 495
3.1	废品、废料							85 752	85 752
3.2	重新生产产品	7 410	4 869						12 279
3.3	重新加工供货	246							246
3.4	改正措施	3 369	2 630						5 999
3.0	内部品质损失	11 025	7 499					85 752	104 276
4.1	包修花费	2 706	12 108						14 814
4.2	包修以外的花费								
4.3	顾客服务						52 765		52 765
4.0	外部品质损失	2 706	12 108				52 765		67 579
	总　计	29 496	170 222	2 018	60 064	100 138	105 530	171 504	638 972

第六节　品质成本的计划与控制

品质成本预测和计划是实施品质责任的前提条件,它直接影响品质成本的核算、控制、分析和考核等各方面的工作。同时,卓有成效的品质管理工作能够对品质成本进行有效的控制。

一、品质成本的预测和计划

1. 品质成本预测

品质成本预测就是分析、研究各种影响品质成本的因素与品质成本的关系,并利用大量观察数据,结合产品目标的要求,对一定时期的品质成本目标、品质成本水平进行测算、分析和预见。其目的是为企业提高产品质量和挖掘降低品质成本的潜力指明方向,同时为正确编制品质成本计划和产品的质量改进措施计划提供可靠的依据。

(1)品质成本预测工作的程序如下:

①确定预测目的;

②收集、检验和分析所需的信息资料;

③选用预测模型进行预测;

④分析预测误差;

⑤根据预测结果,制订品质改进措施计划。

(2)品质成本预测的方法有两类:一是经验判断法,二是计算分析法。

(3)品质成本预测的主要内容有:

①预测不同产量条件下的适宜不合格品率,从而测算不同产量下能保证经济效益的结果成本;

②预测可控成本的比例,即投入多少预防费用和检验费用才能有效地把结果成本控制在规定的合理范围内;

③根据产量、不合格品率、品质总成本等一系列指标的变动趋势,确定品质成本控制的上、下限,为品质成本控制提供科学的依据。

2. 品质成本计划

品质成本预测之后,根据预测提出品质成本总额和品质成本构成项目的控制目标及保证措施,编制品质成本计划。品质成本计划按时间可划分为长期计划和短期计划。长期计划通常是3~5年的计划,短期计划则指年度或季度、月度的计划。品质成本计划一经确定,就成为品质成本目标值,成为品质成本管理检查、分析、控制和考核的依据。编制品质成本计划的目的是要力求实现品质成本的最佳值。品质成本计划的主要内容有:

(1)主要产品单位品质成本计划。

(2)全部产品品质成本计划,即全部产品的单位品质成本,总品质成本及可比产品品质成本降低额计划。

(3)品质费用计划。

(4)品质成本核成比例计划。计划期内品质成本各部分的结构比例及各种基数相比的比例情况。

(5)品质改进措施计划,这是实现品质成本计划的保证。

品质成本计划一般由数据和文字两部分组成,这些数据必须经过长期积累,经过分析才能确定。

二、品质成本的构成比例及特性曲线

品质总成本内各部分费用之间存在一定的比例关系,不同行业、不同企业、不同产品之间的比例关系有所不同。但从同一行业、同一企业、同一产品的历史资料数据中,可以分析和观察这些比例关系的规律性,发现其中存在的问题,通过结果成本的预测值,即可寻求与可控制成本相适宜的比例关系,揭示提高品质、降低品质成本的潜力和途径。

1. 品质成本的构成比例

四项品质成本费用的比例关系通常是:内部故障成本约占品质总成本的25%~40%,外部故障成本占品质总成本的20%~40%,鉴定成本占10%~50%,预防成本占0.5%~5.0%。四项成本之间并不是相互孤立和毫无联系的,而是相互影响相互制约的。如果产品不加检验就出厂,鉴定成本可以很低,但可能有很多不合格品出厂,一旦在使用中被用户发现就会产生显著的外部故障,以致使品质总成本上升;反之,如果在企业内部严格检查,则鉴定成本和内部故障成本就会增加,但外部故障成本就会减少。但是,在一定范围内,如果增加预防费并加强工序控制,则内、外故障成本,甚至包括鉴定成本都可能降低,使品质总成本大大降低。在品质成本管理中,要了解和掌握四大项品质成本合理的比例关系以及它们之间的变化规律,以便在采取降低品质成本的措施中作出正确的决策。

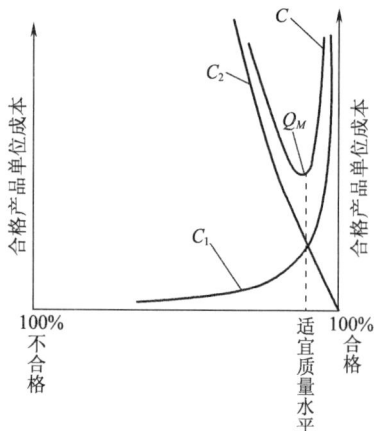

图8-5 品质成本特性曲线

2. 品质成本特性曲线

品质成本中的四大项目的费用大小与产品合格水平(合格品率与不合格品率)之间存在一定的变化关系。反映这种变化关系的曲线就称为品质成本特性曲线,如图8-5所示。其中曲线 C_1 表示预防成本与鉴定成本之和,它随着合格品率的增加而增加;曲线 C_2 表示内部故障成本与外部故障成本之和,它随合格品率的增加而减少;曲线 C 为上述四项即 C_1 与 C_2 之和,为品质总成本曲线,即品质成本特性曲线;Q_M 表示合格产品单位质量成本达到最低点 M 时的合格品率,即为生产过程中品质最佳点。

生产过程中品质成本总额的最佳点,不仅是一个理论概论,而且具有实际意义。在实践中,企业一般将品质成本最佳区域作为品质成本研究和控制的目标。品质成本曲线 C 的最低点 M 的附近放大图如图8-6所示,该图可分为三个区域即Ⅰ、Ⅱ、Ⅲ,分别对应着各费用的不同比例。

(1)区域Ⅰ:品质改进区,是故障成本最大的区域,它是影响最佳品质成本的主导因素。因此,品质管理工作的重点是改进品质,采取预防措施,加强品质检查,寻求降低和控制品质成本

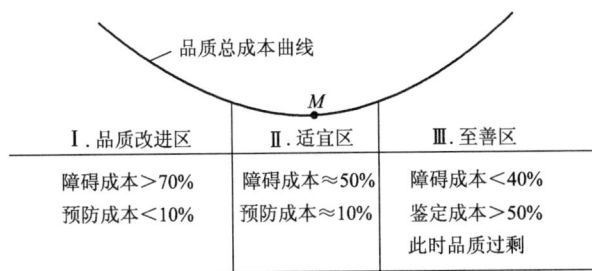

图 8 - 6 品质成本最佳区域放大

总额的途径。

(2)区域Ⅱ:品质成本最佳区域(适宜区),此时品质成本总额处于最低或接近最低的状态。品质管理的重点在于维持或控制现有的品质水平,使品质成本处于最低点 M 附近的区域,故又称控制区。

(3)区域Ⅲ:尽善尽美区域(至善区),表示鉴定成本比重最大,它是影响品质总成本达到最佳值的主要因素。品质管理的重点在于分析现有的品质标准是否过严,减少检验程序和提高检验工作的效率,甚至要放宽品质标准或检验标准,使品质总成本趋近于最低点 M,故又称这个区域为品质过剩区域。

应该指出,从整个变化规律看,各个企业品质成本的变化规律模式基本相似。但对于不同行业、不同企业,其生产类型不同,产品的形式和结构特点不同,工艺条件不同,所以品质总成本曲线上最低点位置和对应的不合格品率的大小也各不相同。因此,各服装企业需结合具体情况进行品质成本的研究,才能达到提高本企业品质管理水平和经济效益的目的。

三、品质成本控制

1. 品质成本控制的含义

品质成本控制就是依据品质成本目标,对品质成本形成过程中的一切耗费进行严格的计算和审核,揭示偏差,采取措施及时纠正,实现预期的品质成本目标,并不断降低成本。品质成本控制包括三层含义:

(1)对品质成本目标本身的控制。

(2)对品质成本目标完成的控制和过程的监督。

(3)着眼于未来的工作改进和品质成本降低。

由此可见,品质成本控制是保证各项品质成本管理活动达到计划效果,优化品质目标,加强品质管理的重要手段。

2. 品质成本控制的内容

全面质量管理是对产品从设计、试制、生产到售后服务的整个过程进行的质量管理,是全员

参加的全面质量管理。因此,品质成本控制也是全过程的控制,即对品质成本发生的全过程进行的控制。品质成本控制一般包括:

(1)新产品开发设计的品质成本控制。控制产品质量在适宜水平;加强设计的论证和评审,以保证产品的设计质量,实现预期的品质目标;加强样品的试制,保证产品设计质量的完善;加强技术文件管理,以控制技术管理成本。

(2)生产过程的品质成本控制。加强生产技术准备的质量控制,加强工序的质量控制,保证废品率在较低水平;组织好技术检验工作,保证检验费用的合理使用;加强不合格品管理,降低内外损失。

(3)销售过程中的品质成本控制。加强产品包装、储运的质量管理,降低产品质量损失;加强产品的售后服务,控制销售质量成本;加强索赔处理,控制索赔费用支出。

(4)品质成本的日常控制。建立品质成本管理系统,确定品质成本控制网点;建立品质成本控制的责任制度和高效灵敏的品质成本信息反馈系统。

3. 品质成本控制的方法

(1)限额费用控制的方法。

(2)提高生产过程重点工序产品合格率的方法。

(3)运用改进区、适宜区、至善区的划分,进行品质改进、优化品质成本的方法。

(4)运用价值工程原理进行品质成本控制的方法。

品质成本控制首先是各责任部门的自我控制,即部门内部按计划实施品质成本控制。但各责任部门是否自觉、有效地按计划实施品质成本控制措施,还需要企业领导经常性地进行财务监督、品质审核和检查考核等。

四、品质成本考核

品质成本考核是实行品质成本管理的关键。它是定期考核品质成本责任单位和个人品质成本指标完成情况,评价其品质成本管理成效的手段。品质成本考核应与经济责任制密切结合,并和实行"品质否决权""成本否决权"的奖惩制度统一起来,以达到鼓励先进、共同提高的目的。企业实施品质成本管理的考核,可以通过下列考核指标来完成:

(1)品质成本率:考核企业在开展品质成本管理后,品质保证能力的控制程度和品质改进的有效性。

(2)单位产品质量成本:直接考核企业开展品质成本管理的质量经济效果。

(3)品质损失率:包括产值损失率、销售质量损失率和利润质量损失率,主要考核企业对产品内、外损失的改进程度和控制能力,同时可衡量企业全面质量管理的工作效率。

(4)销售质量成本率:主要考核品质成本对销售收入的影响程度,从经济效益上反映品质成本水平的高低。

此外,为了落实品质责任,企业在反映整体品质成本情况的同时,要将个人的质量情况加以反映。因此,就要建立个人质量情况表,月底将个人台账进行统计、公布,并将个人质量情况的考核纳入工厂品质否决文件之中,做到奖罚分明,给职工一定的动力和压力。

进行品质成本考核时,要注意区分由于客观因素产生的费用和由主观因素造成的损失。

五、全面质量控制降低品质成本

全面质量控制是降低品质成本的主要方法。通过增加预防成本从而降低内部与外部的品质损失,同时也降低了鉴定成本。由于增加了预防成本,增加了企业对生产过程的控制,提高了产品质量,自然就减少了内部与外部的品质损失。另外,由于品质的提高,过程控制良好,有些测试和检验过程可以省去,有些可由生产过程的控制技术加以代替,这样就降低了鉴定成本。

在全面质量控制的基础上,随着生产过程系统和质量体系的不断改进以及顾客对品质要求的不断提高,应促使产品质量的进一步提高并尽量降低品质成本。

小结

1. 品质成本是产品品质保持在规定的质量水平上所需的有关费用。与品质成本概念相关的还有预防成本、鉴定成本、内部损失、外部损失和外部质量保证成本等几个基本概念。

2. 质量成本管理就是一个组织对质量成本进行预测、计划、核算、分析、控制和考核等一系列有组织的活动。品质成本核算是开展品质成本管理的基础,分析与控制是品质成本管理的重点。

3. 品质成本分析是综合运用企业内部提供的有关品质成本资料,结合有关产品质量信息,对企业全面质量管理的经济效果进行分析研究。品质成本分析是品质成本管理中的一个比较重要的环节。

4. 品质成本中的四大项目的费用大小与产品合格水平之间关系曲线称为品质成本特性曲线。内部故障成本约占质量总成本的25%~40%,外部故障成本占品质总成本的20%~40%,鉴定成本占10%~50%,预防成本占0.5%~5.0%。

5. 品质成本预测计划和控制是实施品质责任的前提条件,它直接影响品质成本的核算、控制、分析和考核等各方面的工作,因此,应采取各种方法加强品质成本的有效控制。

思考题

1. 案例分析题。

某服装公司从2015年开始启动质量成本项目,以提高公司的产品质量,降低质量成本。连续3年的成本数据如表8-3所示。

表8-3　某公司2015~2017年品质成本数据　　　　　　　　　　　单位:万元

项　目	2015 年	2016 年	2017 年
检测设备折旧	22 000	34 000	30 000
废品处置	54 000	76 000	60 000
检测	76 000	120 000	132 000
废料成本	86 000	124 000	100 000
产品退回	340 000	82 000	40 000
产品检验	98 000	160 000	170 000
质量工艺	56 000	80 000	84 000
返工成本	140 000	200 000	180 000
统计过程控制	—	74 000	78 000
测试物料	4 000	6 000	7 000
系统开发	64 000	106 000	117 000
质保维护	420 000	140 000	700 00
质量退换	60 000	18 000	5 000
合　计	1 420 000	1 220 000	1 073 000

根据质量成本数据编制的公司质量成本报告如表8-4所示。

成本报告显示,2015年全年品质成本达到年度销售额的14.2%,说明了产品的品质问题给公司的盈利造成影响。通过实施品质成本管理系统,到2017年,品质成本已经下降到10.73%,在假设销售额不变的情况下,公司盈利能力得到显著增强。通过产品品质成本报告,可以看出随着公司预防成本、鉴定成本的增加,公司内、外部损失减少,公司全部品质成本的绝对值和比例都有显著降低。

表8-4　某公司品质成本报告　　　　　　　　　　　单位:万元

项　目	2015 年		2016 年		2017 年	
	金　额	百分比	金　额	百分比	金　额	百分比
预防成本:						
系统开发	64 000	0.64%	106 000	1.06%	117 000	1.17%
质量工艺	56 000	0.56%	80 000	0.80%	84 000	0.84%
统计过程控制	0	0.00%	74 000	0.74%	78 000	0.78%
小　计	120 000	1.20%	260 000	2.60%	279 000	2.79%
评估成本:						
检测设备折旧	22 000	0.22%	34 000	0.34%	30 000	0.30%
检测	76 000	0.76%	120 000	1.20%	132 000	1.32%

续表

项　目	2015 年		2016 年		2017 年	
	金　额	百分比	金　额	百分比	金　额	百分比
产品检验	98 000	0.98%	160 000	1.60%	170 000	1.70%
测试物料	4 000	0.04%	6 000	0.06%	7 000	0.07%
小　计	200 000	2.00%	320 000	3.20%	339 000	3.39%
内部损失：						
废品处置	54 000	0.54%	76 000	0.76%	60 000	0.60%
废料成本	86 000	0.86%	124 000	1.24%	100 000	1.00%
返工成本	140 000	1.40%	200 000	2.00%	180 000	1.80%
小　计	280 000	2.80%	400 000	4.00%	340 000	3.40%
外部损失：						
产品退回	340 000	3.40%	82 000	0.82%	40 000	0.40%
质保维护	420 000	4.20%	140 000	1.40%	70 000	0.70%
质量退换	60 000	0.60%	18 000	0.18%	5 000	0.05%
小　计	820 000	8.20%	240 000	2.40%	115 000	1.15%
品质成本总计	1 420 000	14.20%	1 220 000	12.20%	1 073 000	10.73%

综上所述，通过品质成本报告，公司可以得到如下结论：

降低品质成本，提高客户满意度，可以显著增强公司的竞争优势和盈利能力。

加大对生产前的品质管理，可以显著降低公司的品质成本和总成本，所以公司应加强研发阶段和检验过程的质量控制。

品质成本贯穿产品的整个生命周期。

请回答：

(1)根据案例中的质量报告，在假设产量不变的前提下，尝试画出品质成本特性曲线的部分片断。

(2)结合所得的关系曲线片断，请大致推测目前企业处于具体哪个区域(品质改进区、适宜区、至善区)。

(3)综合前面的工作成果，讨论一下该企业现阶段品质工作的策略和重心。

2.品质成本的含义是什么？为什么要进行品质成本的控制？

3.品质成本由哪些部分组成？简要论述之。

4.有人认为产品品质和成本是不兼容的，也就是说品质越高，所花费的成本也就越高，你认为这种说法正确吗？为什么？

5.如何开展品质成本管理？

6.如何选择适宜的品质成本？何谓品质成本特性曲线？

7. 品质成本模型的最佳区域的含义是什么?

8. 为什么要进行品质成本分析? 有哪些内容和方法?

9. 品质成本报告的内容是什么? 有哪几种报告形式?

10. 品质成本计划包括的内容有哪些? 其编制计划的步骤如何?

11. 品质成本控制的内容和方法有哪些?

参考文献

[1] 万志琴,宋惠景,张小良.服装品质管理[M].2 版.北京:中国纺织出版社,2001.

[2] 万志琴,宋惠景.服装生产管理[M].4 版.北京:中国纺织出版社,2008.

[3] 苏秦.质量管理与可靠性[M].北京:机械工业出版社,2006.

[4] 张根保,何桢,刘英.质量管理与可靠性[M].北京:中国科学技术出版社,2006.

[5] 应可福.质量管理[M].北京:机械工业出版社,2006.

[6] 张风荣.质量管理与控制[M].北京:机械工业出版社,2006.

[7] 戴克商,雷金溪.质量管理理论与实务[M].北京:清华大学出版社,2004.

[8] 张公绪.新编质量管理学[M].北京:高等教育出版社,2004.

[9] 韩福荣.现代质量管理[M].北京:高等教育出版社,2004.

[10] 陈炳权,王世芳.质量管理学[M].上海:上海科技文献出版社,1995.

[11] 刘广第.质量管理学[M].北京:清华大学出版社,1995.

[12] ISO 9001:2000 Quality Management Systems – Requirements ISO 9001:2000 质量管理系统—要求[M].
北京:经济部标准检验局,2001.

[13] ISO 9000:2000 Quality Management Systems – Fundamentals and Vocabulary 质量管理系统—基本法则
与词汇[M].北京:经济部标准检验局,2001.

[14] 中国质量管理和质量保证标准化技术委员会.2000 版 ISO/DIS 9000 族国际标准草案[M].北京:中
国标准出版社,2000.

[15] 翟亚军.ISO 9000 研究与实施[M].北京:电子工业出版社,1996.

[16] 林公孚.质量管理八原则之含义及其应用[J].质量月刊,2000(6):31 – 35.

[17] 洛丝特.全面优质管理[M].北京:中国人民大学出版社,1997.

[18]甘波,曲保智.超越顾客期望·顾客满意[M].北京:企业管理出版社,1997.

[19]叶清珠,沈卫平,李良源.服装品质管理[M].北京:中国纺织出版社,2011.

[20]冯旭敏,温平则编著.服装工程学[M].北京:中国纺织出版社,2001.

[21]吴相昶,徐慧霞,张硕峰,吴奕娟.服装品质管理使用手册[M].北京:化学工业出版社,2016.

[22]贾俊平,何晓群,金勇进.统计学[M].7 版.北京:中国人民大学出版社,2018.